U0116589

洪銀興——

著

中國式現代化論綱

責任編輯	梁偉基
書籍設計	道　轍
書籍排版	何秋雲

書　　名	**中國式現代化論綱**
著　　者	洪銀興
出　　版	三聯書店（香港）有限公司
	香港北角英皇道 499 號北角工業大廈 20 樓
	Joint Publishing (H.K.) Co., Ltd.
	20/F., North Point Industrial Building,
	499 King's Road, North Point, Hong Kong
香港發行	香港聯合書刊物流有限公司
	香港新界荃灣德士古道 220-248 號 16 樓
印　　刷	美雅印刷製本有限公司
	香港九龍觀塘榮業街 6 號 4 樓 A 室
版　　次	2023 年 6 月香港第一版第一次印刷
規　　格	16 開（170 mm × 240 mm）328 面
國際書號	ISBN 978-962-04-5002-0

本書中文繁體字版本由江蘇人民出版社授權三聯書店（香港）有限公司
在中國內地以外地區獨家出版、發行。

目　錄

第八章　人的現代化和社會發展

第九章　中國式現代化道路的拓展

第十章　現代化的區域協調

第十一章　科技創新引領現代化

第十二章　新發展格局中推進現代化

第十三章　國家治理體系和治理能力現代化

導　論

2022 年 10 月，黨的二十大報告明確指出："從現在起，中國共產黨的中心任務就是團結帶領全國各族人民全面建成社會主義現代化強國、實現第二個百年奮鬥目標，以中國式現代化全面推進中華民族偉大復興。"習近平總書記在學習貫徹黨的二十大精神研討班上的講話中強調："推進中國式現代化是一個探索性事業，還有許多未知領域，需要我們在實踐中去大膽探索。"本書從經濟學維度研究中國式現代化。

一、現代化的一般性和中國式

"現代化" 可以說是當今世界的熱詞。在當今的歷史學、社會學、科技史和經濟學等學科中廣泛運用，但各自的表述不盡一致。從歷史學的角度定義現代化指的是發達國家所經歷的從傳統到現代的歷史過程。具體地說，是指人類社會從傳統的農業社會向現代工業社會轉變的歷史過程。從社會學的角度定義現代化指的是在科技革命推動下社會已經和正在發生的轉變過程，不僅涉及經濟，還涉及政治、社會、文化、心理等方面的變化。

經濟學對現代化的研究更為關注其進程和發展戰略。美國經濟學家羅斯托的經濟成長階段論直接使用了 "經濟現代化" 的概念，他界定：一個國家從貧窮走上富有，從傳統走上現代，分為傳統社會、為起飛創造條件、起飛、向成熟推進、高額群眾消費、追求生活質量六個階段。其中起飛階段是傳統社會與現代社會的分水嶺。也就是說，過了起飛階段就進入了現代化階段。

經濟學家對經濟現代化的研究可以分為兩種研究範式。一種範式是以發達國家為對象，研究其所走過的現代化歷程。最為典型的是 1971 年諾貝爾經濟學獎獲得者西蒙·庫茲涅茨的現代經濟增長理論。他在考察了歐美發達國家近百年經濟發展進程的基礎上提出，自從 19 世紀後半葉開始，發達國家經濟增長的主要源泉一直是科學技術進步，標誌着這個經濟時代的重大創新是科學被廣泛運用於經濟生產領域。他把這個時代稱為 "現代經濟增長階段"，經濟發展就成為現代化的中心問題。現代化程度的衡量涉及人口和人均產值的持續穩定增長，工業化和城市化等巨大的結構性變化。另一種範式是以發展中國家為對象，研究其追趕發達國家的發展進程，以 1979 年諾貝爾經濟學獎獲得者劉易斯和舒爾茨為代表。他們的基本思想是從存在的二元結構出發，以發達國家的現代化為藍本，推動工業化和改造傳統農業。不能忽視的是中國發展經濟學家張培剛教授的貢獻。他在其作於哈佛大學的博士學位論文《農村的工業化》中指出：所謂現代化，首先的也是最本質的，必須包括工業化的基本內容；但除此而外，它還要包括其他如政治思想、生活觀念、文化修養等方面的許多新的內容，其中不少部分又是由工業化這一大變革過程所必然引起而發生的。

已有的現代化理論基本上屬過去時，而社會主義發展中國家的現代化理論則屬現在時和將來時，需要依據國情和所處的發展階段進行創造和建構。中國特色社會主義進入新時代後推進的現代化，既要體現社會主義的要求，也要反映中國進入新時代後的經濟特徵，走中國特色社會主義現代化道路。

現代化作為中國人的百年夢想，實際上反映的是人民對美好生活的嚮往。就如習近平總書記所強調的，一個國家走向現代化，既要遵循現代化一般規律，更要符合本國實際，具有本國特色。中國的現代化作為世界現代化進程中的重要組成部分，折射出現代化的諸多共性，反映了現代化過程中的一般性規律。我國作為處於社會主義初級階段的發展中大國，尊重現代化的一般性規律，重視從其他國家現代化的成敗得失中總結經驗，關注世人普遍認可的現代化一般標準。之所以提出"中國式現代化"命題，是因為世界上不存在定於一尊的現代化模式，不存在放之四海而皆準的現代化標準。每個國家都有自己的國情和自己的文化，各自的現代化道路有各自的特色，打上了不同社會制度的烙印。已有的實現了現代化的國家都是資本主義國家。中國是在社會主義國家推進現代化，是在發展中的大國推進現代化。中國的發展階段、政治制度、經濟體制和文化背景迥異於西方國家，中國的現代化不可能是西方現代化的"翻版"。從中國的國情出發，走出一條有別於西方的現代化道路，既要發揮自己的後發優勢，在引進國外現代化技術的同時，避開先行現代化國家所走過的彎路；更要發揮自己的制度優勢——中國的社會主義基本經濟制度和舉國體制對高質量推進現代化具有制度優勢。

鄧小平最早提出中國式的現代化概念。他指出："中國式的現代化，必須從中國的特點出發。"[1] 他從中國底子薄、人口多、耕地少的特點出發,擘畫了從解決人民的溫飽問題到人民生活達到小康水平,再到基本實現現代化的"三步走"發展戰略。在改革開放以來的長期探索和實踐基礎上,經過黨的十八大以來在理論和實踐上的創新突破,習近平經濟思想成功推進和拓展了中國式現代化。

何為中國式現代化?習近平總書記依據中國國情,明確指出:"我們推進的現代化,是中國共產黨領導的社會主義現代化,必須堅持以中國式現代化推進中華民族偉大復興,既不走封閉僵化的老路,也不走改旗易幟的邪路,堅持把國家和民族發展放在自己力量的基點上、把中國發展進步的命運牢牢掌握在自己手中。"[2] 根據他的概括,中國式現代化有以下五個特點:

第一,人口規模巨大的現代化。中國人口已達 14 億,佔世界人口總量的近五分之一,其規模超過現有發達國家人口的總和。14 億多人口的國家整體實現現代化,將徹底改寫現代化的世界版圖。當然,在人口規模如此巨大的國家推進現代化對 GDP 總量的增長提出了更高的要求。

第二,全體人民共同富裕的現代化。涉及兩方面內容:一是富裕,所要滿足的人民群眾日益增長的美好生活需要,不僅僅是經濟的,還有文化、精神、健康、生態等多方面的。二是共同,不是富裕一部分人,而是富裕全體人民。以人民為中心的現代化要以人民群眾的切身感受為前提。生活水平、環境質量、公共服務、法治環境的縱向和橫向比較直接影響人民對現代化的評價和認可。

第三,物質文明和精神文明相協調的現代化。現代化不能只見物不見人,必須促進人的現代化。與人的現代化密切相關的教育、科技、人才是全面建設社會主義現代化國家的基礎性、戰略性支撐。與過於追求物質文明層面的西方式現代化不同,中國式現代化不僅注重物質文明,還強調精神文明。實現人的現代化,既離不開物質生活的改善,也離不開精神生活的豐富和思想道德、科學文化素質的提高。物質文明與精神文明本身相互促進,相輔相成。物質文明會對精神文明

[1] 《鄧小平文選》第 2 卷,人民出版社 1994 年版,第 164 頁。
[2] 習近平:《高舉中國特色社會主義偉大旗幟　奮力譜寫全面建設社會主義現代化國家嶄新篇章》,《人民日報》2022 年 7 月 28 日。

提出更高的要求，精神文明的發展也會成為物質文明建設的動力。中國不僅要成為經濟強國，也要成為文化教育強國。

第四，人與自然和諧共生的現代化。尊重自然、順應自然、保護自然，是全面建設社會主義現代化國家的內在要求。其意義不僅在於當代人的健康和安全，提供更多優質生態產品以滿足人民日益增長的優美生態環境需要，還要可持續發展，實現生態、資源的代際公平。因此，中國式現代化堅決拋棄輕視自然、破壞自然的現代化模式，堅定不移走生態優先、綠色發展之路。

第五，走和平發展道路的現代化，也就是在構建人類命運共同體中推進現代化。中國式現代化不能走當年資本主義國家掠奪他國資源的現代化道路，要走和平發展的現代化道路，秉持人類命運共同體理念，堅持開放發展，深化互利共贏。

總的來說，中國式現代化堅持和發展了中國特色社會主義，推動了物質文明、政治文明、精神文明、社會文明、生態文明協調發展，創造了中國式現代化新道路，創造了人類文明新形態。

二、中國式現代化的目標

中國式現代化不可能是西方現代化的"翻版"，但承認現代化的一般規律和國際標準。明確一般標準的意義在於明確我國所處的發展階段及推進現代化所要努力的方向。現代化的一般經濟目標涉及以下三個方面：

第一，人均 GDP 水平。早在鄧小平擘畫中國式現代化藍圖時，基本實現現代化的具體目標就定在中等發達國家水平上了。黨的二十大進一步明確人均國內生產總值達到中等發達國家水平作為 2035 年基本實現現代化的目標。2022 年中國的人均 GDP1.2741 萬美元，目前的中等發達國家的人均 GDP 已經達到 3 萬美元（如韓國 2020 年人均 GDP 為 3.14 萬美元）。而且中等發達國家水平是動態的，到 2035 年時其人均 GDP 水平會更高。因此，按 14 億多人口的規模計算的人均 GDP 要達到中等發達國家水平就必須要有更高的 GDP 總量。

第二，人民收入水平和消費水平。收入水平就是庫茲涅茨所講的，受制於分配的各種收入的提高幾乎與國民總產值的提高並駕齊驅，收入差距趨向縮小，即倒 U 型曲線。消費水平即羅斯托所講的高額群眾消費階段，指的是社會進入工業高度發達的時期，汽車、耐用消費品廣泛推廣使用。當然，現在所講的高額群眾消費已經超過了這個水平。

第三，生活質量。羅斯托認為進入追求生活質量階段，涉及自然（居民生活環境的美化和淨化）和社會（教育、衛生保健、交通、生活服務、社會風尚、社會秩序）兩個方面。與醫療、教育、文化娛樂、旅遊有關的服務部門加速發展，成為主導部門。

中國式現代化是中國共產黨領導下的社會主義現代化。中國式現代化的目標設定不只要反映上述一般性要求，更要反映社會主義要求。與以資為本的西方現代化不同，中國式現代化以人民為中心，體現人民至上。

（一）高品質生活

現代化要使人民看得見摸得著，即高品質生活。如黨的二十大報告描述的：幼有所育、學有所教、勞有所得、病有所醫、老有所養、住有所居、弱有所扶，建成世界上規模最大的教育體系、社會保障體系、醫療衛生體系，人民群眾獲得感、幸福感、安全感更加充實、更有保障、更可持續。為此，生活品質現代化有以下表現：

首先是人民收入水平和消費水平顯著提高，中等收入人口佔大多數。這是高品質生活的基礎。

其次是消費升級，即由追求消費的數量轉向追求消費的質量。其表現是由低收入人群的消費層次轉向中等收入人群的消費層次，由滿足中低端消費轉向滿足中高端消費。具體地說，是更為關注消費的品質、檔次、品牌、衛生、健康和安全。消費升級與產業升級方向是一致的。產業升級的產品和服務基本上是滿足升級後的消費需求。消費升級對產業升級有明顯的拉動作用。

最後是人居環境的綠色化和美化。人與自然和諧共生，現代化在保護和改善生態環境的同時也能使人民獲得生態財富回報。黨的二十大要求城鄉人居環境明顯改善，美麗中國建設成效顯著。為此需要實施城市更新行動，加強城市基礎設施建設，打造宜居、韌性、智慧城市。同時要使農村基本具備現代生活條件。

（二）全體人民共同富裕

一個國家人民的富裕程度和福利水平與生產力的發展水平相關。

首先是富裕。富裕程度與生產力發展水平密切相關。雖然目前中國人享受的社會福利水平同某些發達國家（如北歐國家）有差距，但人民至上的中國式現代化在建成富強民主文明和諧美麗的社會主義現代化強國後，人民享受的福利水平和富裕程度一定會更高。

其次是共同。共同富裕不可能完全消除富裕程度的差距，不可能回到過去的平均主義分配制度。在共享發展中推動共同富裕。中國式現代化與西方式現代化的最大區別就在於中國的現代化與共同富裕同時推進，而不是在實現現代化後再去推進共同富裕。無論是最終目標還是在進程中，都不能夠出現習近平總書記所講的"富者累巨萬，而貧者食糟糠"的現象。

共同富裕需要政府主導，進一步擴大公共消費。其內容包括健全基本公共服務體系，提高公共服務水平，推進基本公共服務的平等化，增強均衡性和可及性。增大用於科學、文化教育、衛生保健、環境保護等方面的消費比重。以政府財政為主導健全社會保障體系，擴大社會保障覆蓋面，建設各類養老服務機構和設施。在財政能力有限的條件下擴大公共消費，需要政府改革和轉型，逐步由經濟建設型政府轉向公共服務型政府。

（三）促進人的現代化

與西方式現代化單純追求物質層面的現代化不同，中國式現代化是物質文明與精神文明相協調，不斷促進人的全面發展的現代化。黨的二十大報告指出："物質富足、精神富有是社會主義現代化的根本要求。物質貧困不是社會主義，精神貧乏也不是社會主義。"中國式現代化就是要"促進物的全面豐富和人的全面發展"。

第一，發展社會主義先進文化。經濟現代化有個追趕發達國家問題；文化現代化不完全是追趕發達國家，更不是文化的西化，體現文化自信。發展社會主義先進文化的根本任務是用社會主義核心價值觀鑄魂育人，建設具有強大凝聚力和引領力的社會主義意識形態，鞏固和壯大奮進新時代的主流思想輿論。

第二，推進健康中國建設，把保障人民健康放在優先發展的戰略位置。不僅要提高醫療水平，還要提高公共衛生和防疫水平，增強城鄉居民抗疾病風險的能力。健康中國建設需要加大力度推進生物技術和醫療技術的科技進步，使其成為經濟發展的新動能。

第三，實施人才強國戰略，提高全民族的教育水平，實現知識和技能的現代化。這是推動人的現代化、應對科技進步的必要過程。馬克思基於"現代工業的技術基礎是革命的"判斷，指出："大工業的本性決定了勞動的變換、職能的更動和工人的全面流動性。"[1] 由此，對工人提出的生死攸關的問題是，"用那種把不同社會職能當作互相交替的活動方式的全面發展的個人，來代替只是承擔一種社會局部職能的局部個人"[2]。這就要求"教育和技術賽跑"。面對日新月異的技術進步，教育要同技術賽跑，使勞動者的學習能力提升，不斷更新自己的知識結構，增強就業能力，尤其是要克服"數字鴻溝"以提高就業能力。

第四，以文化人。諾貝爾經濟學獎得主諾思針對亞當·斯密的"看不見的手"理論指出：將什麼都解釋為人們按自我利益行事的理論，不能解釋問題的另一面，即社會利益的實現並不都是在大家追求自身利益中實現的。在中國式現代化進程中以文化人需要解決兩個問題：一是企業家文化建設，企業家文化是企業家道德觀、價值觀的體現。企業唯利是圖是一種文化，企業承擔社會責任也是一種文化。尤其需要弘揚承擔社會責任的企業家文化。二是公民道德建設。從社會資本角度來說需要建設整個社會的道德規範。在一個相互信任的社會中，加強合同監督管理、規範和維持市場秩序，從而推進現代化的成本是最低的。黨的二十

---

[1] ［德］馬克思：《資本論》第 1 卷，人民出版社 2004 年版，第 560 頁。

[2] ［德］馬克思：《資本論》第 1 卷，人民出版社 2004 年版，第 561 頁。

大要求實施公民道德建設工程，在全社會弘揚勞動精神、奮鬥精神、奉獻精神、創造精神、勤儉節約精神。這種文化建設將同法治建設一起改善一個地區的營商環境。

二、中國式現代化的進程

低收入國家現代化的一般進程就是擺脫貧困。對於以二元結構為特徵的發展中國家來說，其現代化，如庫茲涅茨所說的需要依靠非農業部門的份額持續上升，現代部門迅速增長並通過各種鏈條帶動經濟中其他方面的增長。因此，工業化、城市化和改造傳統農業成為現代化的一般進程。

建構中國特色社會主義現代化理論毫無疑問需要借鑑已有的現代化理論，包括把發達國家達到的現代化水平作為參照系，把工業化、城市化、信息化作為現代化的必由之路。但是在發展方式上不可能是一樣的。從中國國情出發，已經推進的中國式現代化進程有兩個重要特徵。

一是分階段推進現代化。當年鄧小平擘畫的“三步走”發展戰略的第一步就是解決人民的溫飽問題，至 2000 年這個第一步目標已經實現，第二步目標人民生活達到小康水平也總體達成。此後開啟的現代化新征程分兩步。第一步，2035年基本實現現代化；第二步，2050 年建成富強民主文明和諧美麗的社會主義現代化強國。

二是將現代化概括為工業化、信息化、城鎮化、農業現代化，並且創造了“四化同步”的經驗。就如習近平總書記所指出的：“我國現代化同西方發達國家有很大的不同。西方發達國家是一個‘串聯式’的發展過程，工業化、城鎮化、農業現代化、信息化順序發展，發展到目前水平用了二百多年時間。我們要後來居上，把‘失去的二百年’找回來，決定了我國發展必然是一個‘並聯式’的過程，工業化、信息化、城鎮化、農業現代化是疊加發展的。”❶ 中國的創造突出在

---

❶ 《習近平關於社會主義經濟建設論述摘編》，中央文獻出版社 2017 年版，第 159 頁。

兩個方面：一方面在農村推進的工業化與城鎮化、農業現代化同步推進；另一方面，工業化同信息化融合發展，實現工業化的跨越式發展。基於這種創造，就如習近平總書記所肯定的："我們用幾十年時間走完西方發達國家幾百年走過的工業化歷程，創造了經濟快速發展和社會長期穩定的奇蹟，為中華民族偉大復興開闢了廣闊前景。"[1] 進入中國式現代化新階段，中國式現代化的"四化"進程有了新內容。

（一）建設現代化產業體系

2021 年三次產業增加值佔國內生產總值比重：第一產業 7.3%，第二產業 39.4%，第三產業 53.3%。這表明全國範圍內傳統意義上的以降低農業比重為內容的工業化任務已基本完成。在此基礎上進一步的任務是建設現代化產業體系，其內容主要涉及三個方面：

一是推進新型工業化：推動製造業高端化、智能化、綠色化發展。建設製造強國、質量強國、網絡強國、數字中國，

二是構建優質高效的服務業新體系：推動現代服務業同先進製造業、現代農業深度融合。加快發展物聯網，建設高效順暢的流通體系，降低物流成本。

三是打好產業基礎高級化、產業鏈現代化的攻堅戰。隨著以數字化、智能化為代表的新產業革命的推進，產業基礎高級化的具體內容是促進數字經濟和實體經濟深度融合。產業鏈現代化就是圍繞產業鏈部署創新鏈，圍繞創新鏈佈局產業鏈，在新發展格局中補鏈強鏈，增強以我為主的產業鏈的國際競爭力，推動產業邁上全球價值鏈中高端。

（二）以數字經濟為代表的信息化

信息化就是當今的科技現代化。在現代，科技革命和產業革命是結合在一起的。以信息化為代表的產業革命至今沒有結束，就如里夫金所描述的，20 世紀

---

[1] 《正確理解和大力推進中國式現代化》，《人民日報》2023 年 2 月 8 日。

90 年代和 21 世紀的前 10 年，信息與通信技術革命和第二次工業革命完成了整合。互聯網信息技術與可再生能源的出現讓我們迎來了第三次工業革命。❶當前世界範圍的信息化進入數字經濟階段，正在成為國際經濟和科技競爭的新賽道。數字經濟指以信息和知識的數字化為關鍵生產要素，以現代信息網絡為重要載體、以有效利用信息通信技術為提升效率和優化經濟結構重要動力的廣泛經濟活動。❷

在現實中人們的經濟活動已離不開數字技術、互聯網平台和大數據，越來越多的產品、服務、財富通過數字化供人們享用。數字網絡技術和服務正在成為經濟發展的主要推動力，也正在使各個產業的技術基礎發生革命性變化。現在我國跨入現代化的關口就在於主動融入以數字經濟為代表的新科技和產業革命。其路徑主要在兩個方面：

一是數字產業化。人們的經濟活動都在產生數字。作為生產要素的數據是對海量數字通過科學的算力算法進行採集、處理、研究後形成的大數據。大數據成為比石油資源還重要的資源。大數據產業成為誰都離不開的基礎性產業，為各個產業賦予現代動能。

二是產業數字化，即數字化賦能各個產業。互聯網、大數據、人工智能與實體經濟深度融合，表現為製造業、服務業和農業各個產業都實現數字化。物聯網、大數據、雲計算、人工智能、機器人、增材製造、新材料、增強現實、納米技術和生物技術等很多新興技術在各個產業廣泛運用。現代工業和服務業以新一代信息技術（數字化）和智能化為支撐，數字技術和數據共享，創新產業和新產業技術。數字化不完全摒棄傳統產業，而是通過數字技術和互聯網、物聯網平台對傳統產業進行滲透。移動互聯網進入哪個產業領域，哪個產業領域就能得到根本改造並得到提升，傳統產業部門一躍進入數字化社會。製造業數字化的特徵就如三一重工董事長所描述的：核心業務全部在網上，管理流程全部靠軟件，產品必須高度智能化。

---

❶ ［美］傑里米·里夫金：《第三次工業革命：新經濟模式如何改變世界》，張體偉、孫豫寧譯，中信出版社 2012 年版，第 15、31 頁。
❷ 《二十國集團創新增長藍圖》，《人民日報》2016 年 9 月 6 日。

數字經濟還會滲透到政府和社會管理的各個領域，實現政府治理數字化和社會管理數字化。

（三）由城鎮化回歸城市化

中國已有的城鎮化基本上屬農民進城的城鎮化，我國常住人口城鎮化率至 2022 年達到 65.22%。傳統的農民進城意義上的城鎮化基本到位。進入現代化新征程後，雖然在提高城鎮轉移人口的城鎮化率方面還有空間，但進一步的是根據以人為核心的城鎮化要求，推進農業轉移人口的市民化。市民化不僅要實現進入城鎮的轉移人口享受平等的市民權利，還要進一步實現留在農村的農民享受市民權利。現有的大中城市無力解決巨大數量的農業轉移人口的市民化問題，可行的路徑是農業轉移人口進入當地城鎮實現市民化。

中國曾經成功地創造了農民發展城鎮自己轉移自己的城鎮化道路。新時期開啟現代化新征程，需要兩個概念的更新：一是城鎮不能代替城市，二是城鎮化不能代替城市化。城市化並不限於農業勞動力轉移和市民化問題。相比於農民進城的城鎮化，城市的功能就是集聚經濟，城市化也就意味着經濟的集聚化。城市功能包括集聚各類市場，集聚人口，集聚經濟發展要素，集聚每個時期的主導產業，充當一個地區的發展極。中國式現代化需要充分發揮城市化功能，主要涉及城鎮城市化和城市現代化兩個方面。

城鎮城市化需要增強處於廣大農村的城鎮的城市功能，如產業發展、公共服務、吸納就業、人口集聚等。現在講的城鎮化，主要不是農業人口向城市轉移意義上的城市化，而是倒過來，推動城市發展的勢頭和要素"化"到農村城鎮，在城市和城鎮深度融合發展的基礎上實現城鎮城市化；就是要使農村基本具備現代生活條件，城鎮具有城市功能。按此要求，新型城鎮化就是增強城鎮的產業發展、公共服務、吸納就業、人口集聚功能，引導優質基本公共服務資源進入城鎮，引導社會資本在城鎮建現代商業設施。

在中國式現代化中，城市是現代化的中心和策源地，是城鄉現代化的動力源。城市成為科技和文化的創新中心，就可以將現代化勢頭和要素推向農村，帶動農村的現代化。城市作為市場中心，人流、物流、信息流和資金流的集聚地，同時也是周邊農村現代要素的集散地。實踐證明，區域中心城市的現代化水平越高，其外圍包括農村的現代化水平也越高。城市現代化的基本路徑是增加現代城市要素供給，實現產、城、文化、生態四位一體的融合發展。黨的二十大提出了加快轉變超大特大城市發展方式，構建大中小城市協調發展格局的要求。

（四）農業農村現代化

根據木桶原理，現代化進程是由短板決定的，相比工業化、信息化、城鎮化，我國的農業現代化仍然是"四化同步"的短板。現代化新征程中的農業現代化需要從根本上克服農業的弱勢狀態，改變農村的落後面貌。黨的二十大提出：堅持農業農村優先發展，加快建設農業強國。如何實現農業由弱變強？關鍵在於實現習近平總書記在黨的二十大召開不久後的中央農村工作會議上指出的：促進農業高質高效、鄉村宜居宜業、農民富裕富足。按此要求，推動農業農村現代化主要涉及以下四個方面。

一是改變農業發展範式，即由農產品"數量剩餘"範式轉向"品質加附加值"範式，發展優質、高效、高附加值農業，推動農產品的品種優化、品質提升，農產品由初級品向最終產品延伸，農業全產業鏈中的產品附加值提升，由此構建與居民消費快速升級相適應的高質高效的現代化農業產業體系。生物技術創新成為農業技術創新的重點：提升品種、品質和附加值，提供綠色化的技術。這種發展範式下的農業可能改變自身的弱勢地位。

二是改變發展農業農村的發展路徑。過去基本上是靠農業農村外部的發展帶動農業農村發展，即以非農化發展農業，以城鎮化發展農村，以農業勞動力轉移富裕農民。新時代的現代化則需要直面農業和農村。現代化即發展現代農業，也就是構建現代農業產業體系、生產體系、經營體系。發展現代農業的關鍵是科技進步和解決好誰來種田的問題。為加強農業科技人才隊伍建設，培養新型職業農民，要實施鄉村振興行動。

三是解決誰來經營現代農業的問題。在農業中青壯年勞動力大量流出的情況下，我國糧食到 2022 年已經是連續 19 年豐收，說明農業效率並不低。但是經營現代農業，發展“品質加附加值”範式農業，靠目前種田的老人婦女就力不從心了。現代農業需要從城市引入知識型職業農民，尤其是需要農業投資者，需要新型農業經營主體。想要吸引農業投資者進入、新型農業經營主體進入，不僅需要保證其收益，還需要達到城市水準的現代生活條件。因此鄉村振興是引入農業投資者和新型農業經營主體的必要條件，尤其是需要改善農村城鎮和鄉村的居住和衛生條件，建設和美鄉村。

三、中國式現代化新道路

理論和實踐表明，現代化道路一般有兩個：一是科技創新，二是對外開放。

現有的發達國家基本上都是先後在三次產業革命中實現現代化的。每次現代化浪潮都是由產業革命或科技革命推動的。因此庫茲涅茨把現代經濟增長看作以劃時代的創造發明為基礎的一個過程，把進入現代經濟增長時代的標誌明確為科學被廣泛地運用於經濟生產領域。後發國家要實現現代化就需要對外開放，這也是庫茲涅茨等經濟學家所強調的：後發國家現代化可以利用世界範圍內的技術和知識存量，通過引進技術等途徑進入現代經濟增長階段。

中國錯過了前三次產業革命，因此在現代化上落伍了。現代化新征程不能再錯過新科技和產業革命。尤其是進入生態文明時代推進現代化，已經沒有先行國家當時所擁有的資源、環境。走和平發展道路的中國式現代化也不可能像當年西方發達國家那樣掠奪他國資源，只能走綠色發展之路。實現綠色發展歸根到底還是要靠科技創新。因此中國式現代化只能走創新發展之路，把創新擺在國家發展全域的突出位置。

中國在開啟現代化新征程時，經過 40 多年的高速增長，潛在的增長要素已經得到了充分釋放；如果沒有新的要素被動員出來，潛在經濟增長率就有下降的趨勢。再加上國際環境的變化，逆全球化盛行，發達國家採取斷供、“卡脖子”等途徑阻礙後發國家的科技進步。因此立足新發展階段，中國式現代化道路需要創新和拓展，需要貫徹新發展理念，構建新發展格局，邁上更高質量、更有效率、更加公平、更可持續、更為安全的現代化之路。貫徹新發展理念的現代化道路可稱為中國式現代化新道路。

（一）構建新發展格局

進入新發展階段，發展格局也轉為新發展格局。新發展格局是以國內大循環為主體、國內國際雙循環相互促進的發展格局。新發展格局下的經濟發展需要依託規模處於世界前列的國內市場，抓住擴大內需這個戰略基點，使生產、分配、流通、消費更多依託國內市場，提升供給體系對國內需求的適配性，形成需求牽引供給、供給創造需求的更高水平的動態平衡，同時要依託國內市場促進內外循環的相互促進。根據黨的二十大報告，內循環的要求是增強國內大循環內生動力和可靠性；外循環的要求是提升國際循環質量和水平。

低收入階段的經濟增長主要是靠高投資拉動，也就是長期的以高積累（高儲蓄）支持高投資。進入新發展階段，培育消費力與發展生產力同等重要。相比投資需求，消費需求增長的潛力更大，消費對經濟增長的貢獻率更大。消費對經濟發展的基礎性作用在於以需求牽引供給。中國式現代化所要擴大的消費需求，不僅是消費總量，更重要的是消費需求結構，即消費結構的升級，中高端消費對經濟的拉動作用更大。

擴大消費需求不只是消費環節的問題，還需要分配環節和流通環節共同發力，建立擴大消費的長效機制，解決好能消費、願消費和敢消費問題。具體地說，第一，在分配環節解決能消費的收入支撐，不僅需要穩定的高就業率，還需要擴大中等收入者比重並使中等收入者達到大多數，這部分群體的消費需求最為旺盛。第二，在流通環節解決願消費的市場環境，相關的決定性因素包括穩定的物價水平和規範的市場秩序。第三，以擴大的公共消費、完善的社會保障解決敢消費的預期，在國民收入分配中提高消費的比例，改變高積累低消費狀況。第四，消費增長離不開服務業發展，藉助"互聯網＋"平台，網絡消費和共享經濟等新服務業態可以從廣度和深度上擴大消費需求。適應新經濟創新的消費業態，包括信息消費、綠色消費、旅遊休閒消費、教育文化體育消費、養老健康家政消費等都是擴大消費的強大推動力。

在新發展格局中，投資需求對優化供給結構起關鍵作用，不僅要解決供給對需求的適配性，還要以自主可控、高質量的供給創造引領新的需求。

（二）高水平科技的自立自強

本來根據前述經濟學家的觀點，後發國家的現代化可以通過引進和模仿從發達國家獲取技術，但是實踐證明最前沿的技術是引不進來的。尤其是當中國的科技水平顯著提升並接近現代化水平時，就會遇到發達國家採取斷供、"卡脖子"等途徑阻礙我國科技進步。這就是習近平總書記 2013 年 7 月 17 日在中國科學院考察工作時的講話中指出的："近代以來，西方國家之所以能稱雄世界，一個重要原因就是掌握了高端科技。真正的核心技術是買不來的。正所謂'國之利器，不可以示人。'只有擁有強大的科技創新能力，才能提高我國國際競爭力。"這就提出了科技的自立自強的要求：以原創性創新成果，突破發達國家的圍堵和遏制，佔領科技和產業的世界制高點。就要如黨的二十大要求的，把高水平科技自立自強作為國家發展的戰略支撐。科技創新需堅持"四個面向"，即面向世界科技前沿、面向經濟主戰場、面向國家重大需求、面向人民生命健康。實現高水平科技的自立自強的道路主要涉及以下方面：

第一，科技創新與發達國家並跑，就是與國際接軌。庫茲涅茨說，不管創新資源的來源如何，"任何單個國家的經濟增長都有其國外的基礎"，科技和產業的"時代劃分是以許多國家所共有的創造發明為依據的。這是現代經濟增長的一條特殊真理"。[1] 在現代具有劃時代意義的共有的創造發明是數字化、智能化、綠色化科技。這些新科技同樣成為我國科技創新的主攻方向，只有處於並跑中的科技創新才能進行平等的新科技相關問題的國際交流和對話。我們要不斷提升自己的科技創新能力，突破發達國家對我國斷供和"卡脖子"難題。

---

[1] ［美］西蒙·庫茲涅茨：《現代經濟增長：速度、結構與擴展》，戴睿、易誠譯，北京經濟學院出版社1989 年版，第 250–251 頁。

第二，在重要科技領域領跑。所謂領跑就是與未來接軌，直接瞄準國際最新技術取得突破性進展，在重要科技領域成為全球領跑者，在前沿交叉領域成為開拓者，成為世界主要科學中心和創新高地。這種領跑者地位不是在實現現代化以後形成，而是要在現代化進程中就不斷開拓領跑領域，如發展數字經濟。經濟發展的每一個時期都會產生反映當時最新科技水平的新產業和新動能，被稱為"新經濟"。現在所講的新經濟就是數字經濟。這是嶄新的、充滿了基於數字技術的經濟和社會體驗的經濟。習近平總書記指出："綜合判斷，發展數字經濟意義重大，是把握新一輪科技革命和產業變革新機遇的戰略選擇。"[1] 在數字經濟這個新賽道上與發達國家並跑領跑，進入國際前沿，必將加快我國的現代化進程。只有這樣，才能實現中國式現代化的目標。

第三，與自主可控的現代產業體系結合，建立創新引領的現代產業體系，圍繞產業鏈部署創新鏈、圍繞創新鏈佈局產業鏈。不僅要依靠具有自主知識產權的創新成果突破產業鏈上的"卡脖子"技術，還要推動產業邁上全球價值鏈中高端。

實現高水平科技的自立自強需要一系列的基礎性安排。充分發揮科學家和企業家的創新主體作用，形成關鍵核心技術攻堅體制。根據科技是第一生產力，實施科教興國戰略。根據人才是第一資源，實施人才強國戰略。根據創新是第一動力，實施創新驅動發展戰略。建設實現創新驅動發展的新基礎設施，主要涉及基於新一代信息技術演化生成的基礎設施，以及深度應用互聯網、大數據、人工智能等技術支撐傳統基礎設施轉型升級的融合基礎設施，支撐科學研究、技術開發、產品研製的具有公益屬性的基礎設施等。

（三）高水平對外開放

新發展格局不排斥對外開放，但要升級對外開放。新發展格局是更高水平的對外開放。改革開放後，我國主要以資源稟賦的比較優勢融入經濟全球化。中國

---

[1] 習近平：《不斷做強做優做大我國數字經濟》，《求是》2022 年第 2 期。

開啟現代化新征程，對外開放也進入新時代，需要更高質量的開放發展。不僅需要在開放中獲取國際資源和市場，更要獲取高端技術。實現中國式現代化需要在更大範圍、更寬領域、更深層次上提高開放型經濟水平。

第一，從培育國內科技和產業優勢的需要出發利用國際資源和國際市場，包括創新要素的引進、外商直接投資的升級、引資引技引智並舉等，以推動開放式創新。我國參與國際國內雙循環的環節與創新鏈融合，提升產業鏈現代化水平。如習近平所總書記要求的，要更大力度吸引和利用外資。縱觀全球，發達國家和新興經濟體都把吸引和利用外資作為重大國策，對招商引資的國際競爭更加激烈。

第二，依託我國超大規模市場優勢，以國內大循環吸引全球資源要素，既要把優質存量外資留下來，還要把更多高質量外資吸引過來，提升貿易投資合作質量和水平。堅持引進來和走出去並重，以“進”促“出”，推動形成陸海內外聯動、東西雙向互濟的開放格局，實行高水平的貿易和投資自由化便利化政策。加快建設貿易強國，維護多元穩定的國際經濟格局。

第三，參與經濟全球化和國際競爭，由資源稟賦的比較優勢轉向競爭優勢，依靠科技創新培育競爭優勢。參與外循環的競爭優勢，不是建立在原來的資源稟賦的比較優勢基礎上的，而是如黨的二十大報告所說的，加快建設世界重要人才中心和創新高地，形成人才國際競爭的比較優勢。按此要求形成具有全球競爭力的開放創新生態，需要着力引進創新資源（尤其是創新人才），進行開放式創新，創新處於國際前沿、引領產業創新的具有自主知識產權的核心技術和關鍵技術，重視研究型大學的基礎性研究的開放。其着力點是發展創新導向的開放型經濟，着力引進創新資源。過去通過引進外資來利用國際資源，現在開放式創新就要根據創新鏈環節需要着力引進掌握高端核心技術的科技和管理人才。

第四，由政策性開放轉向規則、規制、管理、標準等制度型開放。利用制度型開放，升級外商直接投資。在有序放寬市場准入的同時，注重外資質量。引進的外資以創新為導向進行選擇：進入的環節是高新技術研發環節，鼓勵外資在中國本土創新研發新技術。新發展格局不排斥產業鏈的國際佈局，尤其是以全球價值鏈進入"一帶一路"國家和地區，形成面向全球的貿易、投融資、生產、服務的價值鏈，培育國際經濟合作和競爭新優勢。

第五，在開放中統籌發展與國家經濟安全，防止中國的現代化被國際風險打斷。這就是習近平總書記所警示的："應對外部經濟風險、維護國家經濟安全的壓力也是過去所不能比擬的。"[1] 世界金融危機和通貨膨脹的輸入、國際市場及匯率風險、全球產業鏈中的脫鉤斷鏈等都可能危及國家經濟安全，而經濟安全是國家安全的基礎。因此，越是開放，越要重視安全，統籌好發展和安全兩件大事，增強自身競爭能力、開放監管能力、風險防控能力。這就要求建立多元平衡、安全高效的全面開放體系；創新和完善宏觀調控，尤其要防止系統性金融風險，有效防範各類風險連鎖聯動。

社會主義制度和舉國體制是中國式現代化的制度基礎。在此基礎上，推進中國式現代化需要一系列的制度改革。改革和創新是中國式現代化的兩大動力。改革的目標就是習近平總書記所指出的："既要創造比資本主義更高的效率，又要更有效地維護社會公平，更好實現效率與公平相兼顧、相促進、相統一。"[2] 這個需要在社會主義基本經濟制度的三個方面加以堅持和完善。基於完善基本經濟制度的要求，當前推動中國式現代化特別需要完成兩個方面的制度建設。一是依法規範和引導資本健康發展，形成國企敢幹、民企敢闖、外企敢投的制度環境。二是建設法治化營商環境。

總的來說，中國式現代化道路不僅是馬克思主義經濟學說同中國具體實際相結合的道路，也是現代化的一般理論與中國國情相結合的道路。貫徹新發展理念的現代化是中國式現代化的新道路，拓展了發展中國家轉向現代化的新路徑。

---

[1] 《習近平總書記關於社會主義經濟建設論述摘編》，中央文獻出版社 2017 年版，第 24 頁。

[2] 《正確理解和大力推進中國式現代化》，《人民日報》2023 年 2 月 8 日。

第一章

世界現代化的
理論和歷程

美國學者布萊克教授認為，人類經歷了三次革命性轉變：第一次是從動物世界向人類社會的轉變；第二次是從原始社會向文明社會的轉變；第三次是從傳統文明社會向現代社會的轉變。對現代化的學理性定義指的是從傳統文明社會向現代社會的轉變。經濟學、歷史學和社會學等不同學科依所處不同階段對現代化有不同的定義。現代化涉及經濟、政治、社會、文化多方面的過程，其中經濟現代化是基礎和核心。現代化是世界性現象，其發展方向有相似性，但是具體到某個國家，其發展道路、模式、進程和成效各不相同。

第一節　世界現代化進程

　　經典現代化指的是人類社會由傳統農業社會向現代工業社會的轉變，以及由此帶來的巨大的社會變遷。現代化是以工業化為推動力，導致傳統的農業社會向工業社會轉變，並引發整個經濟領域及政治、思想、文化等方面發生深刻的變化。

一、世界現代化的三次浪潮

　　現代化是 18 世紀工業革命以來人類社會的一種深刻變化，是從傳統社會向現代社會轉型的過程。它既發生在先行國家，也存在於後發國家追趕世界先進水平的過程中。現代化進程最早發端於英國及西歐地區，隨後擴展到世界其他地區。國際上對世界現代化進程有多種說法，我國國內最有代表性的是羅榮渠教授的世界現代化三次浪潮說——每次現代化浪潮都是由工業革命或科技革命推動的。[1]

　　18 世紀，起源於英國的第一次工業革命，正式開啟了世界現代化的進程。這次工業革命在英國發生後，在世界範圍內不斷擴散、發展，使資本主義工業生產力得到迅速提高，世界開始進入了工業化時代。馬克思身處的時代正是第一次工業革命所導致的英國的現代化階段。"資產階級在它的不到一百年的階級統治中所創造的生產力，比過去一切世代創造的全部生產力還要多，還要大。自然力的征服，機器的採用，化學在工業和農業中的應用，輪船的行駛，鐵路的通行，電報的使用，整個大陸的開墾，河川的通航，彷彿用法術從地下呼喚出來的大量人口——過去哪一個世紀料想到在社會勞動裏蘊藏有這樣的生產力呢？"[2]馬

---

[1]　羅榮渠：《現代化新論：世界與中國的現代化進程》，北京大學出版社 1993 年版，第 4 頁。

[2]　《馬克思恩格斯文集》第 2 卷，人民出版社 2009 年版，第 36 頁。

克思在《資本論》中還指出：“工業較發達的國家向工業較不發達的國家所顯示的，只是後者未來的景象。”**❶** 這就指出了當時工業不發達國家的現代化方向。

　　第二次現代化浪潮從 19 世紀六七十年代開始，西方各國先後開始了第二次工業革命。電力的廣泛應用使人類跨進了電氣時代，內燃機的發明及廣泛應用為工業、農業、交通運輸業及相關產業的發展創造了新的有利條件，化學工業及其應用技術也有了重大突破。這次現代化的物質技術基礎是電與鋼鐵，由內燃機和電動機帶動的“電工技術革命”的經濟增長速度大大超過了蒸汽機帶動的第一次工業革命。鐵路建設成為這一時期新興工業化的中心。生產單位規模擴大，技術和投資量增長，使銀行和國家在推進現代化方面發揮前所未有的重大作用。工業化向整個歐洲擴散並取得勝利。年輕的美國搭上了這班現代化列車，一躍超過英國成為最發達的現代化國家。同時非西方世界走向現代化的序幕也已拉開。第二次工業革命最重要的影響是直接促進了生產力的突飛猛進的發展，歐美國家的產業結構開始由以輕工業為主導轉變為以重工業為主導，基本實現了工業化。工業的高速發展還促進了資本和生產的進一步集中，使人類社會在經濟、政治等方面發生了一系列廣泛而深刻的適應性變化，資本主義向壟斷階段過渡。但是這一階段的現代化進程中，資本主義遭遇了前所未有的發展危機，工業革命加劇了資本主義各國經濟發展的不平衡性。老牌資本主義國家受到陳舊設備和舊式資本主義的拖累，經濟發展速度落後於新興國家，新興國家經濟出現跳躍式發展。這種發展的不平衡及其加劇，促使資本主義國家間矛盾日趨尖銳化。

　　第三次現代化浪潮發生在第二次世界大戰結束以後的第三次工業革命。“這次現代化的新物質技術基礎是石油能源、人工合成材料、微電子技術。高科技、新能源、新原材料與人工智能相結合，使科學直接轉化為生產力，而巨型跨國公司的出現則引起現代發展的結構性的重大變化。”**❷** 據“第三次工業革命”概念提

---

❶　［德］馬克思：《資本論》第 1 卷，人民出版社 2004 年版，第 8 頁。

❷　羅榮渠：《論現代化的世界進程》，《中國社會科學》1990 年第 5 期。

出者里夫金的描述 ❶，這是以可再生能源替代化石能源的革命，同時產生低碳的經濟發展模式。這場革命伴隨着新科技革命，催生了新一次現代化浪潮：一方面繼續延續第二次工業革命的成果，另一方面產生了以電子信息為代表的新科技革命。在新的工業革命的衝擊下，發達工業國中開始工業換代，初級工業化向高級工業化升級。先行現代化的美國和西歐國家的現代化水平在電子信息革命的推動下達到了新的高度。同時工業化和現代化的浪潮向全球擴散，大批欠發達國家積極爭取進入現代經濟增長過程。廣大亞非拉國家和地區明確地把"現代化"作為了發展的口號。他們利用新科技革命帶來的發展機遇，有目的、有計劃地推動現代化，並且由"被動性"現代化向"主動性"現代化轉變，形成了各自的特色。東亞地區迅速崛起，日本緊接着韓國、新加坡等國搭上了現代化的列車，形成了"東亞經濟奇蹟"。1978 年，黨的十一屆三中全會召開，開啟了改革開放和社會主義現代化的偉大征程。之後，鄧小平提出了"中國式的現代化"概念。

二、現代化的拉美模式及其教訓

二戰以後，一些殖民地和半殖民地國家獨立並走上發展經濟的道路。拉美地區一些國家在達到中等收入國家發展水平後開啟了現代化進程。拉美國家一開始普遍採取國家主導型進口替代發展戰略。由起初的普通工業消費品進口替代過渡到耐用消費品和中間產品的進口替代，最後實現機器、設備等生產資料的進口替代，形成了較為完整的工業體系，為拉美國家的經濟發展奠定了基礎。但在發展過程中，拉美國家的進口替代工業化遇到了越來越多的問題和矛盾。為了保證較快的經濟增長速度，拉美國家大多採用赤字財政和舉借外債的政策，以至於 20世紀 80 年代初，拉美各國相繼陷入嚴重債務危機和惡性通貨膨脹的泥潭。債務危機的爆發標誌着拉美地區經濟在二戰後的增長期結束，進入持續的衰退期。

---

❶ 現階段還有 "第四次工業革命" 之說。這個概念最早在 2013 年的德國漢諾威工業博覽會上正式推出，是基於工業發展的不同階段作出的劃分：工業 1.0 是蒸汽機時代，工業 2.0 是電氣化時代，工業 3.0 是信息化時代，工業 4.0 則是智能化時代。

在嚴重的債務危機衝擊下，拉美國家全盤接受“華盛頓共識”的政策建議，從進口替代工業化的內向發展戰略轉向以出口為導向的外向發展戰略，從貿易保護向貿易自由化轉變，從國家對經濟的直接干預向經濟自由化轉變。拉美各國都不同程度地推行了新自由主義的改革，不斷開放國內市場，融入世界經濟體系，促進地區經濟一體化，減少國家對經濟的直接干預。具體包括以下幾個方面的內容：一是實行貿易自由化戰略，基本取消了用行政手段控制進口的做法。拉美國家還降低了非關稅壁壘。世界銀行 20 世紀 90 年代初的一份研究報告指出，墨西哥的非關稅壁壘已低於西歐和日本的水平。同時，許多國家基本取消對經常項目的交易限制，對資本項目交易的限制也大大減少或者完全取消。二是國有企業私有化。其方式主要包括直接出售、公開上市、管理人員和僱員購買、與私人資本合資、特許經營和租賃等。阿根廷、墨西哥推行了較為激進的國有企業私有化計劃。經過 10 年的時間，墨西哥的國有企業從 1,150 家下降到 124 家，原國家控制的 60 家銀行也全部私有化。[1] 三是金融市場自由化。進入 20 世紀 90 年代後，拉美國家加快了金融改革的步伐，其重點包括降低政府在銀行信貸配置方面的作用，最大限度地放開存款和貸款利率，降低存款準備金率，加強中央銀行的獨立性，強化對金融機構的監督和管理。阿根廷和墨西哥在金融業方面已全部開放，在通信、電力、石化等領域逐步擴大外資自由進入比重。四是稅收制度改革。拉美國家稅制改革的共同特點是努力實行稅制的中性化，簡化稅收體系的法律程序和行政管理程序，以增加政府的財政收入。[2] 五是勞工制度和社會保障制度改革。勞工制度改革的重點在於減少解僱成本和簡化招聘程序；社會保障制度改革的重點在於加大社會保障支出，改革社會保障制度結構，加強對弱勢群體的保護。

拉丁美洲國家的經濟轉型取得了一定成效，進入 20 世紀 90 年代後拉美經濟擺脫了“失去的十年”的陰影，走上了復甦之路。[3] 但也產生了一系列嚴重問題：

---

[1] 彭森：《拉美三國改革發展及經驗教訓》，《經濟學動態》1996 年第 5 期。

[2] 參見美洲開發銀行《拉美改革的得與失：美洲開發銀行論拉丁美洲的經濟改革》，江時學等譯，社會科學文獻出版社 1999 年版。

[3] 江時學：《新自由主義、“華盛頓共識”與拉美國家的改革》，《當代世界與社會主義》2003 年第 6 期。

一是國家失去了經濟的控制力。拉美國家由於歷史原因和現實因素的制約，內部儲蓄不足，產生了對外資的高度依賴，特別是對國外直接投資的依賴。在經濟受到衝擊時，政府無能為力，導致經濟不穩定增長和經濟危機頻繁爆發。90 年代後期起，拉美國家經歷了三次經濟衰退。二是國有企業全面私有化後，失業問題更為嚴重。國民經濟的重大結構調整導致結構性失業加劇。一方面，新出現的技術密集型產業缺乏知識密集型工人；另一方面，大批工人因得不到培訓而只能淪為失業者。三是兩極分化加劇，貧困化問題日益嚴重。據聯合國拉丁美洲和加勒比經濟委員會（ECLAC）發表的拉美社會展望報告，2021 年拉美國家貧困人口總數為 2.01 億，貧困率從 33% 下降到 32.1%；極端貧困人口增加 500 萬人，再次攀升至 8,600 萬人，倒退 27 年，極端貧困率從 2020 年的 13.1% 增加到 13.8%。四是社會發展被忽視，社會問題非常嚴重。國家經濟結構出現新的不平衡，涉外經濟部門、服務部門發展迅速，大公司財團對經濟的壟斷程度提高，農業、基礎工業發展滯後。政府貪污腐敗現象日趨嚴重，販毒、恐怖、暴力事件增多，社會治安混亂，民眾情緒不滿。

世界銀行《東亞經濟發展報告（2006）》發現，一些新興市場國家在進入中等收入國家行列後，陷入 "中等收入陷阱" [1]：其人均國內生產總值（人均 GDP）長期掙扎在中等收入階段，見不到上升到高收入階段的動力和希望。典型案例就是拉美國家。其基本原因是，低收入發展階段的經濟增長機制和發展模式所推動的經濟增長容易出現大幅波動或陷入停滯；在進入中等收入國家發展階段後，如延續原先在低收入階段的高投入高消耗的發展方式，將導致既無法在工資方面與低收入國家競爭，又無法在尖端技術研製方面與發達國家競爭的後果，國際競爭力明顯下降。同時，經濟快速增長所積累的社會矛盾在進入中等收入國家階段後會集中爆發。這些國家長期在中等收入階段徘徊，人均 GDP 難以突破 1 萬美元，遲遲不能進入高收入國家行列。雖然進入 2010 年以後，這些國家的人

---

[1] 所謂 "中等收入陷阱" 是世界銀行在 2006 年一份研究報告中提出的概念，指的是第二次世界大戰後一些發展中國家（如拉美國家）擺脫了貧困，解決了溫飽，在跨越了低收入階段進入中等收入階段後，不適應新階段的新變化，延續低收入階段的發展方式，經濟社會發展長期陷入停滯的現象。

均 GDP 也有突破 1 萬美元的年份，但總體上還是沒有能夠逃脫 "中等收入陷阱" 的魔咒，原因就在於發展方式沒有得到根本轉變。●

　　當然在拉美國家發生的 "中等收入陷阱" 不是在所有國家都會發生，如在新加坡、韓國等東亞國家就沒有發生，它們通過其推動的現代化進程跨過了這個階段。但是 "中等收入陷阱" 的警示作用是顯而易見的。

● 以巴西為例，2011 年巴西人均 GDP 曾經達到 1.32 萬美元，此後經濟形勢一路走低，2015 年人均 GDP 已降到了 8,800 美元，2020 年則僅為 6,450 美元。

第二節　現代化的一般理論

現代化是一個世界範疇，任何一個國家、民族、社會的現代化都離不開同世界現代化的聯繫。現代化又是一個歷史範疇，是人類社會文明發展到一定程度的產物。現代化還是一個發展的概念和動態的概念。社會學、經濟學、政治學的經典論述和當代學界分別提出了關於現代化的各種"標準"，對現代化的含義做了分類和概括。

一、現代化的定義

"現代化"這個詞廣泛運用於當今的歷史學、社會學、科技史和經濟學等學科中，但各自的表述不盡一致。

從歷史學的角度定義，現代化指的是發達國家所經歷的從傳統到現代、從不發達到發達的歷史過程。具體地說，是指人類社會從傳統的農業社會向現代工業社會轉變的歷史過程。根據此定義，在相當長的時期中人們把現代化等同於工業化過程。而在現代，西方發達國家的經濟發展進入了信息化階段，因此有人把現代化分為兩個階段：第一階段是工業化；第二階段以第一階段為基礎，進入以信息化為內容的"第二次現代化"階段。

從社會學的角度定義，現代化指的是在科技革命推動下社會已經和正在發生的轉變過程，不僅涉及經濟，還涉及政治、社會、文化、心理等方面。最為典型的是美國社會學家英格爾斯依據對幾個現代化國家的實證分析概括的 10 項現代化水平指標：人均國民生產總值（GNP）在 3,000 美元以上，農業增加值在 GNP 中佔 12% 至 15%，第三產業在 GNP 中佔 45% 以上，非農業就業人口在總就業人口中佔 70% 以上，識字人口佔總人口的 30% 以上，接受高等教育的人數佔適齡青年總人數的 10% 以上，城市人口佔總人數的 50% 以上，平均每個醫生服務的人口數在 100 以下，平均人口預期壽命在 70 歲以上，人口自然增長率在 1%

以下。這些指標對後起的發展中國家推進現代化有一定的參考價值，但隨着經濟和社會的發展，這些指標越來越不能準確而全面地反映現代化水平。

經濟學對現代化的研究並不完全關注其結果的評價指標，而是更為關注其進程和發展戰略。這一點可以從庫茲涅茨的現代經濟增長理論，劉易斯、舒爾茨的二元結構理論和羅斯托的經濟成長階段論中得到說明。

1971 年諾貝爾經濟學獎獲得者西蒙·庫茲涅茨沒有直接使用"現代化"概念，而是使用了"現代經濟增長階段"的概念。他是在考察了歐美發達國家近百年經濟發展進程的基礎上提出。自從 19 世紀後半葉開始，發達國家經濟增長的主要動力一直是科學技術，標誌着這個經濟時代的重大創新是科學被廣泛運用於經濟生產領域。庫茲涅茨把這個時代稱為"現代經濟增長階段"，經濟發展就成為現代化的中心問題。發展的程度除了用國民產值來衡量外，重要的是巨大的結構性變化，其內容包括經過工業化和城市化過程，人口和人均產值的持續穩定增長；科學被廣泛地運用於經濟生產領域；現代部門迅速增長並通過各種鏈條帶動經濟中其他方面的增長；非農業部門的份額持續上升；受制於分配的各種收入的提高幾乎與國民總產值的提高並駕齊驅，收入差距趨向縮小，即著名的庫茲涅茨倒 U 型曲線。他也注意到，在現代經濟增長的進程中，技術、社會和時代精神變化之間的相互關係顯得特別重要。沒有社會制度上的變革，不可能產生科學在技術上的應用。

1979 年同時獲諾貝爾經濟學獎的劉易斯和舒爾茨面對的是在技術和生產方式上傳統農業部門和現代工業部門並存的二元結構的發展中國家。他們提出了不同的現代化方案。劉易斯突出工業化，即增加現代工業部門積累，農業剩餘勞動力向現代工業部門轉移，在進入劉易斯轉折點時，轉向工業支持農業技術進步。舒爾茨強調改造傳統農業。他在《論農業中的經濟學與政治學的衝突》一文中，就曾多處使用"經濟現代化"一詞，如"當經濟現代化實現之時，就會有人力資本的遞增收益。從長期看，經濟現代化和發展中的關鍵部分是人力資本"。

美國經濟學家羅斯托的經濟成長階段論直接使用了"經濟現代化"的概念。他認為，現代經濟增長源於新技術在有效基礎上的不斷擴散。他將一個國家從貧窮走上富有、從傳統走上現代分為六個階段：傳統社會階段，為起飛創造條件的階段，起飛階段，向成熟推進階段，高額群眾消費階段，追求生活質量階段。其中起飛階段是傳統社會與現代社會的分水嶺；起飛階段以後的三個階段，其各個特徵儘管有時間先後，但都可以看作是進入經濟現代化階段後的各種表現。例如，向成熟推進階段是指現代技術在各個經濟領域中廣泛使用，實現經濟長時期的持續增長。高額群眾消費階段是指資源越來越傾向於被引導到耐用消費品的生產和大眾化服務的普及。追求生活質量階段涉及自然（居民生活環境的美化和淨化）和社會（教育、衛生保健、交通、生活服務、社會風尚、社會秩序）兩個方面。一方面，與醫療、教育、文化娛樂、旅遊有關的服務部門加速發展，成為主導部門；另一方面，認真處理和解決環境污染、城市交通擁擠和人口過密等問題。

對現代化下定義，不能忽視國內經濟學家的貢獻。最具代表性的觀點是發展經濟學家張培剛教授在其作於哈佛大學的博士論文《農村的工業化》中指出的：所謂現代化，首要的也是最本質的，必須包括工業化的基本內容；但除此而外，它還要包括其他如政治思想、生活觀念、文化修養等方面許多新的內容，其中不少部分又是由工業化這一大變革過程所必然引起而發生的。他認為，在一定情況下，現代化可以而且應當看作是有階段性的。在這一階段內，現代化的活動內容和變化情景，基本上是同工業化一致的。

二、現代化的一般特徵

關於現代化的一般特徵，學者們有不同認識。美國亨廷頓教授指出，現代化是一個革命性的過程，一個複雜化的過程，一個系統而全面的過程，一個全球性過程，一個長期的過程，一個加速度發展的過程，一個趨同的過程，一個不可逆轉的過程，一個進步的過程。[1]我國著名學者羅榮渠教授把現代化的特徵概括為民

---

❶　參見［美］塞繆爾·亨廷頓《從變化到變化：現代化、發展和政治》，《比較政治學》1971 年第 3 期。

主化、法制化、工業化、都市化、均富化、福利化、社會階層流動化、宗教世俗化、教育普及化、知識科學化、信息傳播化、人口控制化等。❶

歸結起來，現代化的內涵包括以下內容：一是現代化是一個歷史範疇，是人類社會文明發展到一定程度的產物。現代化實質上是工業化，是人類從傳統的農業社會向工業社會轉變的歷史過程。二是現代化是一個世界範疇，任何一個國家、民族、社會的現代化都離不開同世界現代化的聯繫。現代化是自科學革命以來人類社會急劇變動的過程的總稱。三是現代化是代表我們所處時代的“文明形式”。四是現代化是近代資本主義興起後的特定國際關係格局下，經濟落後國家通過技術革命，在經濟和技術上趕上世界先進水平的歷史過程。五是現代化是一個發展的概念，隨着時代的變化和新技術革命的發展而發展，是一種不斷向前、不斷創新的社會運動。因此，現代化是指人類社會自工業革命以來所經歷的一場急劇的變革；這一變革以工業化為推動力，導致傳統的農業社會向現代工業社會的全球性大轉變。現代化既是一個從傳統農業社會向現代工業社會轉變的歷史過程，也是一種發展狀態——完成現代化過程的工業化國家的發展狀態。

現代化是以工業化為核心，以技術進步為根本動力，經濟、政治、社會結構、文化心理等社會各個領域發生廣泛而深刻的變化，從傳統農業社會向現代工業社會演進的過程。在歷時兩個多世紀的世界現代化進程中，先行國家的現代化既有成功的經驗，也有失敗的教訓，總結這些基本經驗對於推進中國式現代化具有重要意義和啟示。總體來看，現代化的一般特徵主要表現在以下幾個方面。

第一，工業化是現代化的前提和核心。世界現代化進程從工業革命開始，以大工業的興起為標誌，由工業化推動和引導。工業革命引起了整個世界的巨變，帶來了世界的大分化，改變了世界文明傳播方式，因而成為人類社會發展的分水嶺和標誌。❷工業文明的到來是人類社會進步中最偉大、深刻的一次變革，它所帶來的不僅是物質生產方式的轉變、社會財富的快速增長，而且推動着社會關

---

❶ 參見羅榮渠：《現代化新論：中國的現代化之路》，華東師範大學出版社 2013 年版。

❷ 賈建芳：《世界現代化進程的基本經驗》，《江漢論壇》2003 年第 10 期。

係、生產方式與生活方式發生與之相應的歷史變革；正是這些歷史變革同工業化進程之間的互動，構成了整個社會的現代化進程，在改變世界面貌的過程中塑造出新的人類文明。在新科技革命的推動下實現工業化的先行國家，已大體上完成了工業化，相繼進入工業化的高級階段，正在尋求適應性的內部模式轉換，探索從工業社會過渡到後工業社會之路。大批欠發達國家較快地進入新興工業化國家行列。各國工業化進程促進了經濟社會結構的變遷和經濟的增長，推進了現代化進程。

任何國家的經濟發展和現代化都必須以工業化為前提，工業化是任何國家現代化都不可逾越的發展階段。工業化的主體是製造業。製造業是實現工業化的保障，是實現現代化的原動力，是國家實力的支柱。在知識經濟初見端倪的今天，工業經濟仍然是知識經濟的物質基礎，製造業在發達國家國民經濟中仍然佔重要地位。高度發達的製造業特別是裝備製造業和先進的製造技術已成為衡量一個國家國際競爭力的重要標誌。

在新時代推進中國式現代化的過程中，我國需要通過各種途徑促進製造業的快速健康發展。為了加快工業化進程，我國提出走新型工業化道路，用信息化帶動、促進工業化，實現工業化的跨越式發展。

第二，科技進步是現代化發展的根本動力。工業革命是經濟發展、政治變革、思想文化變革和科技革命綜合作用的產物，而科學技術的進步和創新是實現工業化和現代化的根本動力。在世界現代化的歷史進程中，每一次產業革命都是由科技突破帶動的。隨着科學飛速進步和技術創新不斷湧現，工業生產從機械化走向自動化，人類對自然界的支配開始越出地球飛向外層空間。20 世紀中葉以來，世界經歷第三次科技革命浪潮，促使科學技術轉化為直接的生產力，從而引起工業化進程發生質的變化，使人類進入技術型的工業社會和知識經濟時代，知識經濟的興起和發展必將大大加速世界現代化的歷史進程。

總結先行國家現代化的經驗，科學技術和教育現代化是經濟現代化的實質。發達國家高度重視和充分發揮科學技術和教育在經濟發展中的先導作用，它們的科技和教育的發展也總是處於領先地位。在世界上，日本、美國、西歐等發達國家和地區在現代化過程中推行教育先行的戰略都收到良好的效果。在推進中國式現代化的過程中，科技和教育要先行，要把科技進步作為現代化發展的根本動力。

第三，經濟發展和社會結構變遷是現代化推進的動因。唯物史觀認為，一個國家文明不文明、發達不發達，首先取決於經濟發展的狀況。經濟發展是現代化的基礎，經濟發展必然引起社會其他方面的變革。經濟發展引起的所有變化推動了傳統社會向現代社會的變遷，推動了先行國家的現代化的進程。推進現代化進程首先必須保持經濟的快速持續健康增長，同時相應地調整經濟結構、經濟體制和其他方面的結構和體制。社會結構是決定現代化進程的重要條件。西歐的工業革命是受市場經濟這只看不見的手支配的自發的歷史進程。市場經濟的發展形成內源型現代化所需的物質技術條件和推動創新的機制。在現代化過程中，不能只重視引進技術和工業化成果，更要重視社會結構和制度的變革。借鑑先行國家現代化的經驗，在推進中國式現代化的過程中，一方面要大力發展實體經濟，築牢現代化經濟體系的堅實基礎，加快發展先進製造業，推動數字經濟與實體經濟深度融合，加快實施創新驅動發展戰略，強化現代化經濟體系的戰略支撐。另一方面要大力推進社會的結構改進，築牢社會和諧穩定及未來發展的基礎，持續提高民生福祉，創造高品質生活，推進基層社會治理創新，提升社會參與的能力和水平，推動社會結構現代化。

第四，現代化觀的內涵不斷深化。從現有國家現代化的經驗來看，現代化的內涵是不斷擴展和深化的。現代化是一個歷史範疇，隨着社會的發展和發展觀的變化而不斷豐富。現代化的發展觀經歷了由傳統發展觀向現代發展觀的轉變。傳統現代化觀的判斷指標和評價指向工業化，以經濟增長為標誌衡量發展，把一個國家的工業化當作實現現代化的標準。這種現代化觀的實踐指向是把國家經濟增長當作唯一的目標和動力。在這種現代化觀的支配下，人類在享受着工業文明所帶來的巨大物質財富的同時，也不斷地品嚐着傳統發展模式所產生的一系列惡果，如環境污染、資源危機、人口劇增、分配不公、社會腐敗、道德淪喪、人性異化及拜金主義、享樂主義、利己主義蔓延等。20 世紀六七十年代以來，發達國家的現代化觀和發展模式也引起了越來越深刻的反思。新的現代化觀應時而生，對現代化的認識逐步從經濟視角轉換到社會視角再轉換到人及人與自然和諧的視角。可持續發展觀強調經濟增長與保護環境、維護生態平衡、合理開發利用資源、控制人口和開發人力資源相協調，反對以犧牲環境為代價去求得發展。綜合現代化觀強調經濟發展與社會發展的均衡和協調，強調社會發展的整體性、綜合性、內生性，強調科技、教育、文化與經濟的協調共進，強調發展以人為中心以及人與自然的和諧統一。借鑑先行國家現代化的經驗，我國現代化必須堅持新現代化觀，確立經濟、政治、文化、社會、人、自然全面發展、協調發展、可持續發展的目標，走出一條中國式的現代化道路。

第三節　社會主義現代化理論的建構

迄今所述的各種關於現代化的定義都是以發達國家的現代化進程為藍本的；其走過的道路對後起的發展中國家推進現代化有一定的參考價值，所達到的現代化水平也成為發展中國家現代化的參照系。但其並不能成為所有國家仿效的樣板。中國所要構建的現代化理論不僅要從發展中大國的國情出發，還要反映處於社會主義初級階段的要求。

一、科學認識西方現代化理論

西方現代化理論概括總結了人類進入工業社會以來文明演進的過程與經驗，揭示了現代化的一般過程，提出了帶有普遍性的原則，從一定程度上反映了人類共同的精神財富。但是由於缺乏科學的歷史觀，西方現代化理論無法深刻地理解現代化運動與人類歷史命運的關係，不能正確把握現代化的歷史本質是人類走向徹底解放的歷史過程。西方現代化理論的局限性、片面性集中表現在從西方國家的價值觀與利益立場出發，把西方國家現代化的具體道路與模式作為全人類現代化的唯一道路與模式，把西方文化的價值觀強加給廣大發展中國家；把發展中國家凡是與之不同的制度、文化等一律斥之為必須徹底拋棄的傳統，把現代化與各國、各民族的傳統完全對立了起來。

明確發展中國家的現代化與先行國家的現代化的區別，涉及對發展中國家現代化理論的建構。發展中國家的現代化理論為以先行現代化國家作為追趕目標的發展道路、發展方式和發展戰略提供了理論指導。從一定意義上說，已有的現代化理論屬過去時，而發展中國家的現代化理論則屬現在時和將來時，需要結合發展中國家的實際進行創造和建構。

二、先行國家現代化的啟示

我國從改革開放開始實際上已與其他新興工業化國家一道進入了現代化的軌道。中國需要搭上現代化的列車，但不能因為發達國家的現代化進程中先後經過工業化和信息化的階段而亦步亦趨，走所謂的先完成工業化後推進信息化的兩次現代化歷程。要搭上現代化的列車就需要採用最新現代技術，不僅要利用第二次產業革命的信息化成果，還需要研發並採用第三次工業革命新技術。否則，永遠趕不上發達國家，更談不上現代化。

建構發展中國家的現代化理論毫無疑問需要借鑑已有的現代化理論，包括把發達國家達到的現代化水平作為參照系，把工業化、城市化、信息化作為現代化的必由之路。但是在發展方式上不可能是一樣的。

過去的一百多年中，先行現代化國家在推進工業化時，世界上有很大一部分地區還處於傳統農業社會，是其附屬國或殖民地，先行國家可以無所顧忌、無障礙地通過掠奪國外資源來支持其粗放的工業化發展方式。而現在，發展中國家作為後起的國家已經沒有先行國家當時那種資源環境，不僅是物質資源的供給嚴重不足，環境資源的供給也受到更多的約束。因此其現代化的必要環節——工業化不能走先行國家的老路，必須走低消耗、低排放的新型工業化道路。

在發展中國家啟動現代化時，先行現代化國家與之並存。這就給發展中國家現代化提供了後發優勢。就如庫茲涅茨所分析的，在現代經濟增長階段，創新的知識和技術可以在世界範圍進行全面傳播。一個國家經濟的增長日益受到別國新知識和新技術的影響。較晚進入現代經濟增長階段的國家，可以選擇和利用的世界知識和技術的存量豐富，因而有可能有較高的經濟增長率，其現代化所需的時間也不需要像先行現代化國家那麼長。關鍵是後起國家要具備相應的學習和利用世界上新知識和新技術的能力。因此發展中國家對外開放參與全球化經濟是最為重要的。

先行國家的現代化經驗對我國走好中國式現代化新道路具有重要啟示：

第一，以工業化為基礎推動現代化。應該採取工業化延伸戰略，堅持工業化的邏輯，將傳統產業的改造和新興產業的發展相結合。以實體經濟的發展和製造業的現代化為核心，通過再工業化改造提升傳統產業，通過新型工業化發展新型產業，以工業化的邏輯來推動現代化。

第二，以創新驅動現代化。技術進步和技術創新是現代化的動能，先行國家的現代化是技術創新的產物。在中國式現代化發展中，要重視技術創新，積極實施創新驅動戰略。積極推進科技體制改革，通過科技創新推動體制改革和促進經濟轉型發展。以科技創新、技術進步為動力，通過技術創新支撐傳統產業優化升級。

第三，以高標準的市場經濟體制推動現代化。先行國家的經濟現代化是同市場經濟體系的現代化緊密相關的。實踐證明，發達國家成熟的市場體系，對優化資源配置、提高經濟運行效率，從而推動經濟現代化做出了貢獻。在中國式現代化推進過程中要建設高標準商品市場體系、高標準生產要素市場體系、高標準價格體系和高標準市場制度體系，建立健全統一開放、競爭有序的全國大市場，提高資源配置效率。

第四，重視生態環境現代化。在二戰後初期，發達國家由於迅速發展工業化，產生了破壞生態平衡、污染環境的嚴重問題。自 20 世紀六七十年代以來，發達國家開始注重環保，保持生態平衡，使經濟可持續發展。各國政府開始建立並完善生態環境法律法規體系，綜合使用各種環境政策措施，大力推進經濟發展方式的轉型升級，依靠科學技術解決環境與發展的協調問題。在中國式現代化發展中，要重視生態環境現代化，實施綠色發展，在現代化發展中實現人與自然的協調發展。

第五，重視社會發展。先行國家的現代化重視社會發展，經過多年的探索和實踐建立了一整套比較完備的社會發展體系。在中國式現代化中，在推動物質的現代化、制度的現代化的同時，需要同步推進人的現代化，大力提升人的素質，使之成為推動中國式現代化的動力。同時全面深化改革，推進國家治理現代化，加快社會治理體系的制度化、規範化和法治化。

三、現代化模式具有多樣性

20 世紀冷戰結束後，弗朗西斯・福山提出的"歷史終結論"流行開來，很多人認為現代化只有一種選擇，現代化就是西方化。但沿着西方模式前行的國家，其現代化進程卻並不成功。原因在於，在舊有的世界格局下，以全面學習西方模式為特徵的現代化，只能是一種依附性的現代化，在國際交流合作中很難獲得平等地位，加之西方模式與本國國情的"水土不服"，現代化就難以獲得成功。

二戰以前，世界範圍內的現代化只有一種模式，那就是歐美的資本主義模式。戰後出現了兩大陣營，新誕生的社會主義國家開始走工業化和現代化道路。世界範圍內就形成了資本主義現代化道路模式和社會主義現代化模式，西方模式一統天下的格局被逐漸打破。20 世紀 70 年代崛起的東亞國家和地區——特別是"四小龍"——獨創了一種新的現代化發展途徑，這種新型模式一般被稱為"東亞模式"或"亞洲模式"。

現代化從中心向外圍推進的方式把眾多國家捲入世界潮流。各國都以不同的速度和不同的方式突破原來的農業社會形態，向工業社會形態轉型。世界各國現代化既具有共同特徵也帶有不同特點，這主要表現在世界各國現代化的起步與前進步伐參差不齊。20 世紀前半葉及以前被捲入世界現代化進程的國家被稱為"先發現代化國家"，20 世紀後半葉及以後被捲入世界現代化進程的國家被稱為"後發現代化國家"。起步晚的發展中國家與先發現代化國家相比，有獨特的歷史規定性。資本主義現代化與社會主義現代化雖然是性質完全不同的現代化發展模式和發展道路，但都要受到現代化發展規律的支配。這兩種不同的現代化模式和道路除了社會制度的性質不同外，其主要區別在於配置資源的方式不同、工業化道路不同。先行國家現代化的經驗表明，任何一個國家都必須遵循世界現代化的發展規律，一個國家現代化模式和道路的選擇主要是由一定時空背景下各國國情決定的，世界現代化的模式和道路不止一種，應該具有多樣性。

學術界根據不同的分類方法，把現代化分為各種不同的模式。羅榮渠根據所有制和經濟運行、權力結構的不同，將現代化模式分為三類：西方資本主義現代化，即資本主義私有制＋自由市場＋分權型或集權型的現代國家機構；蘇聯式社會主義現代化，即社會主義公有制＋計劃指令與有限市場結構＋集權型現代國家機構；發展中國家的混合式現代化，即混合經濟＋自由市場＋集權或分權型現代國家機構。[1]陳峰君根據現代化啟動來源、經濟運行方式、政權運行機制、文化主體的差異，將世界現代化分為西歐模式、東歐模式、北歐模式、北美模式、東亞模式、西亞模式、南亞模式、拉美模式、非洲模式等，並把西方（西歐、北歐、北美）和東亞這一對反差極大的模式作為兩類成功的現代化模式。[2]何傳啟等根據工業化、民主化、城市化、信息化、知識化、生態化等要素的不同組合，將國家現代化分為 56 種組合模式。[3]

現代化包括經濟、社會、政治、文化、生態和人自身的現代化等基本要素，涉及工業化、城市化、市場化、民主化、福利化、信息化、知識化、生態化、全球化等多個過程。不同國家、民族的內部條件、外部環境和動力機制都是有差異的，各個國家現代化的起步和現代化模式、道路不可能相同，應當尊重各國的歷史文化、社會制度和發展模式。各國各民族必須根據自己的情況，依靠自己的努力，探索適合自己的發展道路，選擇自己的發展模式。我國在中國共產黨的領導下，堅定不移地走社會主義現代化道路，目的是避免和減少資本主義現代化進程中的弊病和災難，以共同富裕和人的全面發展為目標，更快地實現中國式現代化。

經過中國共產黨百年來的探索、新中國 70 多年的努力和改革開放 40 多年的發展，中國式現代化新道路形成。中國式現代化已經和正在取得的成功具有重要的世界意義，其成功的理論價值在於，現代化不等於西化或歐化，現代化道路並非只有一條。現代化的模式也並非只有歐洲或美國的經典模式，人類的社會發展具有多樣性，現代化的模式同樣也具有多樣性。

---

[1] 羅榮渠：《現代化新論：世界與中國的現代化進程》，北京大學出版社 1993 年版，第 150-158 頁。
[2] 陳峰君：《東亞與印度：亞洲兩種現代化模式》，經濟科學出版社 2000 年版，第 9-10 頁。
[3] 何傳啟：《中國現代化報告 2011：現代化科學概論》，北京大學出版社 2011 年版，第 50 頁。

第二章

中國式現代化思想
的演進

現代化作為中國人的百年夢想，實際上反映的是人民對美好生活的嚮往。中國的現代化作為世界現代化進程中的重要組成部分，折射出現代化的諸多共性，反映了現代化過程中的一般規律。但是每個國家都有自己的國情和自己的文化，各自的現代化道路都各有特色。在不同的發展階段、不同的國家有不同的發展道路，也都會打上不同社會制度的烙印。我國作為處於社會主義初級階段的發展中大國，尊重現代化的一般規律，重視從其他國家現代化的成敗得失中總結經驗。但是，作為一個發展階段、政治制度、經濟體制和文化背景迥異於西方的國家，我國的現代化歷程不可能是西方現代化的"翻版"，必然滲透着本民族的特色。中國特色的社會主義現代化無論是目標內涵還是道路都需要探索。既要發揮自己的後發優勢，又要避開先行現代化國家所走過的彎路，走出一條有別於西方的社會主義現代化道路。

第一節　中國式現代化的不懈探索

實現現代化是中國人的百年夢想。早在 19 世紀末，康有為、梁啟超等資產階級改良派推動的戊戌變法，就希望通過改革，使中國走向獨立、民主和富強。後來胡適評價：“主張‘維新’的人，即是當日主張現代化的人。”1911 年的辛亥革命為中國進步拉開了閘門。後來的五四運動實際上也是在探索中國的現代化之路。但由於中國連年陷入戰爭和動亂，“現代化”這個命題在相當長的時期內只是停留在知識分子的話語中。

一、“站起來”時代提出現代化目標

自 1921 年建黨起，中國共產黨就帶領着中國人民為建設一個嶄新的中國而不斷努力。1922 年，中國共產黨第二次全國代表大會第一次提出了明確的反帝反封建的民主革命綱領，同時提出“漸次達到一個共產主義的社會”的黨的最高綱領。1940 年，毛澤東在《新民主主義論》中明確提出了建立“新民主主義的國家”的理想，進一步明確了黨的現代化理想目標。他在文章中指出：“我們不但要把一個政治上受壓迫、經濟上受剝削的中國，變為一個政治上自由和經濟上繁榮的中國，而且要把一個被舊文化統治因而愚昧落後的中國，變為一個被新文化統治因而文明先進的中國。一句話，我們要建立一個新中國。”[1]1945 年，毛澤東在中國共產黨第七次全國代表大會上指出：“中國工人階級的任務，不但是為着建立新民主主義的國家而鬥爭，而且是為着中國的工業化和農業近代化而鬥爭。”[2] 他指出，沒有工業，就沒有鞏固的國防，就沒有國家的富強。1949 年 3 月召開的黨的七屆二中全會指明了中國由農業國轉變為工業國的發展方向。

---

[1] 《毛澤東選集》第 2 卷，人民出版社 1991 年版，第 663 頁。
[2] 《毛澤東選集》第 3 卷，人民出版社 1991 年版，第 1081 頁。

1949 年中華人民共和國成立，我們黨掌握了社會主義現代化建設事業的領導權，我國現代化開始從理想向實踐轉變，真正開啟了中國現代化的實踐進程。中國社會主義現代化建設進入了一個新的發展階段，翻開了新的篇章。

　　1952 年底我國恢復國民經濟的任務順利完成，黨中央從我國發展實際出發，提出了我們黨在過渡時期的總路線，並把"逐步實現國家的社會主義工業化"寫入黨在過渡時期的總路線。

　　我國從 1951 年就着手編製第一個五年計劃；1953 年起一面開始實施，一面繼續討論修改；1954 年形成草案。"一五"計劃確定的經濟建設指導方針，突出了集中主要力量發展重工業，建立國家工業化和國防現代化初步基礎的核心要點，掀起了全國人民參加和支援工業化建設的熱潮。

　　1954 年 9 月，在中華人民共和國第一屆全國人民代表大會第一次會議開幕詞中，毛澤東就提出了"準備在幾個五年計劃之內，將我們現在這樣一個經濟上文化上落後的國家，建設成為一個工業化的具有高度現代文化程度的偉大的國家"❶ 的發展道路構想。在這次全國人大會議上，周恩來在政府工作報告中首次提出"四個現代化"，強調了"把我國建設成為強大的社會主義的現代化的工業國家"問題的重要性。周恩來指出："如果我們不建設起強大的現代化的工業、現代化的農業、現代化的交通運輸業和現代化的國防，我們就不能擺脫落後和貧困，我們的革命就不能達到目的。"❷

　　1956 年，社會主義改造基本完成，我國社會主義制度建立起來了。同年，黨的八大召開，毛澤東在開幕詞中滿懷信心地說："一定能夠一步一步地把我國建設成為一個偉大的社會主義工業化的國家。"❸

　　1964 年 12 月，在第三屆全國人大一次會議的政府工作報告中，周恩來正式宣告："在不太長的歷史時期內，把我國建設成為一個具有現代農業、現代工

❶　《毛澤東文集》第 6 卷，人民出版社 1999 年版，第 350 頁。
❷　中共中央文獻研究室：《建國以來重要文獻選編》第 5 冊，中央文獻出版社 1993 年版，第 584 頁。
❸　《毛澤東文集》第 7 卷，人民出版社 1999 年版，第 117 頁。

業、現代國防和現代科學技術的社會主義強國，趕上和超過世界先進水平。"❶這裏所講的"四個現代化"，"交通運輸業"已改為"科學技術"，強調了科學技術現代化的關鍵作用。

為實現"四個現代化"的目標，黨中央提出了分兩步走的戰略規劃：第一步是"建立一個獨立的比較完整的工業體系和國民經濟體系"；第二步是"全面實現農業、工業、國防和科學技術的現代化，使我國經濟走在世界的前列"。

1975 年 1 月，在"文革"艱難的環境下，周恩來在第四屆全國人大一次會議上作政府工作報告時又重提："在本世紀內，全面實現農業、工業、國防和科學技術的現代化，使我國國民經濟走在世界的前列。"❷繼黨的八大之後，1977年黨的十一大將"四個現代化"的目標再次寫入黨章。

在"站起來"時代，中國共產黨帶領中國人民在艱難曲折的發展環境中，逐步形成了現代化建設賴以發展的物質技術基礎。1960 年，我國第一枚導彈發射成功。1964 年，我國第一顆原子彈爆炸成功；1967 年，我國第一顆氫彈爆炸成功。1970 年我國第一顆人造衛星發射成功。我國的"兩彈一星"是 20 世紀中華民族最偉大的業績，為我國現代化建設事業提供了保障。"站起來"時代，我國在"四個現代化"方面取得了一定的成就，為實現現代化提供了一定的物質基礎。

二、"富起來"時代提出中國式現代化思想

1978 年，黨的十一屆三中全會召開，歷史性地做出了把黨的工作重點轉向社會主義現代化建設的重大決策，吹響了改革開放的號角，實現了我國歷史上具有深遠意義的偉大轉折，我國現代化事業邁出新步伐。1979 年 3 月 21 日，鄧小平明確提出"中國式的四個現代化"概念，指出："我們定的目標是在本世紀末

---

❶ 《周恩來選集》下卷，人民出版社 1984 年版，第 439 頁。

❷ 《周恩來選集》下卷，人民出版社 1984 年版，第 479 頁。

實現四個現代化。我們的概念與西方不同，我姑且用個新說法，叫做中國式的四個現代化。"❶ 鄧小平強調："中國式的現代化，必須從中國的特點出發。"❷ 中國式的現代化主要有四個特點：

第一，現代化的起始條件受制於國情。1979 年 3 月 30 日，鄧小平在黨的理論工作務虛會上的講話中指出："要使中國實現四個現代化，至少有兩個重要特點是必須看到的：一個是底子薄。……第二條是人口多，耕地少。……在生產還不夠發展的條件下，吃飯、教育和就業就都成為嚴重的問題。……我們地大物博，這是我們的優越條件。但有很多資源還沒有勘探清楚，沒有開採和使用，所以還不是現實的生產資料。土地面積廣大，但是耕地很少。耕地少，人口多特別是農民多，這種情況不是很容易改變的。這就成為中國現代化建設必須考慮的特點。……現代化的生產只需要較少的人就夠了，而我們的人口這樣多，怎樣兩方面兼顧？不統籌兼顧，我們就會長期面對着一個就業不充分的社會問題。"❸

第二，中國式現代化是社會主義現代化。1987 年 4 月 30 日，鄧小平在會見西班牙工人社會黨副總書記、政府副首相格拉時的談話中指出："中國要解決十億人的貧困問題，十億人的發展問題。如果搞資本主義，可能有少數人富裕起來，但大量的人會長期處於貧困狀態，中國就會發生鬧革命的問題。"因此，"中國搞現代化，只能靠社會主義，不能靠資本主義"。❹

第三，"三步走"的現代化進程。1987 年黨的十三大根據鄧小平繪就的現代化藍圖，制定了"三步走"發展戰略。第一步，實現國民生產總值比 1980 年翻一番，解決人民的溫飽問題；第二步，到 20 世紀末，使國民生產總值再增長一倍，人民生活達到小康水平；第三步，到 21 世紀中葉，人均國民生產總值達到中等發達國家水平，人民生活比較富裕，基本實現現代化。這裏首次提出了"基本實現現代化"的概念，並明確了具體標準。"三步走"發展戰略不僅明確了分

❶ 中共中央文獻研究室：《鄧小平思想年編（1975–1997）》，中央文獻出版社 2011 年版，第 225 頁。
❷ 《鄧小平文選》第 2 卷，人民出版社 1994 年版，第 164 頁。
❸ 《鄧小平文選》第 2 卷，人民出版社 1994 年版，第 163–164 頁。
❹ 《鄧小平文選》第 3 卷，人民出版社 1993 年版，第 229 頁。

步走實現現代化的進程，而且以人民切身感受的生活水平（溫飽—小康—富裕）作為現代化的發展階段。1992 年，黨的十四大報告提出，要"力爭經過 20 年的努力，使廣東等有條件的地方成為我國基本實現現代化的地區"。

第四，改革開放。為了實現現代化，鄧小平認為中國要引進西方的先進技術和資金，並且要善於吸收，善於使用，善於管理。1992 年初，鄧小平《在武昌、深圳、珠海、上海等地的談話要點》中指出："社會主義要贏得與資本主義相比較的優勢，就必須大膽吸收和借鑑人類社會創造的一切文明成果，吸收和借鑑當今世界各國包括資本主義發達國家的一切反映現代社會化生產規律的先進經營方式、管理方法。"[1]

進入 21 世紀，得益於改革開放和以經濟建設為中心的發展導向，中國式現代化的第一個階段任務即人民溫飽問題得到有效解決，第二個階段任務也總體達成。2002 年，黨的十六大報告適時提出了全面建設小康社會的戰略目標，明確指出："我們要在本世紀頭二十年，集中力量，全面建設惠及十幾億人口的更高水平的小康社會……經過這個階段的建設，再繼續奮鬥幾十年，到本世紀中葉基本實現現代化。"將全面建設小康社會包含在現代化的進程中，並作為現代化的具體階段來推進，是中國式現代化的重要創造。2007 年，黨的十七大報告進一步提出"建設富強民主文明和諧的社會主義現代化國家"。

在改革開放的推動下，我國現代化建設進入快速發展時期，2010 年我國GDP 首次超過日本成為世界第二大經濟體，人民生活水平明顯提高，我們黨帶領中國人民實現了從站起來到富起來的偉大飛躍。

三、新時代中國式現代化的新探索

在我國 GDP 總量穩居世界第二大經濟體的背景下，黨的十八大勝利召開。在以習近平同志為核心的黨中央領導下，中國特色社會主義進入新時代。我們黨

---

[1] 《鄧小平文選》第 3 卷，人民出版社 1993 年版，第 373 頁。

也進一步深化了對中國式現代化的認識。

黨的十八大明確提出"兩個一百年"奮鬥目標：在中國共產黨成立一百年時全面建成小康社會；在新中國成立一百年時，建成富強民主文明和諧的社會主義現代化國家。黨的十八大以後，全面小康社會建設進入快車道。特別是習近平總書記在黨的十九大報告中提出："要堅決打好防範化解重大風險、精準脫貧、污染防治的攻堅戰，使全面建成小康社會得到人民認可、經得起歷史檢驗。"進入新時代後，習近平總書記就現代化所作出的重大決策和重要講話反映了現代化新時代要求，豐富了中國式現代化思想的內容。

黨的十八屆三中全會通過《中共中央關於全面深化改革若干重大問題的決定》，提出把"完善和發展中國特色社會主義制度，推進國家治理體系和治理能力現代化"作為全面深化改革的總目標。如果說工業、農業、國防和科學技術的"四個現代化"屬經濟基礎的現代化，那麼國家治理體系和治理能力現代化則屬上層建築的現代化，被稱為"第五個現代化"，是中國式現代化理論與實踐的重大創新。"第五個現代化"建立在"四個現代化"基礎上，推動中國式現代化從經濟基礎現代化向上層建築現代化邁進。中國式現代化的特色是政府在現代化進程中的角色和作用。現代政府的構建及其作用發揮恰是市場經濟深化和拓展的前提。現代政府的構建與政府對資源的動員能力，構成中國現代化的重要條件和動力。這是中國式現代化的制度安排，符合現代化的一般規律。

2021年7月1日，習近平總書記在慶祝中國共產黨成立100週年大會上的講話中宣佈，在中華大地上全面建成了小康社會，歷史性地解決了絕對貧困問題，由此開啟了現代化建設的新征程。在這次大會上，習近平總書記強調，我們堅持和發展中國特色社會主義，推動物質文明、政治文明、精神文明、社會文明、生態文明協調發展，創造了中國式現代化新道路，創造了人類文明新形態。中國式現代化既有各國現代化的共同特徵，更有基於國情的中國特色。中國式現代化特徵的決定性因素概括起來，一是中國的大國國情，二是社會主義要求，三是中國式現代化進入新時代後還有新時代要求。習近平總書記指出，我國現代化有五個特點：人口規模巨大的現代化，全體人民共同富裕的現代化，物質文明和精神文明相協調的現代化，人與自然和諧共生的現代化，走和平發展道路的現代化。[1] 這五個方面的中國式現代化，亙古未有，史無前例，需要中國共產黨帶領中國人民持續奮鬥和創造。習近平總書記對中國式現代化新道路的重大論斷，不僅深刻闡述了中國式現代化的特徵和優勢，更從開拓人類文明發展進步嶄新形態和廣闊空間的高度，強調了中國式現代化新道路的重要性。以下主要根據習近平關於現代化的新思想闡述中國式現代化特徵。

---

[1] 習近平：《把握新發展階段，貫徹新發展理念，構建新發展格局》，《求是》2021 年第 9 期。

第二節　中國式現代化的主要特徵

　　黨的十八大明確提出"兩個一百年"奮鬥目標：在中國共產黨成立一百年時全面建成小康社會；在新中國成立一百年時，建成富強民主文明和諧的社會主義現代化國家。在百年探索中形成的中國式現代化模式，既包含世界現代化的一般內涵，又符合世界各國現代化的共性規律，同時還體現了中國自身特徵。

一、人口規模巨大的現代化

　　中國是擁有 14 億多人口的大國，是全世界最大的發展中國家。中國實現現代化，將深刻改變世界現代化的版圖和進程。在此之前，世界的現代化只是少數人的現代化。第一次工業革命時期，英國的人口不到 900 萬人；第二次工業革命時期，美國的人口不到 8,000 萬人。而當今中國有 14 億多人口，佔全世界人口比重近五分之一。相較而言，中國實現現代化，對世界現代化進程作出的貢獻是巨大的，也是歷史上絕無僅有的。根據國際貨幣基金組織（IMF）的統計，截至 2019 年，全球實現現代化的發達經濟體有 35 個，但這 35 個經濟體的總人口還不到 10 億。中國有 14 億多人口，中國實現現代化，意味着比現在所有現代化國家人口總和還要多的中國人民實現現代化，同時意味着全世界實現現代化的人口規模佔比將從現有的不到七分之一迅速提升為近三分之一。這將徹底改寫世界現代化的版圖，是全世界經濟社會發展的奇蹟，是人類文明的巨大進步，也是對世界現代化進程作出的偉大貢獻。

　　但是，我們又要清醒地看到，目前我國的人均 GDP 才過 1 萬美元，位居世界第 60 多位。黨的二十大報告再次明確 2035 年基本實現社會主義現代化，人均 GDP 達到中等發達國家水平。目前中等發達國家的人均 GDP 已經達到 3 萬美元（如韓國 2020 年人均 GDP 為 3.14 萬美元）。2035 年人均 GDP 達到中等發達國家水平，對我國來說，有兩點必須考慮。第一，中等發達國家人均 GDP 是動態的，到那時中等發達國家的人均 GDP 肯定會有更高的水平。第二，中國是有 14 億多人口的大國，按如此大規模的人口計算，人均 GDP 達到中等發達國家水平就必須要有更高的 GDP 總量。這意味着中國要基本實現現代化，不能沒有必要的增長速度。

二、全體人民共同富裕的現代化

世界上現有的現代化國家，都是資本主義發達國家。許多關於後現代化的文獻都在批判這些國家在貧富分化等方面的現代化病。

中國式現代化所要求的共同富裕首先是富裕人民。其內容包括：一是人民收入水平大幅度提高。二是居民家庭財產明顯增加，居民財產性收入隨之增加。三是居民享有的公共財富明顯增加，特別是社會保障覆蓋面擴大，城鄉基本公共服務均等化。四是居民消費水平明顯提升和消費結構優化升級，這是人民富裕程度的集中表現。特別需要關注的是，進入新時代，雖然我國仍然處於社會主義初級階段的基本國情沒有變，但我國社會主要矛盾轉化為人民日益增長的美好生活需要和不平衡不充分的發展之間的矛盾。這就是說，現代化進程所要關注的人民群眾日益增長的美好生活需要，不僅僅是經濟方面的，還有文化、精神、健康、生態等多方面的需求。現代化就是要解決不能滿足人民美好生活需要的發展的不平衡不充分問題。因此，中國式現代化是人民物質和精神富裕水平不斷提高的過程。

中國式現代化所要求的共同富裕是要富裕全體人民，不是一部分人。其“路線圖”如下：2020 年，全面建成小康社會，決戰脫貧攻堅取得決定性勝利；2035 年，全體人民共同富裕取得更為明顯的實質性進展；21 世紀中葉，全體人民共同富裕基本實現。中國創造了人類發展史上的減貧奇蹟，也將在現代化的過程中實現共同富裕。

在全面建設小康社會階段，針對當時存在的絕對貧困人口，習近平總書記指出：“我們不能一邊宣佈實現了全面建成小康社會目標，另一邊還有幾千萬人口生活在扶貧標準線以下。如果是那樣，這既影響人民群眾對全面建成小康社會的滿意度，也影響國際社會對我國全面建成小康社會的認可度。"❶ 2013 年 11 月，習近平總書記首次提出"精準扶貧"。2017 年 6 月，習近平總書記在深度貧困地區脫貧攻堅座談會上的講話中指出，"到 2020 年，穩定實現農村貧困人口不愁吃、不愁穿，義務教育、基本醫療和住房安全有保障。實現貧困地區農民人均可支配收入增長幅度高於全國平均水平，基本公共服務主要領域指標接近全國平均水平"。❷

2021 年 8 月，在全面建成小康社會、開啟現代化建設新征程的關鍵時刻，習近平總書記作了關於扎實推動共同富裕的講話，強調共同富裕是社會主義的本質要求，是中國式現代化的重要特徵。共同富裕包含"共同"和"富裕"兩個方面。共同就是要"分好蛋糕"，共享發展成果；富裕就是要"做大做好蛋糕"。顯然，共同富裕的前提是發展，不但要做大蛋糕，還要做好蛋糕。以人民為中心的現代化的實現，重視人民群眾的切身感受。生活水平、環境質量、公共服務、法治環境是否提升和改善直接影響人民對現代化的評價和認可。習近平總書記提出："讓廣大人民群眾共享改革發展成果，是社會主義的本質要求，是社會主義制度優越性的集中體現，是我們黨堅持全心全意為人民服務根本宗旨的重要體現。"❸

我國現在的經濟發展水平已經到了上中等收入階段，仍然面臨"中等收入陷阱"的威脅。實現現代化需要跨越"中等收入陷阱"，吸取陷入"中等收入陷阱"國家的教訓，克服兩極分化是避開和跨越"中等收入陷阱"的必要路徑。因此，推進共同富裕，絕不能出現習近平總書記所指出的"富者累巨萬，而貧者食糟糠"的現象。基本實現現代化進程中所要和所能解決的共同富裕問題主要有以下三個方面。

第一，家庭收入和財富佔有的差距明顯縮小。共同富裕的着力點和切入點是

---

❶ 《習近平關於協調推進"四個全面"戰略佈局論述摘編》，中央文獻出版社 2015 年版，第 47 頁。

❷ 《習近平談治國理政》第 2 卷，外文出版社 2017 年版，第 87 頁。

❸ 《習近平關於社會主義經濟建設論述摘編》，中央文獻出版社 2017 年版，第 25 頁。

"提低"，以克服相對貧困為重點。共同富裕不可能完全消除富裕程度的差別。不僅要允許對發展貢獻大的更富裕一些，同時考慮到個人消費習慣、儲蓄投資習慣、個人偏好的不同，要允許存在住房的面積、汽車的質量、衣食的質量等家庭財產的差異。但是，共同富裕還是應該有底線的。就像全面建設小康社會時期的脫貧攻堅，明確以"兩不愁三保障"作為解決絕對貧困問題的底線，也就是以處於收入差距底部的居民收入提高為着力點。收入差距也應該有個"合理區間"。收入差距的"合理區間"如何衡量？可以用平均數和大多數的關係來衡量。目前只是用"平均數"來體現的各個地區的收入和財富佔有水平並不能反映大多數人實際的收入和財富佔有是否達到平均數。如果大多數人的收入和財富佔有達到平均數，則意味着共同富裕水平的提高。共同富裕會使相對貧困的標準發生變化，根據美好生活的要求，幫助低收入群體擺脫絕對貧困的"兩不愁三保障"標準在量和質兩個方面都有提升。貧困的底線會不斷被提高，相對貧困的底線標準被提高到一定的水平以後，共同富裕就會基本實現。

第二，顯著擴大中等收入群體。全社會的收入階層分為高收入群體、中等收入群體和低收入群體。雖然我國目前已擁有全球規模最大的中等收入群體——超過4億人，但在14億多的總人口中還只佔到1/3多一點，我國居民收入結構仍然是低收入群體佔大多數的金字塔型結構。共同富裕就是要改變這種結構，轉向中等收入群體佔大多數的橄欖型收入結構。中等收入群體比重顯著提升並達到大多數是我國實現共同富裕的重要標誌。原因是，中等收入群體佔人口大多數是縮小收入差距的結構性措施，中等收入群體的擴大意味着更多的低收入者上升為中等收入者（當然不是指高收入群體降為中等收入者）。對發展來說，中等收入群體是推動現代化的活力源，是消費升級的推動者。中等收入群體能創造支撐增長所需要的巨大消費市場、對教育的投資和經濟的活力。

第三，公共產品的享用水平均等化。"我們的人民熱愛生活，期盼有更好的教育、更穩定的工作、更滿意的收入、更可靠的社會保障、更高水平的醫療衛生服務、更舒適的居住條件、更優美的環境，期盼孩子們能成長得更好、工作得更好、生活得更好。"[1] 這些美好生活的需要大多涉及公共產品供給。基本實現現代化階段的共同富裕，不能排除在私人產品方面還存在差別，但對公共產品則要求無差別提供。純公共產品的無差別提供應該是沒有問題的。關鍵是要解決需要享用者付費享用的非純公共產品（準公共產品）的無差別提供問題。非純公共產品主要涉及醫療、教育、公共衛生、公共交通、社會保障等。共同富裕提出橫向公平和縱向公平的要求。橫向公平強調誰享用誰付費，縱向公平則強調根據支付能力付費享用公共產品。給全體人民無差別提供公共產品，反映公共產品享用水平均等化。

當下，絕對貧困問題解決了，但相對貧困問題依然存在。發展不平衡、不充分，收入分配體制不健全，社會保障體系不完善等因素是產生相對貧困的主要原因。針對城鄉和區域二元結構，實現共同富裕主要涉及三大發展問題：區域二元結構現代化、城鄉二元結構現代化和鄉村振興。從共同富裕的要求出發推進現代化，不能只是關注城市和先發展地區現代化的先行，更要關注農村和後發展地區現代化的跨越，體現以高質量發展實現共同富裕的要求。

行業間的收入差距原因主要有兩個：一是所處的產業結構，尤其是朝陽產業與夕陽產業之間的收入差距很大。其收入差距反映市場對各個行業的評價，或者說是市場決定的資源配置及其調節的結果。二是不同行業所需要的人力資本水平存在差異。所需人力資本高的行業報酬水平也高，反之則低。因此，縮小行業間的收入差距主要靠結構調整和市場作用。在馬克思的理論中，部門之間利潤率的差別可以在市場競爭的資本和勞動力的自由流動中得以平均化。至於由行業壟斷和非合理收入造成的收入差距，則要靠反壟斷和規範市場秩序來解決。

現行收入分配體制產生的收入差距問題是指在改革中實行效率優先政策和各種生產要素參與收入分配的體制中，不同個人由於所擁有的要素差距導致收入的分化。本來，只是因為效率差別所產生的收入差距還不足以導致貧富兩極分化。但是，基於這種體制產生資本收益和投機暴富，貧富兩極分化不是不可能的。這

---

[1] 《習近平談治國理政》第 1 卷，外文出版社 2018 年版，第 4 頁。

就是馬克思的積累理論所指出的：在私人投資和積累的背景下與收入差距擴大的基礎上就會產生兩極的積累，一極是財富的積累，一極是貧困的積累。從分配體制角度，推進共同富裕需要解決好效率與公平的包容。既要堅持促進效率提高的理念、體制和政策，又要突出共享發展，使低收入群體能夠共享發展成果。

共同富裕程度是隨着現代化進程循序漸進的。根據黨的十九大和二十大關於現代化目標的藍圖，基本實現現代化時，城鄉區域發展差距和居民生活水平差距顯著縮小，基本公共服務均等化基本實現，全體人民共同富裕邁出堅實步伐；全面實現現代化時，全體人民共同富裕基本實現。顯然，社會主義現代化是共同富裕逐步實現的過程，決不能也絕不會出現西方發達國家在現代化過程中出現的兩極分化現象。因此，中國式現代化是現代化與共同富裕同步推進的現代化，是富裕程度差距逐步縮小的現代化。

三、物質文明和精神文明相協調的現代化

西方國家的現代化，主要是指物質文明層面的現代化。不同於西方國家單向的過於追求物質的現代化，中國式現代化不僅注重物質上的現代化，還強調精神上的現代化，就如黨的二十大報告指出的，"物質富足、精神富有是社會主義現代化的根本要求。物質貧困不是社會主義，精神貧乏也不是社會主義"。中國式現代化的本質是為了實現人的全面發展；而實現人的全面發展，既離不開物質生活的改善，也離不開精神生活的豐富和思想道德及科學文化素質的提高。物質文明與精神文明相互促進、相輔相成。物質文明的發展會對精神文明的發展提出更高的要求，精神文明的發展也會成為物質文明建設的動力。中國實現現代化，不僅要成為經濟強國，也要成為文化強國。因此，中國式現代化是堅持物質文明和精神文明並重的現代化，為世界現代化開拓了新境界。

中國式現代化，不僅要求物質生活水平提高，而且要求人民精神文化生活豐富、人人知禮節明榮辱，是物質文明和精神文明相協調的現代化。黨的十八大以來，以習近平同志為核心的黨中央高度重視物質文明和精神文明協調發展，強調

實現中華民族偉大復興的中國夢，物質財富要極大豐富，精神財富也要極大豐富，為推動"兩個文明"協調發展、全面建設社會主義現代化國家指明了前進方向。

人的現代化是社會主義現代化特有的目標。現代化不能只見物不見人，人的現代化即人的全面發展，體現物質文明和精神文明相協調。人的現代化，不僅是現代化的目標，也是現代化的動力，主要涉及兩個方面：一是人自身的發展，即人的身體、文化和道德素質達到現代化水準，人的文明程度和能力達到現代水平；二是人的生活方式達到現代水平，人民不僅在物質上富裕，還在精神上富有，包括受教育機會增多、政治民主、法治完備、文化繁榮、基本公共服務均等化諸多方面。例如，作為現代化重要方面的城鎮化，也被我國明確為以人為核心的城鎮化。

人的現代化可以追溯到馬克思關於人的全面發展理論，主要涉及兩個方面：

第一，馬克思設想的未來社會是自由人聯合體，其基本特徵是人的自由的全面發展，涉及人的文化素質、道德素質和身體素質的現代化。未來社會，不僅需要社會生產力的高度發展，存在可以自由支配的時間用於科學、藝術等活動，也需要生產勞動同智育和體育相結合，造就全面發展的人，還需要發展支持人的全面發展的文化、教育和科學。因此，在經濟發展的基礎上充分重視社會發展，是中國式現代化的應有之義。

第二，基於"現代工業的技術基礎是革命的"這一科學判斷，馬克思提出了人的全面發展的要求。"現代工業通過機器、化學過程和其他方法，使工人的職能和勞動過程的社會結合不斷地隨着生產的技術基礎發生變革。這樣，它也同樣不斷地使社會內部的分工發生革命⋯⋯大工業的本性決定了勞動的變換、職能的更動和工人的全面流動性。"❶ 由此，大工業使下面這一點成為生死攸關的問題："用那種把不同社會職能當作互相交替的活動方式的全面發展的個人，來代替只是承擔一種社會局部職能的局部個人。"因而，"工人階級在不可避免地奪

---

❶　［德］馬克思：《資本論》第 1 卷，人民出版社 2004 年版，第 560 頁。

取政權之後，將使理論的和實踐的工藝教育在工人學校中佔據應有的位置"。❶
馬克思設想未來社會生產力高度發展，舊的社會分工被消滅，教育和文化事業高
度發達。基於教育在人的現代化中的地位和作用，教育現代化應先行。根據皮凱
蒂的《21 世紀資本論》分析，財富和收入趨同的力量是知識的擴散和對培訓教
育的投入，也就是通常說的"富腦袋"。知識和技能的缺失所造成的結構性失業
成為相對貧困的重要原因。現實中造成貧富差距的一個重要原因是不同區域和城
鄉居民獲取的教育資源尤其是優質教育資源不均衡。相對貧困說到底是能力的貧
困。皮凱蒂在該書中提出"教育與技術賽跑"的理論，認為技術的進步會給教育
帶來重大挑戰。提高勞動者富裕水平需要實現居民知識和技能的共同富裕，這就
要求高等教育和職業教育發展的步伐要快於技術發展的步伐。

現代化最終是由人來推動的，人的素質和能力現代化是人的現代化之基。一
般來說，人的素質和能力主要包括品質、體質、智能和潛能。相比物質資本，人
才資源才是第一資源，人力資本才是重要的現代化資源。高質量發展以高質量人
才為支撐，不僅需要培育企業家人力資本，激發和保護企業家精神，還需要培育
知識型、技能型、創新型勞動者。社會主義現代化所要求的人的現代化的重要體
現是社會主義核心價值觀，包括富強、民主、文明、和諧的價值目標，自由、平
等、公正、法治的價值取向，愛國、敬業、誠信、友善的價值準則。

四、人與自然和諧共生的現代化

西方發達國家的現代化進程大多是在工業文明時代推進的，當時資源和環境
的約束相對寬鬆，地球上絕大部分地區還處於傳統農業社會，因而先行國家可以
無所顧忌、無障礙地掠奪國外物質和環境資源來支持其高消耗、高排放的工業
化，以較高資源環境代價換取經濟增長。但無視生態環境的工業文明價值取向在
創造巨大物質財富的同時，也加速了對自然資源的攫取，打破了地球生態系統原

---

❶　[德] 馬克思：《資本論》第 1 卷，人民出版社 2004 年版，第 561–562 頁。

有的循環和平衡。一些西方國家曾發生多起環境公害事件，損失巨大，震驚世界，引發了人們對資本主義發展模式的深刻反思。如習近平總書記所說："人類社會在生產力落後、物質生活貧困的時期，由於對生態系統沒有大的破壞，人類社會延續了幾千年。而從工業文明開始到現在僅三百多年，人類社會巨大的生產力創造了少數發達國家的西方式現代化，但已威脅到人類的生存和地球生物的延續。" ❶

中國式現代化是由工業文明時代轉向生態文明時代的現代化，一方面已經不具備早期發達國家現代化進程擁有的資源和環境；另一方面潔淨的空氣、乾淨的水和無污染的食品已經成為當前老百姓切身感受到的美好生活需要。中國式現代化不僅要克服長期的粗放型增長方式所遺留的環境和生態破壞問題，還要滿足人民日益增長的生態財富需要。中國式現代化的價值取向，向世界樹立了現代化的生態文明價值取向。中國式現代化堅持"綠水青山就是金山銀山"理念，反對輕視自然、破壞自然，更加尊重自然、順應自然、保護自然，追求人與自然和諧共生的現代化。黨的十九大上習近平總書記指出："我們要建設的現代化是人與自然和諧共生的現代化，既要創造更多物質財富和精神財富以滿足人民日益增長的美好生活需要，也要提供更多優質生態產品以滿足人民日益增長的優美生態環境需要。" 在 2035 年中國基本實現現代化的遠景目標中，就包括"廣泛形成綠色生產生活方式，碳排放達峰後穩中有降，生態環境根本好轉，美麗中國建設目標基本實現"等多個方面。2020 年 9 月 22 日，習近平主席在第七十五屆聯合國大會上宣佈了中國力爭於 2030 年前碳達峰、2060 年前實現碳中和的時間表。無論是碳達峰，還是碳中和，其時間都顯著快於西方發達國家同等條件下的時間表。這表明，中國式現代化堅決拋棄輕視自然、支配自然、破壞自然的現代化模式，絕不走西方現代化的老路，而是堅定不移走生態優先、綠色發展之路，建設人與自然和諧共生的現代化。

---

❶ 習近平：《之江新語》，浙江人民出版社 2007 年版，第 118 頁。

五、走和平發展道路的現代化

　　西方的現代化是建立在"霸權崛起"邏輯基礎上的現代化。歐美主要發達國家在實現現代化的過程中均有主動發起戰爭的歷史，尤其是現代化所需要的資源依靠其對殖民地的掠奪而獲得。其現代化道路是一種"對內掠奪、對外殖民"的擴張之路。進入生態文明時代的中國式現代化新道路，不可能走發達國家掠奪他國資源的道路，打破了現代化的霸權崛起模式，向世界樹立了現代化的和平崛起模式。中國在實現現代化的過程中，從未向任何國家發起侵略、掠奪和戰爭，呈現出和平崛起的內在本質。中國在經濟、社會等各方面的國家實力增強後，也向世界作出"永遠不稱霸"的莊嚴承諾，這超越了"國強必霸"的邏輯，超越了"修昔底德陷阱"的邏輯。近年來，在經濟低迷、國際局勢紛亂複雜等多重因素的影響下，世界不穩定性和不確定性增強。習近平主席提出推動構建人類命運共同體，構建相互尊重、公平正義、合作共贏的新型國際關係，高質量共建"一帶一路"，積極參與全球治理體系變革，同世界各國一起共同發展、合作共贏。這反映了我們走和平發展道路的信念和決心。這充分表明，中國式現代化新道路，是一條既發展自身又造福世界的現代化之路，是一條和平發展道路，將為世界和平與發展作出巨大貢獻。中國式現代化新道路，遵循的是和平主義而非霸權主義，依靠的是自主探索而非依附西方。

第三節　中國式現代化的開創性意義

　　中國式現代化，不僅在中國發展進程中具有重大的理論與實踐意義，更具有深遠的世界意義。中國式現代化是馬克思主義政治經濟學指導下的現代化。馬克思主義政治經濟學關於生產力與生產關係的原理，為中國實現現代化提供了理論指導，也是中國式現代化模式的理論基礎。中國必須要在本國具體實際的基礎上探索符合本國國情的現代化發展模式和現代化道路，制定符合本國生產力發展情況的現代化發展目標，追求與本國發展階段相適應的現代化發展速度，實現中國的社會主義現代化的理想。相對傳統的現代化，中國式現代化更加具有可持續性，為推進世界可持續發展提供了中國方案，為世界現代化開拓了新境界。

一、從先發國家的現代化到後發國家的現代化

　　沿着西方現代化模式前行的發展中國家，其現代化卻並不成功。原因在於，在舊有的世界格局下，以全面學習西方模式為特徵的現代化，只能是一種依附性的現代化，在國際交流合作中很難獲得平等地位，加之西方模式與本國國情的"水土不服"，現代化就難以獲得成功。中國式現代化，是一種自主性的現代化，是符合本國國情的現代化。習近平總書記指出："現代化道路並沒有固定模式，適合自己的才是最好的，不能削足適履。每個國家自主探索符合本國國情的現代化道路的努力都應該受到尊重。"[1]西方的現代化是基於西方歷史文化的獨特的現代化道路，並非普世模式。中國式現代化打破了現代化模式的一元論謬誤，中國式現代化表明"現代化不是西方化"。這向世界彰顯了現代化道路選擇的自主性，給全世界盼望通過自主發展實現現代化的國家提供了一種新的可能與新的希望。各國歷史條件不同，所選擇的現代化道路也有所不同。世界經濟增長史的

---

[1]　習近平：《加強政黨合作　共謀人民幸福》，《人民日報》2021 年 7 月 7 日。

"大分流"現象表明，先發國家的現代化道路，在後發國家缺乏成功案例。隨着經濟的發展，絕大多數後發國家並未能實現對先發國家的成功追趕。如陷入"低收入陷阱"的多數亞非經濟體和陷入"中等收入陷阱"的拉美經濟體。在具備一定人口規模的經濟體中，從低收入狀態進入現代化的成功案例極為缺乏。作為全世界最大的發展中國家，中國進入現代化，是現代化歷史形態的新突破——中國式現代化是發展中國家的現代化，是後發國家的現代化。中國全面建成小康社會並開啟現代化新征程，意味着後發國家對先發國家的成功追趕，拓展了發展中國家走向現代化的途徑，為全世界的後發國家提供了寶貴的現代化道路的經驗借鑑，貢獻了中國式的智慧與方案。中國式現代化模式開闢了發展中國家走向現代化的嶄新道路，拓展了發展中國家走向現代化的途徑，並且證明了堅持走符合自身國情的發展道路是可行的，給那些既希望加快發展又希望保持自身獨立性的發展中國家提供了全新選擇。

二、從資本主義的現代化到社會主義的現代化

20 世紀 80 年代末東歐劇變發生以後，世界格局發生了巨大變化。目前全世界已進入現代化的均是資本主義經濟體。而中國進入現代化，是世界社會主義運動的成功，是馬克思主義中國化的成功。在社會主義革命和建設時期，中國共產黨就將馬克思的科學社會主義理論與中國具體國情相結合，組織工農武裝，成立中華人民共和國，並建立起完整的工業體系，為中國式現代化打下政權與工業基礎。改革開放時期，中國共產黨圍繞"什麼是社會主義、怎樣建設社會主義"這個根本問題，開拓性地發展了社會主義市場經濟，為中國式現代化打下制度與經濟基礎。進入新時代後，中國共產黨帶領全體人民，取得了脫貧攻堅戰的全面勝利和全面建成小康社會的偉大歷史性成就，從根本上解決了絕對貧困，並進一步明確了實現現代化的戰略路徑。歷經百年奮進，在中國共產黨領導下，中國創造了新民主主義革命、社會主義革命和建設、改革開放和社會主義現代化建設和新時代中國特色社會主義四個偉大成就。中國式現代化，走的是一條由中國共產黨

領導的中國特色社會主義現代化道路，在吸取人類現代化進程中的有益成果和經驗教訓的基礎上，形成了對資本主義現代化道路的超越。中國式現代化新道路，宣告了"社會主義失敗論"本身的失敗，這是全世界社會主義運動的巨大進步與成就。中國共產黨成立以來的百年歷史證明，只有中國共產黨領導的社會主義制度才能實現中國式現代化的夢想。中國是社會主義國家，中國式現代化模式除了要符合現代化的一般內涵，還要順應社會主義的本質。中國式現代化模式打破了只有遵循資本主義現代化模式才能實現現代化的神話，將西方現代化模式從"唯一"模式還原為"之一"模式。

西方國家的現代化依靠的是資本邏輯，發展以資本為中心。以資本為中心的發展邏輯儘管帶來了物質財富的巨大增長，但也帶來了巨大的貧富分化，並進一步演變為社會階級衝突與撕裂。無論是皮凱蒂在《21世紀資本論》中所論證的當代西方國家貧富分化的客觀趨勢，還是西方主要發達國家發生的"佔領華爾街"等群眾運動，都反映了資本邏輯的現代化所帶來的問題。中國式現代化，打破了現代化的資本邏輯，向世界彰顯了現代化道路中的人本邏輯。人本邏輯的現代化以人民為中心，把解決人民日益增長的美好生活需要和不平衡不充分的發展之間的矛盾作為實現現代化的主線，把共同富裕作為現代化的目標。

第三章

建設現代化產業體系
和製造業現代化

所有先行現代化國家的現代化進程，無一例外，都是從工業化起步的，而且發達國家都是工業發達的國家，儘管一些發達國家的農業在國民生產總值中佔有較大比重。因此已有的現代化理論都明確認為，現代化的實質就是工業化。可以說，從工業化走向現代化，無論是東方國家還是西方國家都是必由之路。中國式現代化雖然也是從工業化起步的，但其道路具有明顯的中國特色。雖起步晚，但後發優勢明顯。進入新時代，傳統意義上的工業化已基本到位。根據黨的二十大要求，產業結構轉型升級的方向是：建設現代化產業體系。堅持把發展經濟的着力點放在實體經濟上，推進新型工業化，加快建設製造強國、質量強國、航天強國、交通強國、網絡強國、數字強國。

第一節　產業結構的現代化轉型

從經濟發展的進程分析，所有現代工業和落後農業並存的二元結構國家的現代化基本上都有工業化、城市化和改造傳統農業的過程。中國經歷了快速的工業化進程，並取得了巨大的成就。進入新時代，中國已經從農業大國發展為工業大國。在此基礎上推動經濟由大變強，關鍵在產業結構的現代化。經濟現代化首先是產業結構現代化，建立現代產業體系。現代產業體系涉及現代化的產業結構、體現現代水平的新興產業，以及各類產業採用的現代科學技術。

一、產業結構現代化的趨勢

一個國家和地區是否具有競爭優勢主要看產業競爭力。現代化也是如此。產業競爭力既涉及產業結構的現代水準，也涉及戰略性新興產業的發展狀況。

（一）三次產業結構變化趨勢

根據國際經驗，總產值的部門構成變化有着下述趨勢：一是隨着人均國民收入水平的提高，第一產業（農業）在 GDP 中的比重呈明顯下降的趨勢。當然，農業產值比重的下降絕不意味着農業產值總量的下降。這種趨勢恰恰是在農業產值總量增長和農業勞動生產率提高的基礎上產生的。二是與農業佔比下降相適應，第二產業（工業）產值的比重呈快速上升的趨勢。三是第三產業（服務業）的份額隨人均國民生產總值水平的提高而更快增大。勞動力的部門構成與總產值的部門構成是相輔相成的。總產值的部門構成變化會改變各部門對勞動力的需求，引起就業構成的變化。隨着人均國民收入水平的提高，勞動力會從第一產業向第二產業轉移；工業化基本完成之後，勞動力又會從第二產業向第三產業轉移。總的來說，勞動力的部門構成與總產值的部門構成，兩者的變化方向是一致的，但在時間和速度上存在着顯著的差異。這主要表現在兩個階段：一是在工業化初期，農業部門佔用的勞動力比重下降的速度遠遠慢於其提供的產值在總產值中所佔比重下降的速度；二是在工業化階段之後，第三產業中就業人數佔全部勞動者的比重上升速度，要快於其創造的產值在總產值中比重的提高速度。

表 3-1　有關國家產業結構比較

	美國	德國	日本	韓國	意大利	英國
人均 GDP（美元）	6.5 萬	4.6 萬	4.0 萬	3.1 萬	3.3 萬	4.2 萬
農業增加值比重（%）	0.9 *	0.8	1.2 ★	1.7	1.9	0.9
工業增加值比重（%）	18.2 *	26.8	29.1 ★	33.0	21.4	17.4
服務業增加值比重（%）	77.4 *	62.4	69.3 ★	56.8	66.3	71.3

注：* 為 2017 年數據，★ 為 2018 年數據，其他為 2019 年數據。
數據來源：《中國統計年鑑 2020》中世界各國社會經濟發展指標。

表 3-2　中國若干年份三次產業佔 GDP 比重

時間	第一產業（%）	第二產業（%）	第三產業（%）	人均 GDP（美元）
1978	28.1	48.2	23.7	381
1982	33.39	44.77	21.85	298
2010	10.1	46.67	43.24	4,382
2013	10	43.9	46.1	6,767
2016	8.6	39.8	51.6	8,260
2017	7.9	40.5	51.6	8,836
2021	7.3	39.4	53.3	12,551

數據來源：中國歷年統計年鑑。

將表 3-1 數據和表 3-2 數據相比較，可知中國的產業結構變化進程符合現代化規律，但與發達國家相比還存在差距。中國屬工業比重大的國家，農業比重仍然偏高，服務業比重偏低。我國在現代化進程中產業結構有進一步優化升級的空間。當然也要注意到不同的國家有不同的國情，達到現代化水準的國家的產業結構也不盡相同。一類是美、英兩國，金融產業發達，服務業比重高，均高於70%。另一類是德、日、韓、意大利四國，製造業發達，工業比重均高於20%，出口較多，服務業比重不超過70%。根據發達國家的參照系，我國產業結構現代化，農業（不僅是產值，更是勞動力）佔比還有進一步下降的空間，但更為重要的是，要大力度發展服務業尤其是現代服務業。

（二）服務業的快速發展和升級

在產業現代化中服務業發展更快，有其客觀必要性和緊迫性。

第一，在工業化和城市化進入中後期階段後，服務業尤其是現代服務業快速增長，服務貿易較產品貿易增長更快符合客觀規律。服務業特別是現代服務業的發展潛力和增值空間大於製造業。其原因是居民對美好生活的需要不斷增長，對交通、文化、教育、醫療、信息等方面的服務消費需求更為強烈。服務業能夠吸收更多勞動力就業，並且大都屬環境友好型產業。

第二，從產業發展順序看，製造業的發展推動服務業的發展。製造業達到較高水平，對服務業會提出強烈需求；服務業發展對製造業又有明顯的拉動作用。尤其是製造業進入提高附加值階段後，發展生產性服務業就顯得更為重要。特別是新興服務業，如金融、信息、廣告、公用事業、諮詢服務等發展最快。

第三，經濟發展由投資拉動轉向消費拉動依託服務業的發展。服務業與製造業的明顯區別：製造業的生產地點可以與其市場也就是與消費地點分開；服務業則不同，其服務與消費在地點上不可分離。哪裏的消費需求旺，服務網點就到哪裏去；反過來，服務網絡到哪裏，哪裏的消費就會熱起來。最為明顯的是當前的信息消費熱就是同信息服務熱相互促進的。在互聯網介入後，雖然服務業與消費地點可以分開，但這是因為互聯網平台可以突破這種服務與消費的距離。

第四，從當下的國際背景出發。目前，不僅以美國為代表的發達國家推進再工業化，資源型國家也在大力發展製造業，中國在國際市場上面臨的競爭壓力和資源供給壓力日益加重。這樣作為製造業和出口主導型國家，主動推進產業結構轉型升級，着力發展服務業，不僅是要解決自身結構的大而不富的問題，也是應對全球經濟轉型的趨勢和壓力的應有之策。

正在推進的城市化城鎮化進程也帶動了服務業的迅速發展。實證分析表明，服務業的發展與城市化具有同步性。與現代經濟相聯繫的大型商貿、文化教育、金融、保險、信息服務業等均集聚在城市，尤其是大中城市。城市的功能就包含服務的功能，如市場功能、信息功能和金融、保險、通信等方面的服務功能。現在正在推進的城市化就是強化城市功能。城鎮化也會推動農村城鎮具有城市功能，更多的農村人口轉化為城鎮人口，城市人口數量和地域規模擴大，公司總部向城市集中，都會進一步擴大服務業系統和網絡及就業崗位。

服務業本身也有個轉型升級的問題。相對於傳統服務業，現代服務業是適應現代人和現代城市發展的需求而產生和發展起來的具有高技術含量和高文化含量的服務業。服務業包括消費者服務業和生產者服務業。隨着服務業體量的迅速增加，服務業的結構也在不斷優化，並且創新不斷，新的服務種類和內容給服務業帶來了更大的成長及服務空間。

消費者服務業的發展同居民消費水平的提高和消費結構的變化相關。隨着人均收入水平的不斷提高，居民的溫飽型消費比重不斷下降，居民的服務性消費比重不斷上升，將推動消費者服務業的不斷成長。零售、餐飲、娛樂、旅遊、體育、客運、航運、旅店、家政服務等消費性服務業大都屬勞動密集型產業，與居民生活需求密切聯繫，進入退出的壁壘低。因此，這類服務業的發展非常迅猛。統計數字也顯示，信息服務、醫療保健、交通通信、娛樂文教保持大幅增長勢頭，成為當前消費的熱點。旅遊消費熱也已在居民家庭中興起。由於不同群體之間收入水平存在差距，居民消費檔次逐漸拉開，開始要求提供不同層次的服務，尤其是隨着中等收入群體的擴大，中高端消費也迅猛發展。可見，即使是消費性服務業也可能有較高的等級和附加價值。

生產者服務業對製造業大國更為重要。現代經濟趨勢就是服務業主導製造業。進入現代化社會後，第三產業開始分化，知識密集型產業開始從服務業中分離出來，並佔主導地位。金融服務、科技服務、文化服務、國際商務、信息服務等現代服務業對現代工業的帶動作用越來越明顯。法律、會計、評估、諮詢、工程設計、廣告等中介服務機構越是發達和規範，製造業的發展空間更大、質量更高。

在經濟全球化的背景下，發達國家不僅將製造業向發展中國家轉移，其現代服務業如金融、保險、通信、網絡等也通過服務外包進入發展中國家。這些恰恰是發展中國家較為落後但潛力最大的部門。發展中國家在積極發展和引進國際製造業的同時，還要重視發展現代服務業。

產業結構的服務業化絲毫沒有降低工業化的地位。沒有工業化也就沒有現在的服務業化，服務業比重超過工業比重不意味着工業不需要較快增長。特別是美國近期又實施再工業化，可見，即使在服務業高度發達的國家其工業化也還在進行中。而在我國，服務業必須加快推進，否則中國不可能進入現代化國家的行列；與此同時，工業化不能鬆懈，尤其是工業化的質量和水準需要不斷提高。

在信息化的背景下服務業的現代化進程也在加快，尤其是移動互聯網與各類服務業的融合，產生新興服務業，形成對傳統服務業的挑戰。例如，移動互聯網進入傳媒領域產生人人參與的新興媒體；進入零售業產生電子商務，網上購物成為時尚；進入教育領域產生網上教育；進入金融領域產生互聯網金融。可以預見，移動互聯網幾乎可以進入各個傳統服務業領域，從而使服務業藉助移動互聯網技術和平台進入現代化階段。在網絡化服務業的帶動下，工業現代化進程會大大加快。

二、中國的工業化及其新課題

《中共中央關於黨的百年奮鬥重大成就和歷史經驗的決議》總結的十大歷史經驗之一就是堅持中國道路。黨在百年奮鬥中始終堅持從我國國情出發，探索並形成符合中國實際的正確道路。其中的一個重要方面就是《決議》所指出的："僅用幾十年時間就走完發達國家幾百年走過的工業化歷程，創造了經濟快速發展和社會長期穩定兩大奇蹟。"

（一）工業化道路

新中國成立初期，我國是落後的農業大國，工業尤其是現代工業比重很小，連二元結構都談不上。毛澤東在黨的七屆二中全會上作報告時指出："中國的工業和農業在國民經濟中的比重，就全國範圍來說，在抗日戰爭以前，大約是現代性的工業佔百分之十左右，農業和手工業佔百分之九十左右。"[1] 因此，毛澤東十分憂慮地說："現在我們能造什麼？能造桌子椅子，能造茶碗茶壺，能種糧食，還能磨成麵粉，還能造紙，但是，一輛汽車、一架飛機、一輛坦克、一輛拖拉機都不能造。"[2] 新中國成立後的"一五"時期推進國家工業化，優先發展重工業，其效果是明顯的。到 1956 年宣佈完成國家工業化任務時，我國已建立起了獨立的工業體系，現代工業和落後農業並存的二元結構就此形成。但是直至 1978 年，我國的農業產值比重仍有 28.2%，80% 的人口在農村。我國大規模的工業化是從 20 世紀 80 年代發展鄉鎮企業開始的。

西方國家的現代化是先工業化，經過工業掠奪農業的過程再進行其他方面的現代化整整花了二百多年的時間。我國到 2013 年，三次產業增加值佔 GDP 的比重，第一產業降到 10%，第二產業為 43.9%，第三產業為 46.1%，第三產業比重首次超過工業比重。截至 2013 年，如果從"一五"計劃算起，我國的工業化不到 50 年；如果從 1980 年農村工業化算起，我國的工業化也才花 30 多年。這得益於工業化進程中的"四化"同步。

第一，工業化與城鎮化、農業現代化同步推進。一般的工業化過程都在城市進行，中國工業化則是在農村推進。農村工業化，不只是發展工業，同時吸納農業剩餘勞動力。從農業中轉移出來的勞動力進入城鎮的非農產業就業，創造了中國特色的城鎮化道路。工業化同城鎮化同步推進，反哺農業。中國沒有出現西方國家當年工業化時所產生的農業和農村凋敝的現象。隨着發展外向型經濟，中國融入全球化，大舉引進外商直接投資，推動企業與外商合資合作，不僅規模

---

[1] 《毛澤東選集》第 4 卷，人民出版社 1991 年版，第 1430 頁。

[2] 《毛澤東文集》第 6 卷，人民出版社 1999 年版，第 329 頁。

擴大，而且產品和技術升級，更多中國工業品進入國際市場，中國成為“世界工廠”，中國的工業化也進入質的提升階段，迅速由農業大國轉變為新興的工業國家。

第二，工業化同信息化融合發展。由於歷史和科技的原因，西方發達國家是在已經完成工業化後進入信息化階段的。許多發展中國家進入了工業化階段，通常的邏輯是追隨發達國家——先工業化，後信息化。結果是不但跟不上發達國家，距離還在進一步擴大。中國的工業化起步較晚，但在工業化還沒有完成時就趕上了信息化的浪潮。在此背景下，我國的現代化緊緊抓住了信息化的機會，不走先工業化、後信息化的老路。黨的十五屆五中全會明確提出：“以信息化帶動工業化，發揮後發優勢，實現社會生產力的跨越式發展。”黨的十六大提出：“堅持以信息化帶動工業化，以工業化促進信息化。”黨的十七大提出：“大力推進信息化與工業化融合。”黨的十八大提出：“促進工業化、信息化、城鎮化、農業現代化同步發展。”推動信息化和工業化深度融合，是黨的十八大作出的一個重要戰略部署。工業現代化同信息化融合，以信息化推動工業化，使工業等產業的技術基礎發生革命性變化，趕上世界工業化的步伐。現階段的信息化的特點是移動互聯網化。移動互聯網的廣泛應用不僅創造了新產業，而且使許多傳統產業部門一躍進入現代產業體系。我國製造業水平提升，與發達國家的距離明顯縮短，很大程度上要歸功於信息化的帶動。

（二）工業的結構性矛盾

自 2010 年以來，我國製造業增加值已連續 12 年世界第一。我國已經成為名副其實的世界第一製造業大國。按照國際標準工業分類，在 22 個大類中，我國在 7 個大類中名列第一，鋼鐵、水泥、汽車等 220 多種工業品產量居世界第一位。中國的出口量能居世界第一位也是以製造業生產能力居世界前列為支撐的。正因為如此，中國有“世界工廠”之稱。但是，當中國進入新發展階段時，中國的工業結構問題就變得突出了。

第一，過去，我國製造業為主的結構之所以能夠支撐較長時期的發展，一方面靠的是較為寬鬆的資源和環境供給，另一方面主要靠的是國際市場需求。現在製造業為主的產業結構競爭力明顯下降，資源和環境的壓力造成了製造業增長的極限，世界性危機和產業轉型又導致國際市場產能過剩，越演越烈的保護主義使中國製造品頻繁遇到各種方式的打壓和懲罰。

第二，製造業的結構性問題突出。一方面產能過剩嚴重。這是長期片面追求GDP 的發展方式所致。尤其是在水泥、鋼材、玻璃、有色金屬、化工、建材等傳統製造業領域，產能嚴重過剩。生產能力超過市場容量，不少產品不為市場所接受。再加上能源原材料成本不斷上升，造成了高產值低收入的產業結構。另一方面，在存在大量產品產能嚴重過剩的同時，高科技、高性能、高附加價值的產品卻很緊缺。例如，我國是世界上第一大鋼鐵生產國，但冷軋薄板卻有巨大的供給缺口，自給率僅 65% 左右；不銹鋼自給率更低，僅 15% 左右。我國的乙烯生產能力也是過剩，但同時高性能的醋酸乙烯聚合物的生產能力卻不足，每年要進口 200 萬噸左右。冶金業是買方市場，但許多特種鋼材還依賴進口。其他如建材業、製藥業等也是這樣，更不用說高端芯片之類的高技術產品被 "卡脖子" 的問題了。

第三，相當多的製造業行業處於價值鏈的低端，附加價值不高。這就是習近平總書記所說的："我國關鍵核心技術受制於人的局面尚未根本改變，創造新產業、引領未來發展的科技儲備遠遠不夠，產業還處於全球價值鏈中低端。"[1] 儘管我們的製造業產量在世界上名列前茅，有的處於第一位，有的處於第二位。但不能說我國的工業已達到現代化，我國工業與發達國家的差距突出表現在以下兩個方面：一是工業的科技含量和檔次低，美國在飛機製造、特種工業材料、醫療設備、生物技術等高科技領域佔有更大份額，而我們是在紡織、服裝、化工、家用電器等低科技領域佔有更大份額。二是製造業產品中，"中國創造" 部分少，品牌也是用外國的多，這意味着中國製造業處於價值鏈的低端，附加價值不高，國際競爭力不強。以上分析表明，雖然中國是製造業大國，但還不是製造業強國；

---

[1] 《習近平談治國理政》第 2 卷，外文出版社 2017 年版，第 203 頁。

雖然在統計數據上我國已經實現工業化，但在工業發展水平上，我國還沒有真正達到現代工業水平。

三、製造業的創新和升級

在我國這樣的製造業大國，製造業的創新和升級尤為重要。在中國式現代化中，製造業創新升級的方向是高端化、智能化、綠色化。

根據霍利斯·錢納里等人在《工業化和經濟增長的比較研究》一書中的分析，工業發達國家的工業化分為三個時期。工業化初期階段，由以農業為主的傳統結構逐步向以現代化工業為主的工業化結構轉變，以食品、煙草、建材等初級產品的生產為主。這一時期的產業主要是以勞動密集型產業為主。工業化中期階段，由輕型工業的迅速增長轉向重型工業的迅速增長，也就是所謂的重化工業階段。這一階段的產業大部分屬資本密集型產業。工業化後期階段，信息和生物技術等新興產業成為主導產業。顯然，一個國家和地區哪個時期的工業在產業結構中佔較大比重，能大致反映其產業結構的水準。產業結構現代化的趨勢是初期工業比重下降，中期和後期工業比重上升。產業升級不只是指在現有產業中培植出適合新的市場需要的具有競爭優勢的產品，同時還要求產業結構的升級換代，其中包括由勞動密集型產業上升為技術密集型產業，產生滿足新的市場需求的新興產業。

2016 年，G20 杭州峰會發佈的《二十國集團創新增長藍圖》描繪了世界面臨的新工業革命前景：新工業革命為工業特別是製造業及其相關服務業轉變生產過程和商業模式、推動中長期經濟增長提供了新機遇。物聯網、大數據、雲計算、人工智能、機器人、增材製造、新材料、增強現實、納米技術和生物技術等很多新興技術取得重大進展。這些技術進步正推動智能製造、個性訂制、協同生產和其他新型生產方式和商業模式的發展。同時，在這一新環境下，企業、員工、消費者、政府和其他利益攸關方也面臨挑戰。我們將全力識別在發達和發展中國家中存在的這些挑戰和機遇，將新工業革命帶來的社會成本降至最低，並充分利用其帶來的機遇。

概括來說，現階段世界範圍內新興產業主要涉及以下方面：一是移動互聯網、智能終端、大數據、雲計算、高端芯片等新一代信息技術發展將帶動眾多產業變革和創新；二是圍繞新能源、氣候變化、空間、海洋開發的技術創新更加密集；三是綠色經濟、低碳技術等新興產業蓬勃興起；四是生命科學、生物技術帶動形成龐大的健康、現代農業、生物能源、生物製造、環保等產業。培育這些新興產業並使之成為主導產業，不僅是產業邁向中高端的目標，更是工業現代化的方向。

第二節　製造業現代化之路

現在我國以降低傳統農業部門比重為標誌的工業化，以農民進城為主要內容的城鎮化都基本到位。現在要關注的不是進一步提高工業比重，而是提出工業現代化要求。工業現代化指的是利用處於國際前沿的科技發展現代製造業，對我國的特殊意義在於製造業由大變強。

一、新型工業化道路

長期以來，一國的產業結構安排有比較利益之說，也就是按照資源稟賦的比較優勢安排產業結構。按此理論，我國基本上是發展勞動密集和土地、環境資源密集的產業，即使是利用外資的高科技產業也是主要利用我國的勞動、土地和環境資源的環節。這種產業分工雖然能夠在國際貿易中獲取一定的貿易利益，但不利於縮小我國與發達國家的差距。當我國成為世界第二大經濟體，並達到上中等收入國家發展水平後，產業結構定位就要由比較優勢轉向競爭優勢，需要通過產業創新培育產業的競爭優勢。其目標就是波特所強調的，一國產業是否擁有可與世界級競爭對手較勁的競爭優勢。如果還要使用"比較優勢"的概念，絕不是指資源稟賦的比較優勢，而是指比較競爭優勢。

一國的現代化水準是以產業為度量單位的。國家的競爭力在於其產業創新與升級的能力。因此，一個國家和地區要想取得競爭優勢，需要發展該時代處於領先地位的新興產業，形成具有自主創新能力的現代產業體系，尤其是實現支柱產業現代化，產生更高的效益、更強的競爭力。所謂現代產業體系，其基本特徵是結構優化、技術先進、清潔安全、附加值高、吸納就業能力強。面對當代國際競爭新挑戰，現代產業體系特別強調自主可控。創新引領、協同發展的產業體系已經成為現代產業體系的重要組成部分。現代產業體系的建設需要實體經濟、科技創新、現代金融、人力資源協調發展。根據建設現代產業體系的要求，製造業升級有兩大方向：一是利用最新科技推動產業創新，發展代表未來發展方向的關鍵性戰略性新興產業，佔領世界產業制高點；二是運用高科技改造傳統產業，通過高科技產業化增大新興產業和技術密集型產業的比重。

新型工業化道路指的是科技含量高、經濟效益好、資源消耗低、環境污染少、人力資源優勢得到充分發揮的工業化道路。具體要求：一是提高工業的科技含量。依靠最新科學技術使工業化水平迅速進入國際前沿，依靠高的科技含量獲取高的附加價值。尤其是依靠最新科技成果發展該時代處於領先地位的新興產業，形成具有自主創新能力的產業體系。二是節能減排。在全球環境惡化及資源供給條件惡化的背景下，為了實現可持續發展，就必須摒棄發達國家所實行過的工業化模式和現代化道路，按可持續發展要求轉向以再生能源為基礎、重複或循環利用資源的經濟模式。三是人力資源優勢得到充分發揮。中國的工業化在吸納就業的能力上應該是多元的，也就是勞動密集型產業與技術密集型產業並存。但是，即使是勞動密集型產業所吸納的勞動力也不應該是簡單勞動力。新型工業化不只是充分利用勞動力的量，更應重視勞動力的質。現代工業的技術基礎是革命的。在新型工業化中最有價值的資源應該是與先進的機器設備相適應的知識和技術。進行人力資本投資，提高勞動者的素質，成為新型工業化的重要內容。

二、進入新科技和產業革命前列

世界範圍的產業革命先後經過機械化和電氣化兩個階段。實踐證明，哪個國家搭上產業革命的快車，哪個國家就能一躍跨入現代化的門檻。我國與前兩次產業革命擦肩而過，是我國經濟落後的重要原因。從 20 世紀 70 年代初開始，又出現了以微電子技術、生物工程技術、新型材料技術為標誌的新技術革命。美國學者傑里米·里夫金在其關於第三次工業革命的著作中把第二次工業革命稱為"化石能源的時代"。進入 21 世紀，曾經支撐起工業化生活方式的石油和其他化石能源日漸枯竭，那些靠化石燃料驅動的技術已陳舊落後，以化石能源為基礎的整個產業結構也運轉乏力；更糟糕的是，使用化石能源的工業活動造成的碳排放破壞了地球和氣候生態系統，並危及人類健康。這就催生了第三次工業革命。第三次工業革命，根據里夫金的定義，以可再生能源為基礎，是互聯網技術和可再生能源的結合。也就是說，第三次工業革命有兩大特徵：一是新能源，二是信息化。新科技和產業革命以創新知識密集產業和綠色技術產業為標誌。里夫金在該書的中文版序言中指出：中國是世界上最大的火力發電國，煤炭在其能源中比重約佔 70%。中國現在是世界上最大的能源消耗國和僅次於美國的第二大二氧化碳排放國。同時，中國擁有世界上最豐富的風力資源和太陽能資源。如果中國選擇了第三次工業革命這條道路，那麼中國極有可能作為龍頭引領亞洲進入下一個偉大的經濟時代。❶

新產業革命催生的戰略性新興產業，是新興科技和新興產業的深度融合，既代表着科技創新的方向，也代表着產業發展的方向。面對正在到來的新科技和產業革命的挑戰，各個國家都採取了積極的應對措施。據有關資料，美國着力發展新能源、生物醫藥、航天航空和寬帶網絡技術。日本着力發展新能源、新型汽車、低碳技術、醫療技術和信息技術。歐盟國家着力發展綠色技術、低碳技術和新能源汽車技術。巴西、墨西哥等發展中國家也在着力發展新能源和綠色環保技術。過去的幾次科技和產業革命我國都沒有能夠趕上，失去了機會；這次再也不能與新科技和產業革命失之交臂。我國進入新時代的現代化需要抓住新科技和產業革命的新機遇，同發達國家站在同一個創新起跑線上，着力發展戰略性新興產業，站上世界科技和產業的制高點。

三、工業綠色化

一般的工業化都會經歷高消耗高污染的階段，如重工業化階段。重工業化是一個國家製造業現代化的重要階段之一。重工業化必然要大大增加對礦產資源及

---

❶ ［美］傑里米・里夫金：《第三次工業革命：新經濟模式如何改變世界》，張體偉、孫豫寧譯，中信出版社 2012 年版，第 15 頁。

各種能源的需求，從而大大增加不可再生資源的消耗。與高消耗並存的，還有高排放問題。當年發達國家是通過掠奪欠發達國家的資源來實現工業化的。現在，發達國家進行結構轉換的一個重要方面又是將高污染高消耗的行業轉移到欠發達國家，再加上現在欠發達國家也在進入工業化階段，其資源、環境、生態等問題將更加突出。據相關統計數據，2020 年，美國 GDP 佔全球 GDP 的比重為 24.72%，全球排名第一；中國 17.38%，全球排名第二；日本 5.96%，全球排名第三。同期，一次性能源消費量佔世界總量的比重：中國 26.1%，美國 15.8%，日本 3.1%。我國人均淡水資源佔有量為世界平均水平的 25%，人均石油、天然氣可採儲量為世界平均水平的 7%。這一方面說明，我們的人均淡水資源佔有量和人均石油、天然氣可採儲量等都是遠低於世界平均水平的，國內資源無力支撐高資源佔用和消耗的製造業。另一方面，我國一次性能源消費量佔世界的比重明顯高於 GDP 佔世界的比重。按照我國目前的能源消耗水平，如果我國的 GDP 要達到美國的水平，全世界的石油和煤炭都給我國消耗也不夠。特別要注意到的是，我國已向世界承諾 2030 年實現碳達峰，2060 年實現碳中和。這對我國工業綠色化提出了更高更緊迫的要求，不僅涉及能源革命，還涉及圍繞新能源發展所需的設備和生產方式的現代化。

面對工業化初中期階段產生的生態和環境遭到嚴重破壞的現狀，在工業現代化中推進綠色發展、循環發展、低碳發展需要在源頭上扭轉生態環境惡化趨勢。一是調整產業結構，淘汰高耗能、高排放產業；二是立足於科技和產業創新。創新的綠色產業，不僅是指節能環保產業，還包括替代化石能源的新能源產業、新材料產業等，這些都屬現階段世界各國都在創新和發展的戰略性新興產業。依靠最新科學技術可以以其對物質資源的替代和節省實現低物質消耗，以其帶來的清潔生產降低污染。

第三節　產業創新和產業鏈現代化

邁克爾・波特說，競爭力是以產業作為度量單位的。國家競爭力通常針對特定產業，而不是個別企業。在現代經濟中，產業競爭力比企業競爭力更重要。產業創新的重要性，不只是新產業本身具有更高的效益和更好的發展前景；更為重要的是，產業競爭力是一個國家和地區的競爭優勢所在。一個國家和地區的競爭力取決於其產業創新與升級的能力。

一、基於科技創新的產業創新

一個國家和地區在某一時期的競爭力和競爭優勢，決定於有沒有發展這個時代處於領先地位的新興產業，形成具有自主創新能力的現代產業體系。這是一個國家和地區的競爭力是否處於領先地位的標誌。從世界發展的歷史看，18 世紀以來，技術革命尤其是科學技術革命一直是產業革命的先導，產業革命是技術革命的結果。德國推出的工業 4.0 計劃實際上把 18 世紀以來的產業革命分為四次：第一次機械化，即工業 1.0；第二次電氣化，即工業 2.0；第三次信息化，即工業 3.0；第四次是以智能製造為主導的第四次工業革命，即工業 4.0。

當前的產業革命處於信息化和智能化階段，關鍵技術有信息、雲計算、量子通信、智能和綠色等技術，主導產業包括信息產業、電子商務、物聯網、無線網、大數據、智能製造（3D 打印）、先進材料、智能機器人、智慧城市、綠色能源和生物產業等。[1]

2013 年 9 月，習近平總書記在中共中央政治局第九次集體學習時指出，當前，從全球範圍看，科學技術越來越成為推動經濟社會發展的主要力量，創新驅動是大勢所趨。新一輪科技革命和產業變革正在孕育興起，一些重要科學問題和

---

[1]　何傳啟：《新科技革命引發新產業革命（適勢求是）》，《人民日報》2015 年 7 月 5 日。

關鍵核心技術已經呈現出革命性突破的先兆，帶動了關鍵技術交叉融合、群體躍進，變革突破的能量正在不斷積累。

每個時期的產業基礎都是產業革命的成就。機械化是第一次產業革命提供的產業基礎。電氣化是第二次產業革命提供的產業基礎。信息化是第三次產業革命提供的產業基礎。新時代產業的現代化需要抓住信息化的機遇。信息化的產業特徵是信息技術產業，作為新產業革命基礎的信息技術是新一代信息技術。這絕不意味着信息化就只是發展信息技術產業，嚴格地說是發展以信息技術產業領頭或者說是以信息技術為基礎的高科技產業。在經濟全球化的背景下，高科技產業有國際標準，即經濟合作與發展組織（OECD）的標準。一方面，計算機、電子、通信、新材料、生物工程等新興產業是知識經濟時代具有特徵性意義的高科技產業；另一方面，知識密集的服務部門發展非常迅速。

面對世界科技發展新趨勢，當今世界的經濟競爭表現為產業競爭。世界主要國家紛紛加快發展新興產業，加速推進數字技術同製造業的結合，推進"再工業化"，力圖搶佔未來科技和產業發展制高點。一些發展中國家也加大科技投入，加速發展具有競爭優勢的技術和產業，謀求實現跨越發展。我國基於新科技革命的產業創新需要與發達國家進入同一創新起跑線，從而使我國的產業創新由跟跑轉向並跑和領跑，同時要建立自主可控的現代產業體系。所謂自主，要求在設計和研發、營銷和策劃、自身的系統集成能力等關鍵核心技術和品牌擁有中國自主知識產權。所謂可控性，即防備受制於人。

戰略性新興產業是科技創新的成果，代表產業發展的方向。國家競爭力很大程度上表現為其科技和產業佔領世界的制高點。處於制高點地位的產業就是戰略性新興產業。一般說來，戰略性新興產業成長的生態環境涉及三大約束：一是科技水平，要求掌握當今世界最為高端的科學技術，而且需要不間斷地創新。二是市場需求，其產品要為市場所接受，實現其價值。問題在於，產品剛剛進入市場時並不容易被市場接受，甚至可能受到先期進入市場的同類產品的抵制。三是財務約束，其投入、成本和規模等因素影響財務和利潤的核算。新產業成長的初期階段普遍遇到的問題是成本太高，價格處於高位。由此產生的財務壓力會使新產業半途而廢。如果沒有政府的扶持，戰略性新興產業會被扼殺在繈褓之中。因此，戰略性新興產業需要政府進行前瞻性的培育。其培育方式，一是對戰略性新興產業進行科學規劃；二是對孵化新技術新產業環節提供引導性投資；三是對孵化出的戰略性新興產業進行加速性扶持，扶持措施不只是在稅收等方面的財務性支持，更重要的是市場扶持，也就是消費拉動。同時要防止一哄而上，在制度安排和計劃安排上克服重複、分散投資，實現優勢集中，並且從研發到製造再到應用形成產業鏈，達到範圍經濟。顯然，培育和扶持戰略性新興產業是同支持產業創新結合在一起的。當然在戰略性新興產業達到一定規模後，政府的扶持政策就要退出，讓它平等地參與市場競爭。政府再轉向對新一輪的戰略性新興產業的培育。

在開放型經濟背景下，產業結構的調整和升級不能脫離國際背景。現階段國際資本流動的重要方面是產業的國際移動。在中國成為製造業大國的同時，中國已成為世界第二大吸收對外直接投資國。我國作為發展中大國在接受國際製造業轉移時有明確的目標，這就是黨的十九大所要求的建設世界先進製造業集群。世界先進製造業集群不只是製造業和工廠的堆積，而是更重視先進製造業研發機構的集聚，從而成為製造業升級的領頭羊。因此，引進的國外先進產業必須處於全球價值鏈的高端，重點引入核心高技術，或引入擁有核心技術的企業。特別強調中國出口品中附加價值的份額，高科技產品和創新產品的全球份額，國際品牌的"中國製造"產品的數量，其消耗的能源和環境達到的國際標準。

發達國家向發展中國家轉移的產業一般是成熟產業，而不是在未來市場上具有競爭力的產業。這意味着單純靠引進外資和國外產業轉移並不一定能培植戰略產業。因此建設世界先進製造業集群的基本路徑是自主研發高科技產業，也就是依靠自主知識產權實現產業升級。按此要求我國引進戰略需要調整，由直接引進產業轉向引進發展國際先進產業的要素，尤其是吸引發展先進產業的科技成果和科技人才及管理人才。

二、產業鏈現代化

現代國際分工或者國際貿易轉向產品內分工、產品內貿易。某種產品的生產不可能全部都在一個企業、一個國家內部完成，必須要在全球佈局產業鏈，產業鏈的不同環節有不同的附加價值，形成了全球價值鏈。產業鏈分工越細，產業鏈環節的價值增值越多。由此，產業鏈的競爭也就變成了價值鏈的競爭。全球產業鏈的競爭有兩個方面：一是全球產業鏈之間的競爭。不同產業鏈競爭力的決定性因素除了居主導地位的企業（鏈主）的競爭力外，還取決於進入該條產業鏈環節的企業及其所提供的零部件的質量和科技含量。二是全球產業鏈內部的競爭，表現在企業所處環節的不同附加值形成價值鏈的高中低端。企業如在其中掌握關鍵核心技術，控制市場渠道，在全球價值鏈中就能居主導地位。處於中低端環節的企業如果想邁向中高端環節，那麼爭奪其中的主導地位和高附加值環節的競爭就非常激烈。

我國參與全球產業鏈也是兩條途徑。一條途徑是依託我國企業所擁有的高端核心技術佈局的全球產業鏈，其中的一部分環節進入外循環，在外循環中利用國際市場的高端技術零部件配套。另一條途徑是我國的產業和企業嵌入以國外跨國公司為主導的全球產業鏈，在引進外商直接投資的同時引進國外產業鏈。改革開放初期，我國沿海地區憑藉資源稟賦的比較優勢（廉價的勞動力資源和低廉的土地等自然資源），大多在加工製造環節嵌入全球產業鏈體系，這個環節基本上處於價值鏈的低端。隨着經濟進入新發展階段，無論是哪一條途徑的產業鏈進入外循環都遇到了重大的障礙。某些發達國家推行反全球化的貿易保護主義政策，在科技、產業等領域與中國脫鈎。在高科技環節中國尤其受到打壓，包括斷供技術、斷供中間產品、斷供市場。不少產業鏈的外循環難以為繼。再加上自 2020 年起在全球肆虐至今的新冠疫情導致世界經濟衰退，使一系列全球產業鏈斷裂。在此背景下，我國的產業鏈環節佈局需要轉向內循環，其基礎是產業鏈現代化，既包括圍繞產業鏈部署創新鏈，也包括圍繞創新鏈佈局產業鏈。這就是習近平總書記所說的："圍繞產業鏈部署創新鏈，發展科技含量高、市場競爭力強、帶動

作用大、經濟效益好的戰略性新興產業，把科技創新真正落到產業發展上。"❶

　　就產業邁向全球價值鏈中高端來說，我國大部分產業是靠資源稟賦的比較優勢（勞動力和土地資源）嵌入全球價值鏈的，所處的環節主要是加工裝配之類的低端環節，擁有核心技術和關鍵技術的中高端環節不在我國，所需要的零部件和元器件一般都需要進口處於國外產業鏈上的中間產品。長期處於低端環節，存在較大局限：一是附加值低；二是受制於人，隨時可能斷供；三是隨着勞動成本和土地價格上漲，資源稟賦越來越沒有競爭優勢。因此，產業邁上全球價值鏈中高端，不僅是應對全球產業鏈的脫鈎和供應鏈斷供的壓力使然，更是產業自身攀升全球價值鏈、實現產業鏈現代化的重要方面。處於全球價值鏈中低端環節的企業要在產業鏈上邊幹邊學，消化吸收再創新，進而創造自己的品牌，在關鍵環節上進行技術攻關，特別是針對產業鏈上被外國斷供的"卡脖子"高技術環節進行研發，實現中高端環節的國內替代，從而進入價值鏈的中高端。

　　再就以我國企業為主導的產業鏈環節佈局來說，我國已有多家像華為那樣，掌握擁有自主知識產權的關鍵核心技術並具有國際競爭優勢的企業並形成了產業鏈佈局。以我為主的產業鏈佈局在國外的產業鏈環節，是以高端技術為導向的。也就是說，進入其產業鏈環節的零部件供應商必須是世界級高科技企業，否則該產業鏈就沒有國際競爭力。當下，越演越烈的國際科技戰、貿易戰中某些"卡脖子"技術的斷供、脫鈎會使整個以我為主的產業鏈斷裂癱瘓。這就迫使產業鏈的相關環節由外轉內，通過重組供應鏈和產業鏈疏通產業鏈上下游關係：一方面要使中斷的國際產業鏈環節能夠在國內找到替代；另一方面針對產業鏈上"卡脖子"的技術進行技術攻關，推動我國的技術升級。產業鏈的佈局不僅應當重視效率的提升，更應當注重提高產業鏈的安全性、可持續性和韌性。產業鏈的抗風險能力直接影響着產業鏈的核心競爭力，也是向產業鏈高附加值環節攀升的保障和前提。全球產業鏈環節佈局需要國際國內並重，把關鍵技術、核心生產環節牢牢掌握在自己手裏，是提高產業鏈抗風險能力的重要途徑。特別是被斷供的環節轉

---

❶ 《習近平關於社會主義經濟建設論述摘編》，中央文獻出版社 2017 年版，第 132–133 頁。

向國內，要求相應供應環節能夠達到所要替代的世界級的高科技水平，否則難以實現順暢的內循環。

最後，要特別強調工業現代化的基礎在自主創新。長期以來存在一種所謂的後發優勢的錯誤認識，以為最新科技可以從國外引進，即"造不如買，研發不如引進"。這種說法可能在美國造飛機、中國製襯衫階段是成立的。但現在中國成為世界第二大經濟體、世界製造業大國，自己也開始造飛機時，這個說法就不成立了。近期美國等發達國家遏制中國現代化的主要方式就是在最新技術上"卡脖子"。這說明了自主創新對工業現代化的重要性，自主創新成為工業現代化必由之路。諾貝爾經濟學獎獲得者庫茲涅茨講："時代劃分是以許多國家所共有的重要創造發明為依據的。這是現代經濟增長一條特殊真理。"[1] 就是說，在全球化、信息化、網絡化的時代，面對新科技和產業革命，我國工業化同發達國家已經站在同一條創新起跑線上，歐洲、美國、日本等國家和地區所發展的產業，同樣也是我們所要發展的產業。當下發達國家都在搞信息化，搞生物醫藥、生物技術、新能源，人工智能，這都是我們所要發展的新技術、新產業。只有在相同領域內創新和競爭，才不會落後於時代，更不會受制於人。

總的來說，工業化是當代每一個發展中國家的共同目標。後起的發展中國家有必要遵循現代化的一般規律，但不一定要走先行現代化的國家所經過的基本路線，直接研發和採用國際最新工業技術，才能稱作"現代化意義上的工業化"。

---

❶ [美] 西蒙·庫茲涅茨：《現代經濟增長：速度、結構與擴展》，戴睿、易誠譯，北京經濟學院出版社1989年版，第 251 頁。

第四章

信息化和
產業基礎高級化

信息化是新科技和產業革命的重要特徵。進入新時代，互聯網、大數據、雲計算、人工智能、區塊鏈等技術加速創新，日益融入經濟社會發展各領域全過程，尤其是數字經濟發展速度之快、輻射範圍之廣、影響程度之深前所未有，正在成為現代化的關鍵力量和技術基礎。新階段的現代化需要利用信息化技術，賦能傳統產業轉型升級，催生新產業新業態新模式，打好產業基礎高級化的攻堅戰。

第一節　信息化的現代發展

　　2014 年 2 月 27 日，習近平總書記主持召開中央網絡安全和信息化領導小組第一次會議，指出："沒有信息化就沒有現代化。"信息是科技更新最快的領域，信息化反映科技和產業的現代化水平。信息化是充分利用信息技術，開發利用信息資源，促進信息交流和知識共享，提高經濟增長質量，推動經濟社會發展轉型的歷史進程。信息化不僅代表信息產業的迅速發展，還表明信息技術在社會經濟各部門迅速擴散並被高度應用，信息資源被高度共享，從而使得人的智能潛力以及社會物質資源潛力被充分發揮。信息化同時也導致經濟和社會結構的重大變革，以至於把現代社會稱為"信息社會"。

一、信息化及其經濟影響

　　20 世紀末，美國等發達國家依靠其以信息技術為代表的高科技的發展，進入了新經濟時代。這個時代的特點和影響就如格林斯潘 1999 年所說："我們稱之為信息技術的新技術革命，已經開始改變我們處理事務和創造價值的方式。"新經濟是對信息經濟、網絡經濟、數字化經濟的總稱。新經濟時代的信息化特徵可以概括為，互聯網是基礎設施，信息技術是先導技術，信息產業是帶頭和支柱產業，電子商務是經濟增長的發動機。

　　我國雖然工業化起步較晚，但工業化大規模推進階段正逢世界信息化浪潮。我國推進的工業化和信息化融合發展可以說是跟上了世界信息化的步伐。就目前的信息化水平來說，我國既存在被"卡脖子"的領域（如高端芯片），也存在與發達國家並跑的領域（如互聯網和"互聯網 +"），也有部分領域達到領跑水平（如 5G）。

　　在信息化時代，對經濟產生革命性影響的科學技術進步軌跡是"電腦—互聯網—移動互聯網—雲平台"。由此形成的"互聯網 +"和"+ 互聯網"互動進入社會生產的各個領域及社會再生產的各個環節，如"生產＋互聯網""消費＋互聯網""交換＋互聯網""分配＋互聯網"。社會生產的各個環節又通過互聯網互聯互通。網上教育、網上通信、網上新聞、網上交易、網上娛樂等成為人們開展經濟活動的主要場所。只要是經濟活動，誰都離不開互聯網及其平台。正在興起的人工智能和物聯網使萬物互聯互通成為可能。

"互聯網＋"的經濟特徵可以概括為四個方面：一是"互聯網＋"平台替代市場。市場不再是個場所，而是隨時隨地可以進入的平台。平台代替實體市場後，通過網絡尋找市場，交易成本大大降低。二是移動終端。消費者利用移動終端，即時購買、消費、支付，供求不受時間空間限制。三是市場參與者大眾化的開放式平台。互聯網平台既可以為用戶提供充分的市場信息、充分的選擇機會，也可為用戶提供個性化的訂制服務，為用戶創造更大價值，使以消費者為核心得到真正體現。四是實物產品數字化。如音樂、出版、新聞、廣告、服務代理、金融服務等，消費者不再需要購買實物產品，而是可以通過手機等移動終端直接交易和消費這些產品和服務。

移動互聯網進入哪個產業領域，哪個產業領域就能得到根本改造並得到提升。再傳統的產業都可能進入現代產業體系。例如："互聯網＋零售"即產生網購；"互聯網＋金融"即產生互聯網金融；"互聯網＋媒體"即產生新媒體；"互聯網＋教育"即產生"慕課"（MOOC）；"互聯網＋出租車"即產生網約車；"互聯網＋物流"即產生快遞。第三次工業革命理論則把"互聯網＋清潔能源"看作第三次產業革命的標誌。❶面對"互聯網＋"的挑戰，實體店之類的經濟體面臨生存危機，其選擇的生存和發展之路是"＋互聯網"。例如：零售實體店遇到網購產業的衝擊，需要"＋互聯網"；金融業面對互聯網金融業的衝擊，需要"＋互聯網"；"農業＋互聯網"，產生農村電商。尤其要注意到，"＋互聯網"的，不只是服務業，製造業也有這種趨勢。就如三一重工董事長所說，製造業企業的

---

❶ 互聯網信息技術與可再生能源的出現讓我們迎來了第三次工業革命。"參見［美］傑里米·里夫金：《第三次工業革命：新經濟模式如何改變世界》，張體偉、孫豫寧譯，中信出版社 2012 年版，第 31 頁。

未來是核心業務全部在網上，管理流程全部靠軟件，產品必須高度智能化。

總的趨勢是，"各類產業＋互聯網"同"互聯網＋傳統產業"正在成為我國產業轉型升級的新動力、新路徑。

二、數字經濟反映信息化的現代化

當今時代的信息化進入新階段，主要特徵是互聯網、大數據、雲計算、人工智能、區塊鏈迅猛發展。數字經濟是以信息和知識的數字化即數據和算法為關鍵生產要素的經濟形態，涉及數字產業化和產業數字化兩個方面。

（一）數字產業化

發展大數據產業即數字產業化。全球範圍內，大數據正逐漸發展成為一項評估國家實力的全新要素，各國紛紛把大數據作為國家重要的基礎性戰略資源，並將大數據技術運用於推動經濟社會可持續發展、改善民生和提升國家治理能力等方面。首先，大數據產業的出發點和落腳點均為大數據，圍繞大數據如何從產生到應用服務的整個生命週期，因此大數據產業以開發、提取並應用大數據價值為其基本屬性。其次，大數據產業作為一種經濟活動，涵蓋了大數據從產生、採集、傳輸、存儲、處理、分析到應用服務等整個價值實現流程，在這個實現流程內所涉及的所有經濟活動個體，均可歸屬於大數據產業。大數據產業就是把大數據作為生產要素並採用大數據的構成要素如海量數據資源、大數據思維模式、大數據科學技術等向市場和消費者提供有關大數據的商品或服務。因此，基於實現大數據價值這個共同屬性的各個大數據企業的經濟活動共同構成了大數據產業。

基於互聯網、物聯網、雲計算等信息技術渠道的移動互聯網行業以及電信業與金融業等傳統行業，隨時隨地都在源源不斷地產生數據，因此如互聯網、電信業等行業往往會成為大數據資源的主要提供者。大數據技術服務業指對大數據產生、採集、傳輸、存儲以及應用過程中產生的技術問題或技術需求所提供的服務以及相應的軟件開發，其主要產品為大數據技術服務，包括前端採集、數據清洗、數據可視化、商務智能挖掘等技術及軟件研發，以及信息處理和存儲支持、大數據管理分析平台建設、互聯網搜索等圍繞數據提供的相關服務。大數據設備製造業和大數據技術服務業貫穿整條大數據產業鏈並提供相應的設備和技術支持，是保證大數據產業活動順利進行的關鍵。

（二）產業數字化

產業數字化是指產業對大數據的融合應用。數據應用是大數據產業發展的最終目的，通過前期對數據進行採集、分析和處理等操作，將挖掘到的潛在價值信息應用到各行各業中，發揮數據價值。大數據融合應用是大數據與各行業的融合發展，包括與互聯網、金融、交通、政務等行業的融合，根據不同領域的需求提供相應的服務和解決方案，推動傳統產業轉型升級。具體地說，產業數字化涉及三個方向：一是針對製造業的數字化。工業革命為推動中長期經濟增長提供了新機遇，物聯網、大數據、雲計算、人工智能、機器人、增材製造、新材料、增強現實、納米技術和生物技術等很多新興技術取得重大進展。二是針對服務業的數字化。較為普遍的是"互聯網＋"。"互聯網＋"的重要功能體現在對傳統經濟的整合和改造，通過信息技術對傳統產業進行滲透。移動互聯網進入哪個產業領域，哪個產業領域就能得到根本改造並得到提升，一躍進入現代產業體系。三是針對農業的數字化。隨着我國大數據、雲計算、5G 通信等新一代信息技術與遙感技術、地理信息系統等先進技術的發展，智慧農業或者說農業數字化得到發展，這屬農業精細化管理的範疇。因此，發展智慧農業，強化農業精細化管理，不僅能夠提高農業生產效益，而且能夠減少農業溫室氣體的排放。

基於信息化發展到數字經濟階段的趨勢，習近平總書記明確指出："發展數字經濟意義重大，是把握新一輪科技革命和產業變革新機遇的戰略選擇。"[1] 數字經濟健康發展，有利於推動構建新發展格局，有利於推動建設現代化經濟體系，有利於推動構築國家競爭新優勢。因此，發展數字經濟成為中國式現代化的重要目標。

---

[1] 習近平：《不斷做強做優做大我國數字經濟》，《求是》2022 年第 2 期。

第二節　互聯網、大數據、人工智能與實體經濟的深度融合

根據信息化的現代特徵，現代化建設的重要內容是發展數字經濟，推動互聯網、大數據、人工智能與實體經濟融合發展，這既是產業基礎高級化的必要途徑，同時也是信息化與產業基礎高級化的重要結合點。

一、信息化數字化加速新技術的應用

各行業實現信息化後，能更大規模、更有效率、更便利地運用新的生產技術和流程，信息化加速新技術在生產和運營、組織和管理等各方面的應用。一是信息化技術廣泛運用於傳統和落後產業，能加速傳統和落後產業升級改造。企業將信息化技術運用於內部的供銷活動、財務管理、生產製造、研發設計等環節，能大幅度提高生產效率。典型的信息化系統如企業資源計劃（ERP）、產品數據管理（PDM）、產品生命週期管理（PLM）、供應鏈管理（SCM）、製造執行系統（MES）等，能大幅度改進生產方式和管理流程，提高效率。二是基於信息化對各個產業鏈條運行效率的提升，從原有產業可以分化出新的產業，加速專業化分工，分工的深化會進一步提高生產和服務效率。三是信息化會推動互聯網、通信設備、軟件服務等信息產業本身的發展，而信息產業是知識和技術密集型行業，也能最快速地應用新技術，信息產業比重的提高也意味着產業結構的高端化發展。四是信息化的現代化發展會推動相關信息基礎設施的建設，基礎設施的完善對於國民經濟的信息化和新技術應用起着基礎性作用。

現代化的信息化帶來的分工會加深生產與消費的便利性，催生新型的生產服務模式。現代化的互聯網絡提高了生產各環節的銜接效率，也縮短了生產與消費間的時間和空間跨度，同時也帶來了新的消費模式，如製造業中的M2C、服務業中的O2O、金融業中的P2P等。催生出的新商業模式打破了傳統的空間限

制，提高了時間效率，使得各行業向智能化、柔性化和個性化轉型，大大提高了生產者的經濟效益、消費者的福利，並提升了經濟社會的整體運行效率。

二、信息化數字化培育良好產業生態系統

現代化的信息化具有高關聯性和高滲透性。基於信息技術，很多產業會整合連接在一起，構成一個有序健康可持續發展的產業生態系統，各個產業的關聯性會得到進一步加強，產業間的信息共享、平台對接和數據交互等方面會變得更為緊密。產業生態系統中的各行業各企業有着良好的協作機制，能提高採購、設計、生產、物流和消費各環節的運行效率，提升產業鏈的質量，增強產業鏈的功能性。另外，產業生態系統內的正外部性會有利於各行業的知識和技術共享、促成研發創新方面的合作，會提升整個產業生態系統的創新能力和技術水平，最終有助於推動經濟社會的現代化發展。

與傳統的產業內部技術融合不同，現代化的信息化推動跨產業的融合，產業之間的邊界漸趨模糊甚至消失。信息化推動產業融合源自三個方面：信息技術自身的高關聯性和高滲透性；信息化對生產和消費過程中的時間和空間限制的突破；信息化為各產業提供的共性平台和技術標準。產業插上信息化的翅膀之後，不同產業之間的邊界變得模糊，產業融合自邊界處開始並逐漸深化。產業深度融合，對於融合的產業生產效率具有明顯提升作用，加速了產業轉型升級。互聯網、大數據、雲計算、人工智能與製造業深度融合，將大幅度提高製造業技術水平和生產效率，使得製造業向柔性化、訂制化和智能化發展，加速製造業的轉型升級。互聯網等信息技術也會引起金融等行業與實體經濟深度融合，增強這些行業服務實體經濟的功能。

信息化的高關聯性和高滲透性，能夠在傳統產業基礎上催生新興產業。首先，信息化加速了各個產業的新技術應用，提高了傳統產業的生產效率，同時又能使得傳統產業中某些重要產業鏈環節能夠獨立出來成為一個新興行業，這也是信息化加速和深化專業化分工的結果。在傳統製造業中，由於信息化的應用，相

關的研發設計、售後服務等都可由專業化企業承擔，每個環節都可成為一個新的行業。其次，信息化又可通過推動產業融合產生新型行業。先進製造業和現代服務業的深度融合催生了服務型製造，互聯網、餐飲、物流的融合催生了電商行業，大數據、互聯網、傳統金融的融合催生了互聯網金融。最後，信息化由於其技術引領功能，能夠推動新型高端產品和服務出現，如高端集成電路、機器人、3D 打印、虛擬現實、精密數控機好等，促進了產業現代化發展。

三、推動三次產業的現代化發展

隨着信息技術發展，信息社會的來臨使得各行各業的信息化應用越加深化，農業、工業、服務業與信息化的融合逐漸普遍。

（一）農業信息化

互聯網、大數據、人工智能等信息技術在農業中廣泛深度應用，使得傳統農業生產經營逐漸信息化和智能化，傳統農業發展方式被顛覆，生產率大大提升，逐漸向現代農業演進。

互聯網、大數據、人工智能與農業融合對農業的影響通常體現在生產、經營、決策、服務和管理五個方面。一是顛覆農業生產方式。傳統農業以普通機械和裝備進行生產，互聯網、人工智能等會使傳統農業生產走向信息化、智能化，提高農業生產效率，推動農業轉型升級，逐步從傳統農業走向現代農業。二是創新農業經營方式。傳統農業經營缺乏有效的組織，產業化發展慢，有些方面尚處於零散無序狀態。信息化和網絡化能將零散無序的單個生產者有效組織起來，實行農業產業化經營，改進經營理念和模式，推動農業高效發展。三是改進農業生產經營的決策方式。互聯網、大數據在農業中的應用，有利於生產者和相關農業科技單位掌握大量農業生產經營數據，使得相關的決策建立在科學數據基礎上，提高決策的科學合理性。四是提高農業管理和服務效率。信息化帶來的效率和便利，以及積累的大量數據，能提高農業管理部門指導和服務農業發展的效率，能使相關農業發展政策落到實處。五是推動農業服務化轉型。互聯網、大數據和人工智能的應用，使得傳統農業信息化水平得到大幅提高，不但提高生產效率，而且更能使得農業與服務業產生融合，農業附加值得到提高，服務業比例增加。

（二）工業信息化

互聯網、大數據、人工智能與工業融合推動我國工業由大變強是我國工業現代化發展的必然選擇。信息化與工業化的融合，使得工業從產品研發設計到生產製造再到銷售和服務全過程的信息化水平得到提高，深化"兩化融合"是促進傳統工業轉型升級的關鍵途徑。

互聯網、大數據、人工智能與工業融合對工業的影響主要體現在生產、裝備、系統、服務和設計五個方面。一是提高工業生產技術水平，推動製造業智能化、柔性化發展。互聯網、大數據、人工智能等新一代信息技術在製造業中的應用，使得工業生產過程信息化水平大幅提升，不但生產效率提升，而且逐漸向智能化、柔性化發展，轉型升級步伐加快。二是提升製造業生產裝備的數控化水平。數控化是信息化與工業化融合的重要體現，製造業信息化水平提高最重要的是數控化水平的提升。提升數控化水平，需要加速生產裝備的更新換代，這也是深化"兩化融合"的必然途徑。三是提高工業企業信息化集成水平。工業的現代化高質量發展離不開企業的系統集成化。新一代信息技術有力地推動了企業的集成化發展，提高了企業生產製造和經營的信息化水平和管理組織效率。四是提高了製造業滿足市場需求的能力。發掘消費市場潛力是目前推動製造業高質量發展、提高產品附加值的重要路子。互聯網、大數據的應用，既能使大量的消費市場信息數據得到掌握，也能使製造業廠商及時應答市場需求，保證產品生產的多樣化、個性化、精準化。五是提升工業協同創新水平。信息化在工業企業中的普及，能使大量企業基於互聯網和工業技術數據進行聯合研發、創新，提高整個行業的協同創新效率。

（三）服務業信息化

傳統服務業向現代服務業轉型離不開信息化發展，新一代信息技術與服務業的融合催生了很多新的服務模式和業態，也提升了服務價值，推動了服務業的現代化發展。

互聯網、大數據、人工智能與服務業融合主要體現在分工、方式、內容、品質和運營五個方面。一是推動了服務業內部的專業化分工。信息化一方面提高了服務業效率，為專業化分工釋放了資源；另一方面又能夠使得很多服務產品能跨越時間和空間限制從而被提供和消費。這就使得現代化服務業體系得到重構，專業化分工水平提高，日益複雜多樣的市場需求得以滿足。二是使得現代化服務方式智慧化。互聯網、人工智能等新一代信息技術以及現代數字化裝備在服務業中的廣泛應用，能使現代服務業不受傳統時空限制，不同業態和層次的服務內容可以融合，共享、體驗式服務方式不斷湧現，服務方式逐漸智慧化。三是使得現代服務業內容更加豐富。互聯網、大數據在服務業中的應用，使得很多傳統服務業的供給和需求銜接更加緊密，供給內容不斷豐富，供給質量更加優化。如傳統的餐飲、住宿、物流、家政等服務業與信息化融合之後，其供給模式和內容得到豐富，能更好地滿足多樣化的需求。四是提高現代服務業品質。信息化使得消費者的數據和信息能被及時加工、處理、反饋，這就建立了服務提供者與需求者之間良好的溝通渠道，能使服務產品更好地針對消費訴求得到改進，服務品質得到提高，消費者需求更好地得到滿足。五是變革了服務業的運營模式。信息技術和智能設備的應用使得現代服務業運營模式得到極大創新，產生能更好地滿足消費需求的服務模式。當前的一個重要發展趨勢是場景化運營模式。不同於傳統電商模式，在場景化下，消費者能夠"身臨其境"體驗服務，提高了服務價值，增進了消費者的滿足感。

四、信息產業的現代化

信息化為三次產業賦能，其現代化能量取決於自身的現代化水平。因此信息產業現代化必須先行，為建設網絡強國、數字中國、智慧社會提供有力支撐。

首先是發展現代化的信息產業。信息產業的強弱已成為衡量一個國家和地區核心競爭力的重要指標之一，信息產業對信息化建設具有非常強的支撐作用。我國信息產業經過長期發展取得了不少成績，信息產業不但規模上發展迅速，其內部結構方面也有明顯優化，高端領域比重逐漸上升。但與發達國家相比還是存在不少差距，尤其是在一些"卡脖子"領域的優勢還不夠，這阻礙了我國信息化的現代化進程，也不利於我國經濟社會整體實現現代化。

與傳統信息產業不同，在新一輪科技和產業變革的浪潮中，現代化的信息產業正越來越多地體現在雲技術、大數據、新一代互聯網、物聯網、人工智能等前沿尖端技術領域上。要緊跟國際前沿技術，充分利用新一代信息技術發展我國現代化信息產業，在一些領先領域如 5G 技術上繼續保持優勢，在一些瓶頸和"卡脖子"領域如芯片、光刻機、數控機床、操作系統、機器人等方面取得突破，實現自主信息化創新，推動信息產業的現代化發展，並促進相關工業領域的創新突破，推進我國產業結構升級。

其次是構建良好的信息產業生態。這需要包括企業、高校、科研機構、消費者等在內的研發方和需求方相互協作協同，在全社會建立一套相應體系，當然信息產業生態也離不開其他產業的發展以及整體經濟發展水平的提高。信息化應用對於各類產業轉型升級至關重要。我國各行業企業擁有計算機台數逐年攀升，2020 年達到 5778 萬餘台，尤其是信息化在工業中的應用越來越廣泛，"兩化融合"取得顯著實效。2020 年各行業企業擁有網站數為 55 萬餘個，以製造業最多；有電子商務交易活動的企業數在 2020 年達到 12 萬餘家，製造業最多。另外，信息化應用還體現在互聯網在經濟社會各領域深度應用，新業態新商業模式不斷湧現，激活了交通、醫療、教育、旅遊、餐飲等產業的生命力，提升了經濟社會發展的整體信息化水平。

最後，是構建現代化的信息技術創新體系。構建現代化的信息技術創新體系，重在構建長效的科技創新體系結構，以及開展有效的技術研發。創新體系是一個全社會都參與的有機整體，應建立緊密的協同創新體系。企業、高校、研發機構和政府部門等相互深入協作、協同創新。要根據全球產業和技術發展形勢，科學確定信息技術研發的方向、重點和優先次序，尤其對那些前沿關鍵核心技術、基礎技術和共性技術要予以重點研發。技術研發還有一個技術標準問題，要從國際化標準入手，並不斷提高對國際標準的影響力。研發與應用要結合起來，要加強信息技術的推廣和應用，推動工業領域與先進信息技術結合。要完善激勵制度，調動廣大信息技術研發人員的積極性和潛能，如加強專利保護、"揭榜掛帥"等。

五、信息化基礎設施

信息化發展需要有強大的基礎設施作為支撐。2018 年 12 月召開的中央經濟工作會議提出，要 "加快 5G 商用步伐，加強人工智能、工業互聯網、物聯網等新型基礎設施建設"。新型基礎設施建設不僅涉及道路交通等傳統基礎設施的數字化，還強調高速寬帶網絡、互聯網協議地址、域名等新型的信息基礎設施建設。目前，我國新型基礎設施建設存在空間分佈不平衡，數字信息收集、傳輸、挖掘和利用低效等問題。因此，加強新型基礎設施建設，構建互聯網、大數據、人工智能與實體經濟融合的基礎設施支撐：一是要加強寬帶基礎設施建設，加大寬帶網絡的普及程度。加大大數據、人工智能、物聯網等領域的基礎設施投資，創新基礎設施投融資模式。通過提速降費，加快社會數字化進程。二是要加快推進鐵路通信傳輸網、公路基礎設施數字化、全國高速公路信息通信聯網工程，整合各路段通信傳輸資源，優化交通信息網絡的基礎設施。依據新時代我國實體經濟高質量發展要求，推進我國傳統實體經濟領域的技術改造。三是縮小數字基礎設施的空間失衡，推進農村與偏遠地區的網絡寬帶發展，化解數字壁壘，構建統一的大數據信息平台。

信息化的現代化建設應進一步加大基礎設施投入，面向經濟、社會、民生、教育、文化等各個方面。要進一步建設好大型通信設施、信息終端設施、公用網絡等，並結合新一輪的科技革命和產業革命，將前沿新信息技術融合在信息化基礎設施建設中。特別要注重工業中的信息化基礎設施建設。針對我國製造業的信息化，要通過信息化基礎設施建設，加深信息化與工業化的融合，增強企業信息化水平，推動製造業高端化、智能化發展。

第三節　信息化下的產業基礎高級化

　　產業基礎高級化是我國推進經濟高質量發展和製造強國建設的基礎性、全域性工程，是推動產業邁向價值鏈中高端，搶抓新一輪科技革命和產業變革制高點的務實舉措。信息化為產業基礎高級化提供技術手段和平台，同時也是高級化的產業基礎。

一、產業基礎高級化的內涵

　　通常的產業基礎理論有兩種規定。一是“工業四基說”。核心基礎零部件和元器件、先進基礎工藝、關鍵基礎材料、產業技術基礎，簡稱“四基”。這是工業的基礎能力。二是“產業支撐能力說”，包括科技創新基礎能力、支撐保障基礎能力、產業競爭基礎能力、可持續發展基礎能力、產業基礎設施水平、產業發展生態環境等，也包含基礎產品、基礎技術、創新體系、基礎文化、基礎教育和人才培養、基本政策等較為寬泛的範疇。

　　產業基礎高級化程度與所處時代的科技和產業革命成果相關。第一次產業革命提供的產業基礎是機械化；第二次產業革命提供的產業基礎是電氣化；當前的新科技和產業革命提供的產業基礎是信息化（包括智能化）。

　　產業基礎會根據技術條件或時代背景的變化而動態調整，不同時代產業基礎的內涵、外延也不盡相同。在農業經濟時代，農具、農用機械、育種是農業基礎物資，土地是基礎生產要素，農田水利、農產品倉儲設施則是農業基礎設施；在工業經濟時代，“工業四基”（關鍵基礎材料、核心基礎零部件、先進基礎工藝、產業技術基礎）是產業基礎；在信息經濟時代，軟件和數據的重要性上升，“產業四基”（基礎裝備和技術、基礎零部件和核心元器件、基礎工業軟件、關鍵基礎材料）取代“工業四基”成為最重要的基礎產業部門，產業基礎向着信息化調整，其要素條件和基礎設施也相應調整。數字化、網絡化、智能化是“產業四基"的基石，相應地高級化的產業基礎拓展到高級自動化、傳感器、工業控制軟件、工業互聯網、工業雲、工業大數據和智能服務平台，以及芯片、操作系統、數據庫、人工智能、算法等產品或技術，甚至可以拓展至產業技術公共服務平台、質量和標準檢驗檢測平台、能源動力等基礎支撐。[1]

產業基礎部門在產業發展中的地位十分重要，因其為其他產業提供基礎要素，是決定產業競爭力和控制力的關鍵所在。產業基礎部門往往處於產業鏈上游，是整個國民經濟的根基。產業基礎部門的技術改進或停滯，會顯著地影響下游用戶的產品質量和產出狀態。比如半導體產業的高端芯片製造、極紫外線光刻機生產、光刻膠等關鍵材料生產環節，雖然產業規模體量不大，但卻掌握着關鍵的核心技術，把控着其他相關下游行業發展的"命門"，是整個產業鏈最關鍵的環節，而我們國家在這些領域基本空白。一旦發達國家實施"斷供"，我國數萬億元的產業發展都將受到極大衝擊。如果沒有堅實的產業基礎作為支撐，經濟發展將是脆弱和不安全的，甚至會影響國防安全。

由於產業基礎領域專業性比較強，因此行業進入門檻高、技術突破難。全球很多國家和地區、行業都不得不依賴於那些從事產業基礎領域生產的企業，因此相應的供應鏈是很牢固的。這就容易形成該基礎產品和技術的壟斷和寡頭市場結構。由此，後發國家想通過技術突破追趕超越先行國家難度就會非常大。在全球市場中，德國很多隱形冠軍企業全球市場佔有率都超過 50%，在世界範圍內做到了極致，受到業界的廣泛認可。

產業基礎包括關鍵核心技術、基礎裝備和核心零部件元器件、基礎材料、基礎工業軟件、產業基礎技術、質量和標準基礎設施以及與之相配套的創新服務體系、要素支撐和制度環境等。產業基礎的各個要件是相互聯繫、互為支撐的，任何一項都不能成為短板。就像"木桶原理"，只要某一個環節出現瓶頸和薄弱項，就會遭遇"卡脖子"的困境，整體產業基礎的高級化就會變得困難，產業現

---

[1] 羅仲偉、孟艷華：《"十四五"時期區域產業基礎高級化和產業鏈現代化》，《區域經濟評論》2020 年第 1 期。

代化發展也會受到阻礙。因此，提升產業基礎能力，推動產業基礎高級化是一項系統性工程，絕非某一環節、某一領域、某一技術突破所能完成的，不能"頭痛醫頭，腳痛醫腳"，必須要有頂層設計、系統謀劃和統籌推進。

二、產業基礎高級化的短板

當前在全球單邊主義抬頭、逆全球化、貿易摩擦加劇的國際背景下，我國的產業鏈遇到"卡脖子"、技術斷供、上游供應鏈斷裂等一系列威脅，暴露出我國產業基礎高級化存在的短板和現代化所要解決的突出問題。

經過長時期的經濟發展和技術創新，我國在某些基礎材料、零部件和元器件及部分技術領域取得一些突破，產品質量和附加值明顯提升，相應的市場化推廣應用也在加快，緩解了一部分的"卡脖子"問題。但總體來講，我國在產業基礎上的突破還不具備整體性和系統化，仍是聚焦於某些點上，關鍵零部件、核心元器件和關鍵基礎材料自給率僅有 30%–40%，基礎不牢、底子不穩、"卡脖子"的問題仍然非常突出，總體上與發達國家相比還有很大差距。

第一，部分重大基礎裝備質量性能差距明顯。裝備製造業是工業發展的重要基礎，決定了製造業能否高質量發展，也影響着各國工業實力。因此成為國際競爭最激烈的領域，也是發達國家最具競爭優勢、對我國技術封鎖最嚴和市場打壓最狠的領域。如德國裝備製造商在 32 個細分裝備領域的 16 個領域居於世界第一，掌握着這些領域的國際主導權。我國在部分重大基礎裝備領域仍然存在突出短板——產品性能差、環境適應性不強、使用壽命較低、質量可靠性較差，部分領域甚至存在技術和供給空白，容易遭遇"卡脖子"。根據中國工程院的研究，我國在高檔數控機床、集成電路及專用設備、高性能醫療器械、飛機和航空發動機、機器人等 15 類產業上與世界先進水平差距大或巨大。

第二，關鍵核心基礎零部件對外依賴嚴重。基礎零部件"卡脖子"是我國產業發展的"隱痛"。全球化背景下，產品內國際分工日益深化，因此某個專業生產環節的關鍵核心零部件和元器件就成為發展中國家"卡脖子"的重點領域。發達國家憑藉其先進技術水平，始終掌握着大量此類核心生產技術，在國際上把持着產業發展的主導權，依靠此類核心技術維持其全球分工地位和競爭力。

第三，工業軟件和控制系統存在差距。產業基礎領域既有硬件也有軟件，而我國在軟件方面差距更大，以工業軟件、控制系統等最為突出。目前，國內工業軟件市場被國外企業壟斷，國產工業軟件發展嚴重滯後，只在生產管理類軟件的低端市場和生產控制類軟件的細分行業偶爾佔優勢，難以突破歐美軟件企業構建起來的生態圈，進入大中型企業核心應用領域的難度很大。關鍵核心工業輔助設計、工藝流程控制、模擬測試等軟件幾乎都是清一色的國外企業軟件，工業操作系統、工業軟件開發平台等重要基礎軟件更是全產業鏈缺失，運行於國產工業操作系統的控制應用軟件幾乎是空白。控制系統方面，我國大部分控制系統的可靠性、穩定性、環境適應性均與發達國家差距較大，數字化、智能化、集成化等方面競爭力相比國外先進產品存在較大差距。我國重大工程的關鍵裝備、核心裝備、主體裝備也絕大部分被國外控制系統所壟斷。

第四，關鍵基礎材料受制於人。材料科學是基礎科學，其研發需要投入大量時間和資金，我國的基礎研究不足直接導致了材料科學的落後。儘管我國原材料工業對下游需求滿足程度不斷提高，但在一些關鍵領域依然存在短板甚至空白，重大裝備製造、重大工程建設、戰略性新興產業及國防軍工等領域所需的部分材料產品仍嚴重依賴進口。工信部的調研結果顯示，目前我國的關鍵基礎材料32%仍為空白，52%依賴進口。

第五，重大科技設施和創新平台不完善。創新基礎設施和平台是支撐技術研發和突破的基石。尤其是在產業共性技術方面，我國產業基礎共性技術創新體系不健全，原來一些面向行業服務的研究院所改制後，受市場和利潤驅動，共性技術研發和服務平台缺失，部分行業甚至存在空白。雖然我國在加快建設和完善國家製造業創新中心和平台，但是平台建設的參與者、主導權、運營模式、利益分配、激勵機制等一系列問題仍有待探索突破。在協同研發方面，跨學科、大協作、高強度、高效率、開放式的協同創新基礎平台尤其缺乏。儘管國內成立了眾多產業技術創新聯盟，致力於實現重大技術突破並向全行業擴散，但是受制於研發投入、知識產權、利益分配、組織協調等問題，始終沒有取得實質性進展，協同創新效率低下。

總的來說，我國自身的現代化存在着產業基礎高級化不牢固的問題。技術的突破需要一個長期的孕育過程，我國工業化起步比西方發達國家要晚很多，許多核心關鍵信息技術、產品、零部件目前仍處於空心化狀態，如芯片、操作系統、工控軟件等很大程度上受制和依賴於國外。

三、推動以信息化為着力點的產業基礎高級化

信息化的發展為產業基礎高級化提供技術手段和平台。只有信息化不斷發展，信息化與工業不斷深化融合，"工業四基"才會在信息化的帶動下產生技術升級、功能質量提升。同時，從產業支撐角度來看產業基礎，基礎技術、創新體系、基礎文化、基礎教育等支撐要件也會由於信息技術的應用而得到質量提升，推動產業基礎高級化。

信息化是產業基礎高級化的重要着力點和方向。在知識、信息越來越重要的信息社會，產業基礎高級化一定程度上指的是產業基礎信息化。隨着信息社會的發展，產業基礎會不斷向着信息技術含量更高調整，"工業四基"由於數據、軟件、信息網絡等要素在生產和建設中的重要性上升會逐漸增加信息技術含量高的產業基礎要素，如工業軟件等，從而升級為"產業四基"。同時，從產業支撐角度來看，支撐產業發展的各類軟硬件基礎設施也需要向着信息化的方向調整。

如何打好產業基礎高級化的攻堅戰。基本路徑是充分發揮集中力量辦大事的制度優勢和超大規模的市場優勢。

集中力量辦大事是中國的制度優勢，在新形勢下被稱為"新型舉國體制"。一是發揮國家動員科技力量和資源的優勢，集中進行攻關和突破。二是要以市場機制為基礎。對某些基礎產業的集中攻關要建立在市場需求的基礎上，在集中研發攻關的過程中，要注重以市場化手段激勵人才要素等。三是廣泛動員市場主體。除了可以讓國有大中型企業承擔攻堅克難的任務外，也可以放手讓民營企

業、科研機構、大專院校齊心協力、共同參與。四是靈活運用集中力量辦大事的手段和方法。例如，對生產者的補貼可以轉化為對消費者的補貼，從而抑制產能過剩、擴大有效市場需求；再如，可以從政府補貼轉化為利用資本市場的鼓勵創新創業功能。

超大規模市場是中國繼生產要素低成本優勢逐步消失後，參與國際產業競爭的巨大比較優勢，甚至可能是絕對優勢，也是我們在新時代可以充分有效利用的重大戰略資源。一是超大規模市場可以在開放條件下更好地體現發展的自主性，如可以據此建立門類齊全、競爭力較強的產業門類，也可以依託其取得產業和企業的規模經濟，增強國際競爭力。二是超大規模市場還可以用來促進基礎產業的創新發展。超大規模市場的優勢可以為研究開發企業提供巨大的需求刺激條件，從而保證研究開發企業即使在不能達到規模經濟的前提下也能有一定的盈利。市場需求是拉動技術創新的最主要力量。需要是發明之母，可以對產品和技術提出明確或潛在的要求，通過發明和創新活動，創造出適合這一需求傾向的適銷產品。三是超大規模市場可以培育本土企業的自有品牌和自主技術。在主要基於內需發展的條件下，本土企業必須主動爭取國內市場訂單，這時自有品牌和自主技術就成為搶佔市場份額、取得高額附加價值的決定性因素。

企業是提升產業基礎能力的重要載體。"工業四基"中的每一項基礎的提升和突破都需要依賴企業，特別是那些行業中的龍頭企業，以及眾多專精特新"隱形冠軍"企業。實際上，很多關鍵零部件和核心元器件等某個產業鏈環節的突破都是由大量專精特新中小企業完成的。以製造強國德國為例，其數控機床等基礎裝備產業在全球獨領風騷，產品不斷升級，這與其重視推動行業龍頭大企業和大量專精特新中小企業協同研發創新是分不開的。我國也要圍繞基礎裝備和技術、基礎零部件和核心元器件、基礎工業軟件、關鍵基礎材料這"產業四基"，大力培育聚焦基礎產品和技術領域研發生產的大中小企業群體。

核心關鍵技術的突破、產業基礎能力的提高，離不開高素質科技人才這一關鍵因素，必須加大力度培育相關基礎領域的科技創新人才。一是培養高素質科研人員。科學家和技術研發人員是突破基礎科學理論和技術難題的最重要群體，是基礎研究的主要承擔者。產業基礎能力偏低，重要的是相關基礎科技問題沒有掌握，需要通過科研體制機制創新，合理的人才激勵政策，鼓舞科研人員能夠以飽滿的科學熱情潛心從事基礎研究，十年磨一劍，放眼長遠。二是加大國際頂級人才和團隊的引進，充分利用國際智力資源，使其參與到我國的產業基礎建設中來。三是培養大國工匠，弘揚工匠精神。技藝技巧的熟練掌握和應用，需要一批技術精湛的工匠人才。德國和日本製造業如此精進，與其擁有一批具有工匠精神的人才不無關係。四是創新技術人才培養模式。可針對產業基礎短板，通過高等教育中的"強基計劃"等模式大力培養基礎材料、關鍵零部件元器件、基礎製造技術等方面的人才。

產業基礎高級化需要相關基礎性設施和平台及相應的配套服務體系加以支撐。要加快建設好標準化生產設施、技術轉化設施、質量檢驗檢測認證設施、重大科技研發基礎設施、新一代信息網絡基礎設施等相應基礎設施，完善人才培訓、技術創新融資等配套服務體系。

合理利用競爭性產業政策對技術創新的促進作用，在保障市場機制在要素配置中的決定性作用的基礎上，以市場的力量選擇合適的產業發展路徑。增加政府對基礎創新領域的資源投入，降低互聯網、大數據、人工智能深入研發的風險和成本。一是要利用功能性產業政策，維護市場競爭秩序，維護擁有更強競爭力的產業發展。二是利用產業技術創新政策，優化產業技術研發與擴散的效率，提高知識創新、技術創新、產業創新、產品創新等各創新環節的協同性。三是利用適度的財稅優惠政策，扶持戰略新興產業的發展，分擔新興產業的創新成本。

第五章

新型城鎮化和
城鄉一體現代化

我國作為一個農業大國，同所有發展中國家一樣，存在典型的二元結構，推動現代化的重要方面是推進城市化，使廣大農民通過城市化進入現代階段。傳統意義的城市化是農民進城，西方模式的城市化以犧牲農業和農村為代價。我國在農村工業化的過程中創造了在農村建小城鎮，農民就地轉移的城鎮化道路。進入新時代後開啟的現代化新征程要進一步推進的是以人為核心的城鎮化，涉及轉移人口和農民的市民化。與此相應，需要在城鎮城市化和城市現代化基礎上實現城鄉一體現代化。

第一節　城鎮化道路的中國創造

新中國成立初期，我國的城鎮化率僅為 10.6%。1978 年我國常住人口的城鎮化率也只有 17.92%，而到 2021 年末我國常住人口城鎮化率達到 64.72%，城鄉差距明顯縮小。中國城鎮化的成功具有世界意義，創造了在農業人口佔絕大多數的發展中大國實現低成本的城鄉協調發展的中國特色的城鎮化道路。

一、中國特色的城鎮化道路

在發展中國家，城市化通常同農業剩餘勞動力的轉移即非農化相伴，因此城市化基本上是指轉移出來的剩餘勞動力到城市就業。標準的城市化模型按照城市人口指標來衡量城市化水平。城市化與整個經濟發展水平（人均 GDP）、工業化水平相關——人均 GDP 越高，工業化水平越高，城市化水平也越高。

現代工業部門集中在城市，傳統農業部門集中在農村，形成了城鄉二元結構。中國在"一五"計劃時期發動的國家工業化實際上只是城市工業化，佔全國人口 80% 以上的農村人口基本上仍然被排除在工業化進程之外，日益增多的農業剩餘勞動力沒有被工業所吸收。直到 1978 年，農業勞動力在社會勞動力中的比重仍高達 89.7%。從 1978 年開始的農村改革，不但使農業勞動力剩餘顯性化，還打破了勞動力要素流動的體制束縛，從而啟動了非農化進程。上億剩餘勞動力轉向何方的問題就被現實地提出來了。

通常人們根據歐美經濟發展的歷史，把人口向城市遷移等同於城市化和工業化，認為在二元經濟條件下推進經濟發展的主要途徑是將農業人口從土地中轉移出來，使其進入工業等非農部門。實現的條件是城市工業化需要吸收農業部門轉移出來的剩餘勞動力。與發達國家不同，發展中國家的城市同農村一樣，也很貧困，城市中失業和就業不足現象也很嚴重。農業剩餘勞動力大量湧向城市必然同城市本身的就業不足產生尖銳矛盾。劉易斯分析了一些發達國家當年的城市化費用：就直接費用來說，有 2/3 的城市化費用用於建築，包括居住設施和其他基礎設施的建設。而且，城市的建築費用要比農村高得多。正因為城市化費用高昂，有些國家（如美國）雖然儲蓄能力不差，但仍然不得不大量借外債來實現工業化。過去很長時間內，我國的城市工業和農業基本上是在彼此隔離、相互封鎖的系統中發展的，工業的增長並沒有能夠吸引和消化農業剩餘勞動力。

我國城鎮化的真正啟動是在 1978 年農村改革之後，農業勞動生產率明顯提升，農業勞動力剩餘逐漸顯現。剩餘勞動力將流向何方？在當時的條件下推進城市化面臨的問題是，在農村累積着大量剩餘勞動力的同時，城市勞動力也很充裕。20 世紀 80 年代，我國城市有 2 億人口，其中 1 億為勞動力，每年的待業人員達 1,000 萬。工廠企業多半也是密集性勞動，許多工人實際上處於 "在職失業" 狀態。在企業推行優化勞動組合和勞動合同制後，城市勞動力的剩餘問題更為突出。儘管城市中新興產業和行業的發展會增加對勞動力的需求，但它至多只能吸收和消化城市自身的待業人員和剩餘勞動力。在當時的條件下，我國的城市同農村一樣落後，既不能為轉移出來的農業勞動力提供充分的就業機會，國家財力也不允許為進城的農民提供充足的公共服務。在此背景下，大批農業剩餘勞動力湧入城市造成以下後果：一是城市淨移民造成了城市擁擠和污染等外部的不經濟。二是大批農業剩餘勞動力湧入城市會產生 "城市病"：一方面，城市因人口劇增，交通、糧食、能源和水的供應全面緊張，擁擠、污染、貧富懸殊、治安混亂等弊病也隨之產生；另一方面，農業因生產要素過度流失而出現凋敝和萎縮現象。

當時，江蘇蘇南和浙江溫州等地區開創了發展鄉鎮企業的新局面，在推進農村工業化的同時在農村建起了小城鎮。農業剩餘勞動力沒有進入城市而是在當地建城鎮建廠並在所建城鎮就業生活，農民創造了離土不離鄉的城鎮化道路。這是中國農民的創造，也是農民就地轉移的低成本快速度的城市化道路。自此我國的城市化用城鎮化來概括。1984 至 1988 年，農業勞動力向鄉鎮企業所在的城鎮快速轉移，累計轉移農業勞動力 5,566 萬人；農村非農業勞動力所佔比重由 1984 年的 8.8% 迅速提高到 1988 年的 21.5%；全國建制鎮從 6,211 個增加到 10,609

個。這種農民創造的離土不離鄉的城鎮化道路，在我國開啟現代化的關鍵階段發揮了重要作用，一方面沒有增加城市公共服務的壓力和勞動力進城的就業負擔；一方面又轉移了農業剩餘勞動力，增加了農民的收入，發展了鄉鎮企業，推動了農業農村的現代化。

二、農業剩餘勞動力離土又離鄉的城市化

我國進入農民離土又離鄉的城市化階段是在 20 世紀 90 年代後期。伴隨經濟體制改革重心向城市轉移，城市地區快速工業化進程開啟。隨着發展外向型經濟，中國融入全球化，大舉引進外商直接投資，推動企業與外商合資合作，不僅規模擴大，而且產品和技術升級，更多中國工業品進入國際市場，中國的工業化也進入質的提升階段。中國有了 "世界工廠" 之稱。這一過程對城市化的帶動作用也非常明顯。一方面吸引外資的開發區基本上都是建在當時的農村，是地域的城市化。另一方面隨着開放地區及城市工業的迅猛發展，製造業、服務業也迅猛發展，城市勞動力需求明顯擴大，就業渠道也明顯拓寬。與此同時，勞動力流動的城鄉分割體制也逐步被打破，出現了大量的農業剩餘勞動力跨地區轉移的現象，主要是湧入城市和東部沿海地區的城鎮。因此，開始了農業剩餘勞動力進入城市意義上的城市化，中國城市也有了 "農民工" 的概念和群體。截至 2008 年 12 月底，全國農民工達 22,542 萬人，其中離開本鄉鎮的農民工達 14,041 萬人，佔農民工總量的 62.3%；71% 的農民工在東部沿海地區就業。大量農業勞動力離土離鄉進入城市非農部門，既拓展了收入來源，也活躍了城市經濟，便利了生活服務，促進了城鄉、工農經濟的良性發展。這滿足了城鎮居民日益增長的物質和文化的需求，出現了城市離開農民工就難以運轉的狀況。2011 年，我國常住人口城鎮化率首次超過 50%，為 51.27%，顯示我國超過一半的人口常住城鎮。

三、農業轉移人口的市民化

　　進入新時代，我國農民進城意義上的城鎮化已經基本到位。2021 年末我國常住人口城鎮化率達 64.72%。相應地，農民進城的速度也明顯放慢。國家統計局 2021 年 4 月公佈的《2020 年農民工監測調查報告》顯示，農民工總量較上年下降 1.8%，其中外出農民工下降 2.7%。在外出農民工中，跨省流動農民工比上年減少 456 萬人、下降 6.1%；在省內就業的外出農民工比上年減少 10 萬人，與上年基本持平。省內就業農民工佔外出農民工的比重為 58.4%，比上年提高 1.5%。分區域看，東部地區務工人數減少最多，下降 3.6%；中西部地區吸納就業的農民工繼續增加。此前的 2018 年和 2019 年全國農民工總量分別比上年增長 0.6% 和 0.8%。從 2020 年起外出農民工增速呈回落趨勢，符合我國二元結構現狀，即進入 "劉易斯轉折點"，農業剩餘勞動力轉移速度明顯放慢。這也說明了常住人口城鎮化率會趨向穩定。一方面跨省流動的城鎮化模式正在向省內城鎮化或縣市就地城鎮化的趨勢轉變；另一方面戶籍人口城鎮化率的提高將成為未來城鎮化的重點。

　　如果把人口轉移意義的城鎮化稱為城鎮化的 1.0 階段；現在則進入城鎮化的 2.0 階段，也就是市民化意義的城鎮化階段。城鎮化進入 2.0 階段是由進入新時代後社會主要矛盾轉化決定的。新時代的社會主要矛盾轉變為人民日益增長的美好生活需要和不平衡不充分的發展之間的矛盾。城鄉差距是其中一個重要表現：一方面，在大量人力資本流失後，鄉村的落後狀況不僅沒有獲得改善反而更為嚴重，留在農村從事農業的主要是以老人、婦女為主的勞動力，結構上也以過少的資金與技術要素結合的低效率結構為主；另一方面，進入城鎮的農業轉移人口沒有平等享受市民權利，在城鎮形成市民和非市民的新的二元結構。對此新的矛盾和新出現的問題，根據共享發展的理念，習近平總書記在黨的十八屆三中全會上提出，要完善城鎮化健康發展的體制機制，堅持走中國特色新型城鎮化道路，推進以人為核心的城鎮化，推動大中小城市和小城鎮協調發展、產業和城鎮融合發展，促進城鎮化和新農村建設協調推進。

推進以人為核心的城鎮化就是要使發展成果惠及農民，使廣大農民對美好生活的需要通過新型城鎮化不斷地得到滿足。據 2020 年第 7 次人口普查結果，雖然居住在城鎮的人口為 901,991,162 人，佔 63.89%，但戶籍人口城鎮化率還只有45.4%；居住在鄉村的人口為 509,787,562 人，佔 36.11%。進入城市的農業轉移人口儘管被統計為城鎮常住人口，但其戶籍依然是農業戶口，其"農民"的身份特徵並沒有改變，由此產生轉移人口同市民的政治、經濟、社會地位的差距。因此，評價城鎮化程度不只是以常住人口的城鎮化率為重要指標，戶籍人口的城鎮化率更為重要。市民化意義的城鎮化作為我國城鎮化 2.0 階段，尤其關注進城以後人的權利、人的需求，屬人的現代化的重要內容。轉移人口市民化首先要提高戶籍人口城鎮化率。

轉移人口與市民的差距總體上歸結為所享受的市民權利的差距。高質量的城鎮化不能只是讓轉移人口加入城鎮戶籍，還要使其市民化，享受平等的市民權利。所謂市民權利就是城市居民所享有的經濟、政治、文化等方面的權利，核心的內容涉及基本生存條件和基本公共服務兩個層面。

（一）基本生存條件的市民化

與城市市民相比，農業轉移人口進入城鎮面臨的基本生存需要主要涉及兩個方面：一是就業，二是居住。這兩個基本條件不能滿足，農業轉移人口進了城也不可能穩定。

第一，城鎮就業是市民化之本。人們一般把農業轉移人口在城市就業作為市民化的評價指標，但實際上農民能進入城市一般都是已經在城市找到工作實現就業的，因此是否就業不能成為市民化的評價指標。農民工與城裏人因人力資本存量的差別產生的就業質量和報酬的差別也不應成為其市民化程度的評價指標。相當部分農業轉移人口所從事的職業、工種及相應的收入基本上是同其人力資本相匹配的。對農業轉移人口來說，評價其市民化程度的應是平等的就業機會和就業標準。目前農業轉移人口享受不到的市民權利主要涉及由身份和戶籍的差別產生的城鄉居民就業機會不均等，等量勞動得不到等量報酬，同工不同酬，得不到平等的就業保障服務和職業技能培訓，等等。這種不平等影響農民工就業能力的充分發揮，使其素質和能力得不到提高。因此克服這些就業差別就成為市民化的內容。市民化的目標是就業機會均等，同工同酬，消除農民工與城鎮居民從事相同職業卻獲得較低報酬的現象。

第二，城鎮安居是市民化之基。安居才能樂業。農業轉移人口在城鎮安居作為市民化評價指標是指在城鎮有自住的住房，包括獨立租賃或自購住房。農業轉移人口能否獨立租賃或自購住房不僅取決於自身的支付能力（既涉及就業收入，也涉及過去的積蓄），而且很大程度上還受制於市場價格尤其是房價。房地產價格不斷高漲，但農業轉移人口普遍收入較低且增長緩慢，又少有積蓄，大部分轉移人口進了城難以安家落戶。除了回鄉居住，大部分人居住在僱主或單位提供的工地或工棚、生產經營場所，或者與他人合租住房。現在很多地方的城中村就是農業轉移人口的集聚地，往往房屋破舊、治安混亂、衛生條件堪憂。這種狀況不只反映了農業轉移人口的居住條件沒有城鎮化，而且反映了農業轉移人口因沒法擁有合法穩定的居所而難以進入戶籍的問題。農業轉移人口的安居不能單靠其自身，還需要各方面努力。其中包括讓農業轉移人口享有與市民平等的住房公積金制度，由政府為農業轉移人口建經濟適用房、廉租房，銀行為農業轉移人口購房提供貸款便利，等等。政府要推進城中村改造，其意義不只是提高城中村的住房質量，還可保障農民工居住場所安全、衛生，同時應適當配備必要的文化、體育活動等設施設備。

（二）平等享受基本公共服務

農業轉移人口在基本公共服務方面需要享受平等的市民權利和市民待遇，也就是在養老、醫療、教育等方面享受城市居民的同等待遇。這方面的評價指標主要涉及兩個方面：一是基本公共服務覆蓋率，即城市戶籍人口所享有的基本公共服務覆蓋到農業轉移人口。二是基本公共服務享用不存在身份差異，即農業轉移人口享受基本公共服務的權利與城市居民不存在差別。當然這不包括因市場原因及支付能力差異所產生的差別。

第一，平等享受受教育的權利。對農業轉移人口而言，進入城鎮的主要原因之一是讓子女獲得更加優質的教育。農民工子女在父母打工的城鎮平等地接受義務教育是市民化的一個重要方面。當前農民工子女入學難主要源於兩個方面：一是城市教育資源緊缺導致農民工子女入學困難，學校往往要求家長提供戶口證明、收取借讀費等，由此拒收農民工子女入學。再加上學區房價格高昂，農民工子女很難獲取城市優質教育資源。二是義務教育投入"地方負責，分級管理"的政策，致使農民工子女教育經費落實困難，農民工子女在城市入學不能享受同等政策，即使在城鎮入學也只能進入地方政府辦的打工子女學校，因此農民工子女有一多半的留守兒童在老家接受教育。因此農業轉移人口市民化意味着在其子女入學問題上享受平等的市民權利，尤其是在城鎮接受公辦教育方面享受平等的市民權利。地方政府應該將農業轉移人口及其他常住人口的隨遷子女義務教育納入公共財政保障範圍。此外農民工自身也需要得到平等的職業培訓權利，從而獲得平等的職業上升空間。

　　第二，平等享受社會保障制度。社會保障制度主要涉及醫療保障、養老保險、失業保險等。社會保障資金需要地方財政支持。各地財政承受能力和基金結餘分佈不均，且統籌層次仍偏低，地區之間待遇差別較大。在城鎮化進程中，現行社會保障管理制度和方式無法適應跨區域流動就業的農民工需要。針對農民工群體的社會保障制度不健全的情況，市民化要求加快實現基本醫療保險參保人跨體制、跨地區轉移接續，實現城市居民與農業轉移人口社會保障制度並軌，特別是要提高農業轉移人口參與城市社保的意識。財政要在社會保障市民化中發揮積極作用。農業轉移人口按城鎮居民相同標準繳費參加城鎮社會保障，各級財政按照城鎮居民參保相同標準進行補助以體現橫向公平時，還應根據縱向公平的要求，根據轉移人口的支付能力給予適當的補助。

（三）市民化中實現人的現代化

　　農業轉移人口市民化並融入城市，涉及人的生活方式和思想觀念兩個方面的現代化。農業轉移人口，尤其是農民工群體，進城後生產方式逐漸改變，但是由於其收入水平、學歷和職業等原因，生活方式並沒有根本上發生改變。他們的消費方式、閒暇生活方式、精神生活方式等與城市仍然處在一種隔離狀態。市民化就要引導農民工生活方式的改變，營造有助於改變農民工生活方式的濃厚氛圍，包括使其適應城市知識更新快的特點，樹立終身學習的理念，豐富其精神文化生活，使農民工的技能得到較為全面的發展。從農民向市民的轉變，它不僅是形式的轉變，更重要的是人的思想觀念的轉變、個人素質的提升。針對農民的思想觀念，列寧說過：「改造他們的整個心理和習慣，這件事需要花幾代人的時間。只有有了物質基礎，只有有了技術，只有在農業中大規模地使用拖拉機和機器⋯⋯才能像人們所說的使他們的整個心理健全起來。」❶城市作為一個多元的社會，各種思想觀念相互交融，是一個開放的系統，城市中人們在文化交流與碰撞中，產生新的文化、思想觀念，思想上更具有彈性、適應性與包容性，人的思想觀念更加趨向現代化。

此外，農業轉移人口需要全面享受市民權利，不受顯性的和隱性的身份歧視，包括與市民平等享受上學、就業、醫療、社會保障、公共服務等方面的市民權利。農業轉移人口還要享有與城市居民平等的選舉權與被選舉權以及平等的參與社區管理的政治權利。

---

❶ 《列寧專題文集·論社會主義》，人民出版社 2009 年版，第 204 頁。

第二節　農民市民化和城鎮城市化

中國的城鎮化經過了農業剩餘勞動力大舉進入大中城市和城鎮的階段。據 2020 年第 7 次人口普查結果，雖然鄉村常住人口佔比 36.11%，有 509,787,562 人，但鄉村戶籍人口佔比達 54.6%。以人為核心的城鎮化不能忽視這些常住鄉村和戶籍還在鄉村的這部分人口的市民化。習近平總書記在黨的十八屆三中全會上提出，要完善城鎮化健康發展體制機制，堅持走中國特色新型城鎮化道路，推進以人為核心的城鎮化，推動大中小城市和小城鎮協調發展、產業和城鎮融合發展，促進城鎮化和新農村建設協調推進。這表明，進入新時代後中國的城鎮化需要有新的目標，推進以人為核心的城鎮化就是要使發展成果惠及農民，使廣大農民對美好生活的需要通過新型城鎮化得到不斷的滿足。

一、現代化賦予城鎮新功能

在轉移人口市民化基礎上，進一步推進城鎮化面臨着新的問題：

第一，城市的容納能力有限。在過去相當長的時期裏，農業轉移人口進入城市尤其是大中城市是城市發展的驅動力。雖然現在城市仍然不能缺少農業轉移人口，但是在城市（主要是大中城市），一方面，由於科技進步及產業結構的調整，對農業轉移人口的需求相對下降；另一方面，現有城市尤其是大城市的擁堵等方面問題非常突出，產生將用工多的製造業和人口外移的逆城市化要求。這意味着城市已經沒有能力承擔如此規模的農業轉移人口市民化的重任。克服這個困難的路徑在於小城市以及處於農村的城鎮分擔轉移人口市民化的任務。

第二，在進入城市的農業轉移人口提出市民化要求的同時，留在農村的農民也有市民化要求。我國農村人口眾多，如果農民只有進城才能成為市民，那麼不僅現有的城市無論如何難以消化數量龐大的進城農民，而且農村勞動力大量流出會導致農村凋敝。這就是習近平總書記指出的，即使將來城鎮化達到 70% 以上，還有四五億人在農村。農村絕不能成為荒蕪的農村、留守的農村、記憶中的故園。城鎮化要發展，農業現代化和新農村建設也要發展，同步發展才能相得益彰，要推進城鄉一體化發展。實現鄉村振興、農業現代化需要穩定農村勞動力，需要農民不進城就能享受市民權利。

第三，高昂的市民化成本難以消化，導致農業轉移人口難以入城市民化。一是市民化的私人成本在不斷提高。農業轉移人口市民化所要承擔的私人成本最大的是住房成本（購房或租房費用）和子女受教育的費用，城市越大，費用越高。農業轉移人口收入的增長跟不上房價和教育費用的上漲。二是企業難以為農業轉移人口支付社會保障費用，越是僱用農民工多的企業所要支付的成本越大，對中小微企業來說不堪重負。三是政府財政的負擔過大。我國農業轉移人口以跨省流動居多，流入地政府自然成為其市民化的主要承擔者，其基本公共服務也主要是由流入地政府供給。在以戶籍人口而不是常住人口為基數的財政轉移支付的背景下，農業轉移人口的大量湧入，會加大流入地在教育、醫療、保障性住房等基本公共服務的需求量。雖然轉移人口的流入會為當地政府創造收入，但流入地收入增長難以消化財政負擔，其推進農業轉移人口市民化的積極性也會下降。

這樣，我國在推進以人為核心的城鎮化中，不僅需要推進轉移人口的市民化，還要推進沒有進城的農民市民化。農民戶籍在農村、工作在農村、生活在農村，同樣可以在權利、待遇、生活方式、文明性、舒適性等方面由農民轉化為市民。這就提出了“農民市民化”命題。“農民市民化”除了指城鎮化進程中農業轉移人口異地市民化外，還指農民在鄉村戶籍所在的原居住、工作地就地市民化，即農民“原地的市民化”。農民市民化需要具備兩個基本要素，一是滿足農民應享有的基本公共服務、社會治理參與等與市民大致相當的公民權益；二是農民轉化為市民應具有與市民身份大致相當的公民素質、文化素養，生活方式應該和市民身份大致相近。隨着我國城鎮城市化，城鎮具備了現代城市的功能，將有力推動農民在建制鎮實現市民化，農民在建制鎮實現市民化將成為農民市民化的另一幅景象。

進入新時代，農業剩餘勞動力供給已經不像過去那樣 "無限"，加上國際國內形勢的變化，以及 2020 年全球爆發的新冠肺炎疫情的影響，城市吸納勞動力就業受到影響。與此同時，大中城市的城市病（現代化病）開始顯現：人口擁擠、交通擁堵、環境污染、房價高昂等。城市承載不了進一步的人口城市化，更談不上現代化了。因此市民化的主陣地將會由大中城市轉向小城市和農村城鎮。如果說前一輪城鎮化，農民創造了在小城鎮就地轉移的城鎮化模式，那麼現在需要在城鄉融合中創造在農村城鎮實現市民化的新模式。

城鎮處於農村區域，是連接城市和鄉村的中間地帶。基於進入新時代後城鎮化面臨的新課題。城鎮的功能不僅僅是消化轉移的農業剩餘勞動力，還承擔着現代化新階段所賦予的功能。首先，大中城市推進現代化需要紓解城市產業和居民過於密集的狀況，新型城鎮化的重要方面是吸引大中城市轉移的產業和人口進入城鎮。其次，農業和農村的現代化需要集聚和引入現代生產要素，相應地需要城市投資者和經營者進入鄉村投資和經營現代農業。城市的投資者、科技人才以及新型農業經營主體進入農村，城鎮就是他們的棲身地。城鎮就成為農業農村現代化的中心。最後，農民的現代化需要依託城鎮，城鎮要提供農民就地市民化的機會，農民進入城鎮享受市民權利。鄉村振興行動需要城鎮提供的設施和資源，城鎮成為鄉村振興的中心。城鎮化滯後，鄉村振興必然落後。

二、城鎮城市化

提高我國城市化水平應該從人口比重這一 "量化" 指標，轉向反映出城市功能的 "質" 的指標。目前城鎮存在的主要問題是 "質" 上發展不夠，這些問題的存在並不意味着要放棄發展小城鎮、城鎮向大城市發展，而是要針對現有的城鎮大多不能承擔起上述現代化賦予的功能的情況，提出城鎮城市化的要求，使廣大城鎮具有城市的功能，即 "城鎮城市化"。

農村城鎮的城市化水平直接影響城市現代化要素向農村的擴展和輻射能力。城鎮城市化實際是將城市功能向城鎮擴散和轉移，使城鎮成為農村區域中的商貿中心、服務中心，使人們在城鎮與城市具有同等的機會，在城鎮就能享受到現代文明和現代社會經濟生活。這將成為新型城鎮化的重要內容。

（一）城鎮的範圍和規模經濟

城市供給不僅僅是數量問題，更是質量問題。中國的城鎮化進程中，小城鎮伴隨鄉鎮企業發展，曾經解決了農業勞動力就地轉移的大問題。這一模式是低成本的城鎮化，在我國城鎮體系和現代化中具有重要地位。但在進入現代化的新階段後，小城鎮的弊端就逐漸顯現了。

第一，星羅棋佈的小城鎮達不到規模經濟，城鎮規模太小，聚集不起經濟、服務及設施建設的合理規模，人均道路面積、綠化覆蓋率、人均公共服務等硬件設施都很差，形不成城市功能。目前普遍存在的城鎮服務業發展緩慢的問題也可以從這種小城鎮模式得到說明。因為服務業需要依託一定規模的消費者，城鎮太小，聚集不起服務業的規模。

第二，城鎮規模過小，市場不完善，發展空間和輻射區域狹小。小城鎮大部分居民是從農業勞動力轉化而來的，居民生活方式和城鎮建設發展階段上也處在城鄉過渡階段。小城鎮的公共設施和商業服務設施由於達不到規模經濟而很不完善。因此，小城鎮星羅棋布不等於城市要素供給充足。小城鎮既無充分的能力實現轉移人口和農民的市民化，也難以發揮對周邊農業和農村的輻射帶動作用。

第三，小城鎮過多也分散了人氣，導致區域內難以形成較為集中並有較強集聚要素能力的城鎮，特別是影響縣城成為一個地區的經濟中心、市場中心、信息中心。小城鎮過多過散會產生嚴重的外部不經濟，雖然它加速了城鎮的發展，卻在很大程度上抑制了中小城市的發展。

第四，過分強調小城鎮的作用會減少城市供給。與其他發展中國家一樣，在我國的許多落後地區，城市供給嚴重不足；就是說，在相當大面積的範圍內沒有達到一定規模的城市，那麼從何談起城市化。"百萬民工大流動"從一定程度上講是城市缺乏的表現。因此，在這樣的地區，建設新城市、增加城市供給就成為新型城鎮化的重要方面。

因此，城鎮城市化要求城鎮的集中。作為城市的城鎮和小城鎮有規模的區別，達不到必需的規模、聚集不起服務業、聚集不起市場、聚集不起人氣也就無法成為城市。城鎮中建起的各類市場和服務設施也不可能達到規模經濟。城鎮集中要更多地依靠經濟手段的調控，要注意自然形成的中心，依靠行政手段是建不起城市的。近年來沿海發達地區在合併城鎮的同時出現了"四集中"趨勢：鄉鎮工業向工業園區集中，人口向小城鎮集中，服務業向中心城鎮集中，農田向種糧大戶集中。對於農民搬遷進城鎮而言，重要的不是空間上的遷移，而是從就業和社會保障等方面真正能夠融入城市社會。

我國當年發展鄉鎮企業及由此帶動的城鎮化走的是分散型道路。發展鄉鎮企業，"村村點火、戶戶冒煙"，這種分散化工業區位使農村的非農產業和農村市場形不成積聚效應，達不到規模經濟。針對這種狀況，我國在實踐中逐步調整農村的非農化戰略，轉向走相對集中的城鎮化道路，建立起相對集中的非農產業區，效果非常明顯。建設具有城市功能的城鎮特別需要重視縣城及中心鎮的建設，使其成為農村區域發展中心。就如佩魯所說，它要成為人力、資本資源的積累和集中的中心，成為綜合產業極；它要成為區域中的商貿中心、服務中心。城鎮城市化需要人口的聚集、經濟能量的聚集，特別是需要農村居民像自己投資建鄉鎮企業那樣來自己投資建城市。要讓農民自由地進入縣城和中心鎮務工經商，自謀職業，自建（購）住房，並承擔相應的義務，促進亦工亦農的隱性城市化、人口顯性化。

（二）城鎮城市化的產業支撐

現代化對處於廣大農村的城鎮提出城市化要求，也就是要求城鎮具有產業發展、公共服務、吸納就業、人口集聚的城市功能。其中起主導作用的是產業發展，產城融合發展是城鎮城市化必由之路。

城鎮和產業互為依託。城鎮的存在與發展依託產業發展，否則城鎮將是無本之木。產業需要以城鎮為基礎，需要城鎮承載產業空間和發展產業經濟。產業的集聚可以為產業工人提供就業機會，驅動城市更新和完善服務配套，促進產業、城市、人的共同發展。20 世紀八九十年代鄉鎮企業迅猛發展，使鄉鎮企業成為中國中小企業的主體。現在大中城市“退二進三”紓解產業和人口，城鎮以城鎮相對較低的土地費用、相對充裕的勞動力承接城市轉移的製造業，而且發展相關的配套產業和服務。由此城鎮成為製造業基地，吸納就業和人口集聚的能力大大增強。

城鎮要有城市功能，關鍵在成“市”。市即市場。城鎮城市化需要服務業的發展，涉及生產性、消費性服務業。既要有商業性服務業，又要有公共性服務機構。現代服務業的發展和完善可以集聚人才等現代要素，為產業提供更多的技術、信息、資金服務，為居民和周邊農民提供各種生活服務。依託城鎮開拓和發展農村消費市場，不僅可以吸納更多的農民進入城鎮就業，使其收入來源非農化，而且可以促進農民生活方式的城市化、現代化。

（三）人的城市化

馬克思曾專門論述城市形成所起的帶動生產方式變革的作用：“在再生產的行為本身中，不但客觀條件改變着，例如鄉村變為城市……等等，而且生產者也改變着，煉出新的品質，通過生產而發展和改造着自身，造成新的力量和新的觀念，造成新的交往方式，新的需要和新的語言。”❶

人口從鄉村到城鎮的空間遷移要與人口從農民到市民身份的轉換同步推進，離不開城鎮基礎設施和公共服務設施建設。要讓遷移到城鎮的居民能夠在這裏“住有所居”“學有所教”“老有所養”“勞有所得”“娛有所樂”“病有所醫”，同時享受到城市現代化的公共基礎設施、環境和服務，擁有一個良好的居住空間環境、良好的人文社會環境、良好的生態環境和清潔高效的生產環境。要不斷提高人口素質，促進人的全面發展和社會公平正義，使全體居民共享現代化建設成果。要遵循科學決策、統一規劃，政府投入和市場化運作相結合原則，加強城鎮基礎設施建設和公共服務供給能力。一方面增強政府提供基本公共服務的能力，

---

❶ 《馬克思恩格斯全集》第 46 卷上，人民出版社 1979 年版，第 494 頁。

增加政府在城鎮公共設施和基本公共服務上的投入，集中財力完善城鎮供水供電、供暖供氣、交通、郵電、通信、廣播、物流、衛生、教育、市政工程與生活服務等基礎設施，滿足並提升居民在義務教育、社會治安、公共衛生、基本醫療等方面的公共需求。一方面還要實現建設投資的多元化、市場化、規範化，發揮各類投資者、經營者共同建設城鎮的積極性，引導社會資本、商業性投資進入城鎮基礎設施建設、公共服務供給。商業性投資主要進入的領域有義務教育以外的教育、公共衛生以外的醫療保健需求、現代商業設施的建設等。這樣，農民市民化意味着工作、居住、生活在鄉村的農民一樣獲得城市性和現代性，意味着"使農民能夠享有市民的生活品質和公共服務的同時，農村還能保持田園風光"，意味着"讓農民與市民一樣生活變得更美好"。❶

　　需要強調的是，城鎮城市化絕對不是搞房地產開發，不是城鎮空間的簡單擴張（小城鎮合併中可能騰出空間），而是城鎮的現代化，使城鎮具備現代城市的功能，更好地集聚現代要素，使得人、城市、產業均實現現代化。城鎮城市化的過程中要做好生態環境、傳統建築和歷史文化的保護，凸顯出小城鎮的特色和個性，實現人的觀念和思維的城鎮化。合理保護城鎮的歷史文化遺產，重建包括城市倫理（道德）、城市藝術（美學）等在內的中國人的城市精神秩序，把城鎮建設成為當代中國人的精神家園。人工智能、數字經濟、新能源發展等第三次產業革命為我國城鎮進入全球生產網絡中心環節、實現城鎮"能級"的跨越與趕超提供了"機會窗口"。我國廣大城鎮需要以人才、科技、大數據等現代要素的引入為基礎，以智慧城鎮、低碳城鎮、創新城鎮的建設為契機，提高城鎮的創新管理和服務能力以及創新能力。

---

❶　參見李培林等：《當代中國城市化及其影響》，社會科學文獻出版社 2013 年版。

第三節　城市現代化和城鄉發展一體化

我國的空間結構是“城市—城鎮—鄉村”的體系。我國的改革從農村開始，小康社會建設實際上是從農村工業化和城鎮化開始。先發展農村鄉鎮的城鎮化，然後推進到城市。現在推進基本實現現代化則要以城市現代化為中心，以城市現代化要素向城鎮和鄉村擴散和輻射，最終實現城鄉一體的現代化。

一、城市現代化

美國城市地理學家弗裏得曼認為，城市是“革新的中心地”“發展機遇的環境”。[1] 發展極理論的奠基者佩魯更是把城市看作是區域發展的發展極。他指出，由於城市的帶動作用增加了地區差別效應。地理上集中的綜合產業極（城市）“改變了它直接的地理環境；而且如果它足夠強大，還會改變它所在的國民經濟的全部結構。作為人力、資本資源的積累和集中中心，它促進了其他資源集中和積累中心的產生。當這樣兩組中心通過物質的和智力的高速公路相互聯繫在一起時，廣泛的變化在生產者和消費者的經濟視野和計劃中就顯示出來了”。[2] 進入現代社會，城市的作用越來越突出。過去我們講城市的發展極功能主要是指它集聚主導產業的功能，今天講城市功能則更為突出其集聚發展要素的功能。人流、物流、信息流、資金流往哪裏流？流到城市去，流到現代化程度高的城市去。

據住房和城鄉建設部的數據，2020 年，我國城市數量達 687 個，城市建成區面積達 6.1 萬平方公里。其中，特大城市和大城市 75 個，中等城市 192 個，其餘為小城市。“胡煥庸線”顯示，城市尤其是特大和大中城市主要集聚在“胡煥庸線”的右邊，而在其左邊不僅城市少，而且城市中的人口也稀薄。這說明兩

---

[1]　參見 J.Friedmann, *Urbanization,Planning and National Development*, London: Sage Publications,1973。

[2]　[法] 弗朗索瓦·佩魯：《略論“增長極”概念》，載郭熙保主編《發展經濟學經典論著選》，郭熙保等譯，中國經濟出版社 1998 年版，第 344 頁。

方面問題：一方面，經濟發展程度可以由其擁有的城市數量及其現代化水平來說明；另一方面，"胡煥庸線"左邊的廣大區域要實現現代化，更為重要的是要在發展中做大做強城市，增強其吸納現代生產要素的能力，尤其是資金、技術、人才三大要素。

新時代城市現代化的目標有三個：一是以人民為中心。使城市能夠引領現代美好生活需要，尤其是黨的十九大講的中高端消費，將中高端消費作為城市現代化的中心內容，體現以人民為中心實現現代化，就會產生強大的動能。二是建設彰顯優勢、協調聯動的城鄉區域發展體系。在現代化進程中需要彰顯城市的發展優勢，在協調聯動城鄉關係時，城市是"主動輪"。三是城市要成為現代化要素的集聚中心和擴散中心，要能夠把現代化的勢頭從城市推向農村，從而成為城鄉一體現代化的策源地。城市現代化水平越高，周邊農村區域的城鎮和鄉村的現代化水平也越高。

習近平總書記對城市現代化作出了一系列重要指示，概括起來有三個方面：一是"通過大數據、雲計算、人工智能等手段推進城市治理現代化，大城市也可以變得更'聰明'"[1]；二是"使城市更健康、更安全、更宜居，成為人民群眾高品質生活的空間"[2]；三是"城市發展不能只考慮規模經濟效益，必須把生態和安全放在更加突出的位置，統籌城市佈局的經濟需要、生活需要、生態需要、安全需要"。[3]這意味着城市現代化是產、城、文化、生態的融合發展。根據新時代現代化的要求，城市現代化要和新型城鎮化相配合。城市現代化必須要凸顯出城市的三大價值，即經濟、文化、生態價值。城市價值是經濟、文化、生態三大價值的總和。

---

❶ 《習近平：運用信息化讓城市變得更"聰明"》，中國政府網，http://www.gov.cn/xinwen/2020-04/01/content_5497852.htm，2020 年 4 月 1 日。
❷ 習近平：《國家中長期經濟社會發展戰略若干重大問題》，《求是》2020 年第 21 期。
❸ 習近平：《國家中長期經濟社會發展戰略若干重大問題》，《求是》2020 年第 21 期。

（一）提升現代城市的經濟價值

對現代化來說，提升城市的經濟價值是基礎。但不能簡單停留在 GDP 指標上，要更為重視其增長極價值，一是中心作用要強化，二是對外圍的輻射帶動作用也要強化。主要涉及以下三個方面：

第一，提升城市的市場價值。城市要成為市場中心、商貿中心，成為人流、物流、信息流和資金流的集聚地。按此要求，有兩點特別重要。一是城市成為公司總部集聚地，發展總部經濟。當然，不同能級的城市集聚的公司總部也是有層次的。發達地區的城市有條件吸引國內外大的企業總部，尤其是高科技企業的總部，特別是全球價值鏈總部的集聚。二是具備最為完備的現代市場體系，市場化水平越高，市場秩序越是規範，市場價值越高。

第二，提升產業價值。城市現代化同其產業現代化是同步的。從現代化角度來說，城市空間有限，集聚的應該是科技含量高、能源消耗低、環境污染少的輕資產的先進製造業，尤其要重視高端服務業。與此相應，城市業態需要重組，在科技含量低、高耗能高污染的製造業外移的同時，加快金融、貿易、信息、服務等現代服務業集聚。

第三，提升創新價值。城市要成為區域現代化的策源地，自身要成為科技創新的中心。為此，城市要着力引進高科技人才，成為產學研協同創新平台集聚地。不僅要產出原創性的創新成果，還要產出可以產業化的高科技成果。

（二）提升現代城市的文化價值

城市現代化也就是建設現代文明城市，城市文化影響城市的文明程度，富有吸引力的文化是打造城市核心競爭力、塑造城市魅力、增強城市吸引力的關鍵。文化價值能夠使歷史文化與現代文化交融，形成一系列的文化、科技、衛生中心。現代城市應將優秀的傳統文化和現代文化融合起來，在保留歷史底蘊和人文特色的前提下全面改善人居環境。文化教育設施建設是城市文化和精神的空間載體，舉辦各種文化活動可以增強城市的文化影響力和旅遊吸引力。相應發展起來的文化產業同時會提升城市的經濟價值。

（三）提升現代城市的生態價值

現代化所要滿足的人民美好生活的需要包括對生態財富的需求，乾淨的水、清新的空氣、健康的食品、優美的環境等都是需要滿足的生態財富需求。一個城市擁有的生態財富也能夠提升城市的經濟價值。因此，城市生態現代化需要圍繞人與自然和諧共生的基本理念，科學合理規劃城市佈局，合理確定城市開發強度、集聚形態，科學佈局城市產業和人口；強化環境保護和生態修復，加強綠色基礎設施建設，加強城市固體廢棄物循環利用和無害化處置；推行綠色生活及消費方式，構建碳排放定價等環境保護政策工具體系等。在一些先行地區，打造"公園城市"，建設公共綠地，把塌陷的煤礦改造成清澈的湖面，提升城市的生態價值。

二、城市更新行動

黨的二十大提出實施城市更新行動，加強城市基礎設施建設，打造宜居、韌性、智慧城市，主要涉及以下內容：

第一，形成以中等收入人口為主體的人口結構。城市現代化和人口結構現代化相配合。城市人口結構指的是低收入人口、中等收入人口和高收入人口的構成。一個城市如果中等收入人口佔大多數，那麼這就是一個積極向上、富裕的城市。這種人口結構的形成與城市產業結構相關，與科技含量高的產業結構相適應的是中等收入人口佔大多數的人口結構。

第二，建設智慧型城市。新型智慧城市建設要求實現物質資源、信息資源和智力資源等與城市經濟社會發展的深度融合：將先進技術手段深度融入政府服務和城市服務中，對城市運行和管理的各項需求做出智能的響應，具體包括建立城市內的公共信息平台和政務服務系統、城市之間的協同管理機制等；把實現公共價值作為新型智慧城市建設的出發點和落腳點，強化信息應用和信息服務的社會化開發利用，並逐步孕育開放式、互動式的城市信息服務生態；嚴格把控好信息整合和人民隱私權之間的界限，高度重視數據安全和隱私問題等，防範安全風險。

第三，打造韌性城市。城市是一個一體化的有機體，應以韌性城市理念指導城市建設，提高其應對風險、適應風險的能力。提升城市規劃的預見性和引導性，促進綜合防災減災規劃與城市總體規劃、土地利用規劃、社會經濟發展規劃間的多規合一，並以此為基礎，推動各地區、各部門間的相互協調，構建多級聯動的綜合管理平台和多元參與的社會共治模式。推進風險治理體制常態化，由被動應急響應轉變為主動規劃調控。尚未結束的新冠疫情就是對國家風險治理體系的一個嚴峻挑戰。因此，在韌性城市的建設中，應以高效的組織架構、全面的應急體系和多元的主體參與，實現風險治理的常態化。

第四，推進現代城市設施建設。尤其是要發展樞紐經濟，重視交通樞紐建設和新興基礎設施（5G 等）建設。一個地區經濟落後往往是被交通信息等基礎設施邊緣化的。一個地區有樞紐固然非常重要，但是有樞紐沒有經濟還是發展不了樞紐經濟。必須要圍繞樞紐來辦經濟、建經濟，從而形成吸引發展要素並向周邊擴散發展要素的通道。圍繞人與自然和諧共生的基本理念，科學合理規劃城市交通佈局，堅持密度較高、功能混用和公交導向的集約緊湊型開發模式，推進產城與生態的融合。

三、城鄉發展一體化

馬克思指出："一切發達的、以商品交換為中介的分工的基礎，都是城鄉的分離。可以說，社會的全部經濟史，都概括為這種對立的運動。"❶美國政治學家亨廷頓說："城鄉區別就是社會最現代部分和最傳統部分的區別。"❷我國現代化進程中需要在克服城鄉的分離和對立基礎上推進城鄉一體現代化。

城鄉一體現代化不是城鄉同質化。其發展方向，並不是把鄉村完全變成城

---

❶ ［德］馬克思：《資本論》第 1 卷，人民出版社 2004 年版，第 408 頁。

❷ ［美］塞繆爾・P. 亨廷頓：《變化社會中的政治秩序》，王冠華、劉為等譯，生活・讀書・新知三聯書店1989 年版，第 67 頁。

市。城市與鄉村作為兩大地域類型，無論如何變化，城市還是以非農產業為主，鄉村還是以農業為主。兩者之間還會保留功能上的差異，各自承載行業的差異、景觀的差異。城鄉一體化是指在保持城與鄉的特色的同時，從經濟、社會、空間等方面融合城鄉發展，消除城鄉存在的差距。

由城鄉二元結構轉向城鄉一元的現代化結構，就是城鄉一體化。城鄉一體化要求統籌城鄉經濟發展。這就是黨的十九大報告提出的，要以城市群為主體構建大中小城市和小城鎮協調發展的城鎮格局。

城鄉一體化不是城鄉的"低層次平衡發展"，它不是降低城市的發展水平去屈就鄉村，而是將鄉村的地位加以適當提高，使其在市場體制下處於與城市同等的競爭地位。城鄉一體化是指城市和鄉村是一個整體，人口、資金、信息和物質等要素在城鄉間自由流動，城鄉經濟、社會、文化相互滲透、相互融合、高度依存，便是這種相互聯繫和相互作用的具體表現，其空間效果構成城鄉經濟和社會的空間組織形式。

城鄉一體化是把城市與鄉村建設成一個相互依存、相互促進的統一體，充分發揮城市與鄉村各自的優勢和作用，使城鄉之間的勞動力、技術、資金、資源等生產要素在一定範圍內進行合理的交流與組合。在城市現代化基礎上，推動城市發展的勢頭和現代要素"化"到農村，相應的制度安排是建立健全城鄉融合發展體制機制，實現城鄉一體的現代化。

城鄉一體化首先是體制的一體化。在轉向市場經濟體制的轉型階段，一方面，相對於城市，農村市場化程度太低，自然經濟和半自然經濟所佔比重很高；另一方面，各類生產要素的市場基本上集中在城市，而不在農村。顯然，體制一體化的基本要求是在社會主義市場經濟體制的基本框架內，特別注意發展農村市場經濟，使之儘快趕上城市的市場經濟水平。打破城市與鄉村的體制分治，關鍵是克服城鄉之間的要素分割體制。基於各種生產要素市場集中在城市的現實，體制一體化的主要內容是建立城鄉一體的要素市場，創造包括農村市場主體在內的各類市場主體平等使用生產要素的環境，消除要素在城鄉之間自由流動的各種體制和政策性障礙。就勞動力市場來說，必須打破原來戶籍制度下的城鄉人口隔離和不流動，創建一個城鄉人口既有自由穿梭權利又有合理調控的體制。消除影響農村勞動力轉移的政策障礙，建立城鄉一體的勞動力市場，做到城鄉就業同工同酬，城鄉土地同地同價，城鄉產品同市同價。

城鄉產業結構一體化要求城鄉在產業結構上形成有機的整體，既錯位又互補。首先是根據城市、城鎮與農村的不同特質要求和發展優勢，在城市、城鎮和農村進行產業分工，分別發展城市型產業、城鎮型產業和農村型產業。在不同的區域形成不同的產業基地（集群）。從城鄉一體角度進行城鄉產業分工的趨勢是，工業逐步從中心城市擴散到衛星城鎮，同時使分散的農村工業向中小城市和城鎮集聚，中心城市重點發展金融、貿易、信息、服務、文化教育等第三產業。這樣，第二產業從中心城市和廣大農村轉移到城鎮，一方面可以解決 "城市病" 和 "農村病"；另一方面可以解決城鄉之間產業同構和過度競爭的問題，使城鄉之間形成一種相互支撐的經濟技術聯繫。中心城市不再以生產性功能為主，而是以貿易中心、金融中心、信息中心、服務中心的功能作為周圍區域的發展極；中小城市和城鎮以生產性功能為主，充當中心城市向農村擴散經濟技術能量的中介和農村向城市集聚各種要素的節點；農村以規模化、連片種植的農業生產，支撐大中小城市對資源和要素的需求，獲取農業經營的規模效益和城市化發展的整體效益。

城鄉一體化要求在城鄉分工的基礎上建立分佈在城市、城鎮和農村的服務業、工業和農業之間的產業鏈接。其途徑包括四個方向：一是自上而下，城市工業和服務業通過 "墨漬擴散" 和空間轉移，把要素、資本、技術向都市以外的城鎮區域擴散，從而使城鎮形成在工業和服務業方面與城市產業的密切聯繫。二是自下而上，農業通過產業化的途徑延伸其加工銷售的環節，加工和銷售環節進入城鎮。三是建立自上而下的服務體系：城市提供城鎮工業的服務業，城鎮提供農業的服務業。四是建立城鄉產業的垂直一體化。

城鄉一體化要求城鄉居民政治、經濟和社會地位平等，城鄉生活方式趨同，公共物品的享受基本一致。其必要途徑是農民市民化。長期存在的城鄉分割的戶籍制度，將居民分割為擁有城鎮戶口的城市居民和擁有農業戶口的農村居民。農村居民明顯低人一等。農民市民化首先要取消這種城鄉分割的戶籍制度，從而使城鄉居民在城市和農村的流動和居住不受戶籍的限制。農民居住在城市，市民居住在農村完全取決於各自的選擇。農民市民化還要求取消各種對農民的歧視性政策，使之與城市居民享受平等的政策和機會。就就業機會來說，農民進城就業與城市人享受平等的權利，高校畢業生到農村就業與在城市就業享受平等的權利。就受教育的機會來說，農民及其子弟入學及選擇學校享受與城市人平等的權利。就衛生和醫療來說，農民與市民享受平等的權利。就社會保障制度來說，城鄉也應平等，各種社會保障不應只是提供給城市人，也應提供給農村人。就享用公共產品的機會來說，將提供給市民的機會和設施安排到農村城鎮去，擴大城鎮就業的機會；把高質量的教育、文化醫療設施辦到農村城鎮，增加農村特別是城鎮的公共產品和公共設施的供給。使農民不進入城市就能享受到各種市民的權利，生活方式與市民趨同。

城鄉發展一體化需要建設一體化的基礎設施和公共設施，需要建立快捷的連接城市的公共交通，需要給農村城鎮和鄉村提供與城市一體的水、電、網絡。要促進人員和要素的雙向流動，主要是現代要素進入鄉鎮和農村，這也是鄉村振興和共同富裕所希望的。搭建城鄉產業協同發展的平台，最終以要素的流動、區域互動、產業協同形成工農互促、城鄉互補、協調發展、共同繁榮的新型工農城鄉關係。

過去以發展小城鎮為主要內容的城鎮化基本上是自下而上推進的。現在無論是城市現代化還是城鎮城市化，都需要自上而下推進：一是在城市的層級上自上而下，強調中心城市的作用，通過中心城市的功能定位、市場發育和網絡建設，增強中心城市的集聚與擴散作用，通過中心城市的現代化推動城鎮及其外圍地區的現代化。二是要加強統一規劃和政府引導，依據經濟社會發展戰略和區域規劃，明確各類城市的功能定位和空間組織結構，統一規劃、協調區域性基礎設施建設，為城市市場擴大及市場網絡建設創造條件。

第六章

農業現代化和
鄉村振興

中國要強，農業必須強。中國要富，農民必須富。中國是有 14 億多人口的大國，中國人的飯碗任何時候都要牢牢端在自己手上，飯碗應該主要裝中國糧。無論是做強農業，還是富裕農民，都要實現農業現代化。2021 年中央一號文件提出，要 "堅持農業現代化與農村現代化一體設計、一併推進"。2021 年 12 月，國務院印發《"十四五" 推進農業農村現代化規劃》，繪就新一輪農業農村現代化藍圖，提出力爭到 2035 年，"鄉村全面振興取得決定性進展，農業農村現代化基本實現"。以現代農業為代表的農業現代化、以共同富裕為代表的農民現代化和以鄉村振興為代表的農村現代化，共同構成了農業農村全面現代化的內容。

第一節　農業現代化目標

　　所有國家的現代化都會面對農業和農民問題。改變二元結構的農業現代化理論實際上有兩種思路，這兩種思路的提出者同年獲得諾貝爾經濟學獎。一個是劉易斯理論：轉移農業剩餘勞動力到非農產業。我國農村改革一開始在土地"兩權分離"的背景下推進農村工業化和城鎮化就是這麼做的。現在農業剩餘勞動力轉移正在進入"劉易斯轉折點"。另一個是舒爾茨理論：現有的農業要素基本上是傳統農業要素，這些要素已經被充分利用，發展現代農業需要引入新的現代要素。中國的農業現代化與其他現代化國家既有共性，又有自身特殊的國情。研究中國特色農業現代化道路，既需要比照發達國家農業現代化走過的歷程，更要關注自身發展的特殊性和社會主義現代化目標。

一、補"四化同步"的短板

　　科學判斷現代化的起點狀況，也就是明確農業發展的現狀。根據路徑依賴理論，現代化的起點狀況會影響農業現代化的路徑。

　　中國現代化的起點同其他發展中國家一樣是典型的二元結構，現代工業與落後的農業並存。而且我國是在傳統農業部門沒有得到根本改造時提前發動工業化的。從 20 世紀 80 年代開始以發展鄉鎮企業為標誌推進了農村工業化和城鎮化。其對"三農"發展的帶動作用表現在以非農化解決農業問題，以城市化解決農村問題，以勞動力轉移解決農民問題。其效果非常明顯，一是農業在 GDP 中的比重降到 10% 以下，標誌着中國已經由農業國轉變為工業國；二是城鎮化進程大大加快，中國常住人口城鎮化率在 2021 年末達 64.72%，標誌着中國進入了城市化的中期階段。雖然上述非農化途徑對"三農"發展有明顯的帶動作用，但是其負面作用也很明顯。一是過度吸納了土地、勞動力等農業發展要素（雖然相當多的是剩餘的）。二是工業和城市由於得到"三農"的支持而發展更快，因此工農差距、城鄉差距不但沒有縮小，而且進一步擴大，突出反映在農業生產方式落後，農產品不能滿足人民群眾日益增長的需求；農民收入太低，農民消費能力太低；農村居民的生活條件嚴重落後於城市。

在歷史進程中，工業化可能會丟棄"三農"，而在工業化基礎上實現的現代化就不能丟棄"三農"。就如習近平總書記所說，即使將來城鎮化達到 70% 以上，還有四五億人在農村。農村絕不能成為荒蕪的農村、留守的農村、記憶中的故園。城鎮化要發展，農業現代化和新農村建設也要發展，同步發展才能相得益彰，要推進城鄉一體化發展。在新的歷史起點上推進"三農"現代化，不能只是靠非農化和城鎮化，而是要直接以農業、農民和農村為發展對象。

中國改革是從農村開始的，經過農村家庭聯產承包責任制改革，發展鄉鎮企業，全面建設小康社會，我國的農業已經進入現代化的起點。糧食總產由 1978 年的 3.05 億噸增產到 2020 年的 6.7 億噸，連續 6 年保持在 6.5 億噸以上。棉花總產由 1978 年的 217 萬噸增產到 2020 年的 591 萬噸。中國以佔世界 9% 的耕地供養了佔世界 21% 的人口：不但基本上解決了 14 億多人口的溫飽問題，2020 年底還實現了農業貧困人口全部脫貧。

農業現代化滯後突出表現在其勞動生產率偏低。目前農業勞動生產率的提高基本上還只是剩餘勞動力轉移的效應。與農業在 GDP 中所佔份額相比，勞動生產率的提高並不顯著。即便是勞動生產率有所提高，也主要是在土地要素數量有限的條件下，相對於土地容納勞動力的能力剩餘而產生的勞動力轉移的效應，而不是農業部門技術進步所產生的效應。也就是說，農業的技術基礎尚未得到根本改變，農業提供剩餘生產要素的能力還很有限。其直接後果是農業收入太低。從表面上看，農村改革和農村工業化的一個重要效應，是農民現金收入有了明顯增加，但收入增加的主要部分不是來源於務農收入，來自農業生產的收入仍然偏低。對農業的低生產率，過去的解釋是農業勞動力剩餘，出路是轉移剩餘勞動力。從 20 世紀 80 年代開始的農村工業化和城鎮化，已經轉移出大量的剩餘勞動力，以至於學者們提出已經到了"劉易斯轉折點"。農業中能夠再轉移出的剩餘勞動力已經非常有限。但是與其他產業相比，農業仍然是弱勢產業。其突出表現在三個方面：一是農業技術落後，農業生產主要依靠勞動技能，勞動的附加值低；二是提供的農產品基本上是初級產品，不是最終產品，因此其市場價格低；三是農業生產受自然條件影響大，市場不穩定，價格波動大。

對目前存在的農業勞動生產率問題需要具體分析。就農業產量來說，在農業剩餘勞動力較大數量流出農業的條件下，留在農業的勞動力中老人、婦女佔很大比重，但農業產量沒有下降，農業增加值每年仍然以 5% 左右的速度增長。這說明用農業產量衡量的農業勞動生產率還是不低的。但是，用農業收入來衡量，勞動生產率並不高。這與農業中的人力資本存量不高相關。

我國的二元結構不僅表現在現代工業和傳統農業的結構，還表現在現代城市和落後農村的結構。與農業弱勢相一致，廣大而又分散的農村無論是基礎設施還是教育、文化和醫療設施都處於落後狀態，農民在農村享受不到市民享受的現代社會生活方式和文明。

儘管現代化的進程對不同行業不同區域來說是有先有後的，但一個國家一個地區的現代化應該是整體性的。根據木桶原理，現代化的整體水平最終是由 "短板" 決定的。我國現代化的短板和難點在農業、農民和農村。因此現代化的核心問題是克服二元結構，使農業和農村進入一元的現代化經濟。

根據世界範圍內農業發展的現實，農業現代化呈現以下三方面的共同特徵：一是現代化的農業體系是當今世界強國農業的共同表現。雖然土地規模受各國自然條件的影響而各有不同，但農業總體上表現出更強大的生產能力和生產效率、更小的城鄉收入差異和更加可持續的農村生態環境和治理環境。二是用現代要素改造農業自然條件、要素結構和制度有效性是農業現代化的決定性力量。這三股力量相互依託、互動互促，共同決定了現代農業的基本模式。三是提升農業現代化程度的決定因素是伴隨工業化、城市化和技術進步農業獲得的更高質量的現代化要素，最終實現 "四化同步" 的高質量發展。

就我國來說，農業現代化的目標涉及兩個方面；一是從根本上改變其落後的生產方式和經營方式，不只是提高勞動生產率，還要提高包括資本、勞動、土地在內的全要素生產率，從而提高農民收入。二是基於農業在國民經濟中的基礎地位，農業現代化要滿足全社會現代化進程中不斷增長的對農產品的量和質的需要。高度重視農業現代化，既反映出農業在中國經濟中的歷史性地位，更凸顯了全面現代化的中國特色。

二、大國的糧食安全

馬克思指出："最文明的民族也同最不發達的未開化民族一樣，必須先保證自己有食物，然後才能去照顧其他事情。"[1] 由於糧食對人類的重要性，糧食安全不只是一個生產問題，更是一個生存問題。而確保發展中國家的糧食安全，既是現代化農業體系的基本功能，也是開啟現代化進程的必要前提。確保糧食安全，自古以來就是中國保持經濟穩定發展的 "壓艙石"。"糧食生產穩定—農業地位穩定—宏觀經濟穩定" 始終是歷代政權高度重視的系列問題。《禮記·王制》提出的 "耕三餘一" 是官方糧食安全思想的早期反映。"民以食為天" 是中國人的歷史性共識。

在新中國成立後的三十年裏，黨中央對糧食問題高度重視。毛澤東指出："農業關係國計民生極大。要注意，不抓糧食很危險。不抓糧食，總有一天要天下大亂。"[2] 鄧小平也強調："農業，主要是糧食問題。農業上如果有一個曲折，三五年轉不過來。"[3] 黨的十八大以來，糧食安全問題成為國家治理和發展穩定的重中之重。2015 年 7 月 16 日，習近平總書記在吉林考察時明確指出："糧食安全是國家安全的重要基礎。" 此前，在 2013 年的中央農村工作會議上，習近平總書記就說過："只要糧食不出大問題，中國的事就穩得住。" 新時代的糧食安全及其管理，從理念到措施都具有新的內容。

首先，百年未有之大變局下，我國糧食安全風險依然存在。雖然中國是全球

---

[1] 《馬克思恩格斯全集》第 9 卷，人民出版社 1961 年版，第 347 頁。
[2] 《毛澤東文集》第 7 卷，人民出版社 1999 年版，第 199 頁。
[3] 《鄧小平文選》第 3 卷，人民出版社 1993 年版，第 159 頁。

最大的糧食生產國[1]，但同時也是人口基數大、糧食需求量大、環境壓力大的國家。儘管個別年度全球糧食產量供大於需，但截至 2019 年，全球仍有接近 4 億人受到糧食安全的直接威脅。[2]加之新冠疫情和國際經濟環境不確定性對農業生產組織的持續威脅，全球糧食供需仍將長期處於緊平衡。因此，糧食安全一旦出現問題，將對我國人民的生活水平，乃至國家安全構成直接威脅。

其次，新時代的糧食安全，已經從經濟政策上升為國家安全重大事項。我國確立了"以我為主、立足國內、確保產能、適度進口、科技支撐"的國家糧食安全戰略，要求"穀物基本自給、口糧絕對安全"，從而實現"中國人的飯碗牢牢端在自己手中"。

最後，新時代的糧食安全，已發展為系統性的安全戰略體系。在戰略規劃方面，將糧食安全納入農業現代化目標，成為《"十四五"推進農業農村現代化規劃》的首要任務，從穩定規模、提升效率、黨政同責等多個側面進行系統性安排。不僅如此，針對"中國碗裝中國糧"的目標，要以糧食生產體系、糧食儲備體系和市場流通體系的優化建設為核心，對糧食安全進行全面保障。落實習近平總書記關於"藏糧於地"和"藏糧於技"的要求，用最嚴格的耕地保護制度建設高標準農田，用掌握自主知識產權的優質良種和高效生產管理技術，真正實現主糧和短板品種的穩產高產。在綜合支持方面，中央加大了對糧食主產區的政策和財政支持，推動形成糧食生產、經濟發展、農民增收的有機統一。促進農業科技進步和發展方式轉變，走一條集約、高效、安全和可持續的現代農業發展道路。

三、富裕農民

目前我國的低收入人群主要集中在農村，為務農的農民。根據以人民為中心

---

[1] 來自聯合國糧農組織統計數據庫（FAOSTAT）的數據顯示，中國、美國和印度是全球主糧（小麥、玉米、水稻）產量排名前三位的國家。

[2] 聯合國糧農組織（FAO）：《2019 年全球糧食危機報告》，全球應對糧食危機網絡（Global Network Against Food Crises, GNAFC），2020 年 4 月。

的發展觀和社會主義共同富裕的要求，為了讓改革發展成果更多更公平地惠及全體人民，農業現代化的重要目標是富裕農民。這凸顯了中國特色社會主義農業現代化的本質。

早在春秋時期，《管子·治國》中明確提出"凡治國之道，必先富民。民富則易治也，民貧則難治也"的主張。《商子》亦提出"治國者貴民一，民一則樸，樸則農，農則易勤，勤則富"的觀點。中國的古代先賢們用樸素但明確的觀點剖析了"政治穩定—農業發展—農民富裕—國家強盛"的道理。

我國的全面小康社會建設和脫貧攻堅戰解決了農民的絕對貧困問題，現代化則要解決農民的相對貧困問題。富裕農民的關鍵是要找到農民處於貧困地位的根子從而尋找富裕農民的路子。

第一，農業要由弱變強。農民低收入與農業的低收益相關。過去農業的低收益與工農業產品價格的剪刀差相關。現在雖然農產品價格經多次提價在價格指數上的剪刀差已經不明顯，但是進入市場的農產品基本上是初級產品或季節性產品，附加值低，價格競爭能力弱，因此農產品的收益率仍然偏低。顯然，富裕農民需要通過拉長農業產業鏈提高農產品的附加價值，增強農產品的市場競爭力。

第二，暢通農產品流通。由於農業生產組織分散，雖然農產品多次提價，許多農產品市場價格並不低，但其價格收益並沒有由農民獲得，而是基本上被流通領域的中間商獲取。因此，富裕農民需要改革農產品流通體制，發展和完善農產品市場，建立農民及其代表參與的農產品流通合作組織，尤其是農民直接參與的電子商務平台，使農民直接獲取市場收益。

第三，增加農民人力資本。目前隨着有一定技能的青壯年農業勞動力流出，經營農業的農民大都是老人和婦女。農民的低收入同農業中人力資本存量低下是相匹配的。因此，提高農業勞動生產率，農民增收的重要前提是提高農業中人力資本存量。

第四，農民要能獲取土地收益。我國農村改革中，農民對土地有了承包經營權，但在目前的農產品價格構成中，實際上只包含農民的勞動成本及其收益，並不包含土地價值及其收益，農民在土地上投入積累的土地資本也得不到補償。其根本原因是土地不流通。只要土地能流通，土地就有價格，具有土地承包經營權的農民就能在土地經營權流轉中獲取收益。

以上指出的務農農民低收入的根子，造成了"90後不會種地，80後不願意種地，70後快種不動地"的困局。"誰來種地、怎麼種地"成為新世紀之後"三農"問題的世紀之問。對此，習近平總書記強調，要富裕農民，讓農民成為體面的職業，讓農村成為安居樂業的美麗家園。其路徑就是針對農民低收入的癥結，推進農業現代化。

四、農業發展範式的轉變

農業是人類社會最古老的產業。面向全社會的食物生產、要素保障和環境供給，是農業作為任何時代的基礎產業得以存續的根本原因。整合自然資源、推動現代要素流向農業、創造更有利於農業生產的體制、機制、環境，成為當今世界農業強國的共同做法。

長期以來，農業發展理論可以概括為"農業剩餘"範式，也就是從農業提供剩餘（剩餘產品、剩餘勞動力）角度研究農業發展。與此相應，農業技術進步和農業發展就是增加產量、增加剩餘，涉及的是提高農業勞動生產率。但是從農業現代化角度來說，這種"農業剩餘"範式需要改變，需要轉向"品質加附加值"範式，發展優質、高效、高附加值農業。其必要性在於兩個方面：

一方面是滿足進入新時代後人民對美好生活的需要。中國人對農產品的需求超越"要吃飽"的溫飽層面，快速轉向"要吃好"的安全營養層面。中國人的飲食結構由以糧食和蔬菜為主，向澱粉、植物纖維、多糖、動植物脂肪蛋白等更為多樣化且營養均衡、熱量更高的組合轉變。❶同時，社會公眾對於高品質、精加工及高安全性食品的需求迅速增長。2018年中國自遍及全球的185個來源地進口

---

❶ 來自國家統計局的數字顯示，至2018年，城鎮居民食物主要構成為糧食30%、蔬菜28%、動物脂肪蛋白24%、水果15%，且城鄉間的飲食結構趨於一致，農村居民食用油料佔比還略高於城鎮。

了總額達 735.69 億美元的食品，其中，進口金額最大的是嬰幼兒配方奶粉，進口量超過 80 萬噸。此外，海產品及製品、肉類及製品、乳品的進口也達上百億美元。

另一方面是農產品供給側的提升。為了轉向"品質加附加值"範式，農業供給側結構性改革需要推進農業綠色轉型，推動品種培優、品質提升、品牌打造、標準化生產和核心生物科技、生態技術的自主自控，全面提升農業質量效益水平。這意味着農業現代化的重點轉向兩個方面創新。一是生產方式的創新。改變傳統耕作方式，推進農業生產的工廠化，擴大農業生產過程的分工，延伸農產品加工鏈。重視專業化、特色化，根據市場導向調整農業結構。二是農業科技創新。農業科技創新大致有兩方面內容：一方面是生物創新，效果是培育出優良品種，改進農產品品質和提高農產品附加值；另一方面是機械創新，效果是增加農業剩餘和節省勞動力。在我國這樣的農業人口眾多的大國，機械創新成果的應用可以讓更多的農民從土地上轉移出來。我國目前機械創新的能力較強，但其成果應用在很大程度上受就業壓力的影響。根據上述發展現代農業的"農產品品質加附加值"範式，農業技術創新更為重要的是生物創新。這種創新使農產品在品種、品質和附加值上都得到提升，而且有利於環境和生態等方面的可持續發展，代表農業現代化的方向。但相比機械創新，我國生物創新的能力嚴重不足，難以滿足日益增長的社會需求。因此生物技術創新越來越成為農業技術創新的重點。

發展範式的改變將對農業發展機制和現代化政策產生直接影響。通過對農業生產、農村規劃、農民組織進行全方位提升，農業成為高品質食品的生產者、高標準生態的提供者和高水平生活的創造者。

五、美麗鄉村

建設美麗鄉村，維護良好的生態環境，已經成為農業現代化不可缺少的重要組成部分。建設美麗鄉村，直接目標是通過綠色發展實現農業的可持續發展與農民生存環境、生活質量的提升。

就農業現狀而言，首先，依靠化肥、農藥的追加投入，追求提高產量的方式，不僅造成土地資源的破壞，而且破壞環境和生態，同時嚴重影響人民健康。其次，農村自然條件惡化，嚴重威脅農業作為環境維護者的產業功能，進而阻斷了農村居民享受經濟發展成果。農業現代化不僅需要改變這種破壞環境、影響人民健康的狀況，還需要在農產品加工領域中，使用安全的添加劑、清潔的食品加工機械以及高效安全的保鮮、儲藏和配送。食品科學、機械與控制技術、食品級材料技術、保鮮技術以及高效率的配送物流體系等，是改善食品加工領域要素質量的關鍵因素。

推進農業現代化建設美麗鄉村具有重要的經濟意義和社會意義。在經濟方面，對宏觀經濟高速發展期形成的村居形態進行規劃提升，進一步強化未來職業農民安居樂業的實用性和基本公共服務的可達性，這一建設本身即可帶動大量關聯產業，具有強大的增長拉動效應。同時，美麗鄉村建設對生活、生產條件的改善，有利於農民人力資本的提升，從而形成農業生產、農民生活和農村生態融合互促的綠色農業機制。在社會領域，由於環境改善具有正外部性，農村生態的改善和綠色農業的形成，將通過食品供給、環境共享、市場擴容和新業態創新等多個領域，從本質上改善其他部門的經濟福利。

建設美麗鄉村和綠色農業成為《"十四五"推進農業農村現代化規劃》中的首要內容之一。未來中國農業在強大的生產能力、高度的競爭潛力、富足的農戶生活和優良的生態環境的共同支撐下，必將開創農業現代化的新模式，成為引領中國經濟高質量發展的新引擎。

第二節　農業現代化的路徑

"品質加附加值"范式的現代農業需要組織化經營，需要科技和制度創新，對傳統農業生產方式進行顛覆性的改變，打破農業生產方式的舊組合，發展包括新生物技術、新機械技術、新的種養殖管理技術等在內的新技術，以及市場營銷、客戶管理、財務管理等多種經營管理方式。黨的十九大報告將現代農業產業特徵與小農戶的生產現實相結合，提出構建現代農業產業體系、生產體系、經營體系，穩定完善承包地"三權"分置制度，培育新型農業經營主體，從而實現小農戶和現代農業發展的有機銜接。

一、引入現代發展要素

傳統農業的特徵是農業中既無引入新的生產要素供給也無引入新的生產要素需求的低水平均衡。其癥結不在於生產要素的配置缺乏效率，而在於農業中現有的生產要素無力承擔發展現代農業的要求，因此改造傳統農業的關鍵是引進新生產要素。在農業中引進新的生產要素包括三方面內容：一是建立一套適合改造傳統農業的制度；二是從供給和需求兩方面為引進現代生產要素（尤其是科技要素）創造條件；三是對農民進行人力資本投資。

對農業的科技要素投入包括農業科技的研發、推廣和應用等各個環節的投入。根據現代農業發展的"品質加附加值"範式要求，農民需要得到的科技要素是那些可以直接應用的現代科技投入品，如優良品種、現代農藥和肥料、現代農業機械、種植和培育技術。因此，由政府引導的農業科技投入的對象就有個結構問題，科技投入就不能或者說主要不是直接給農民。農業科技投入主要是對高等院校和科研機構的農業科技研究和研發的投入，這是農業技術進步的基礎。

由農業生產周期長和季節性要求高、受自然條件影響大的特徵所決定，在農業中採用新技術是有風險的。小本經營的農民有厭惡技術風險的傾向。因此，農業中的新技術需要有示範和推廣的過程，而且示範和推廣的費用不可能由農民支付。政府要承擔起對農業新技術示範推廣的職能。政府對農民採用新技術提供補貼，使農民獲取低價的甚至免費的科技和教育供給，同時激勵農業科技人員深入農村推廣新技術、新品種，幫助農民解決技術難題。

我國已有的非農化對增加農業剩餘有明顯的正面效應，但非農化實際上包含了農業人力資本的非農化。農村流出去的是人力資本，留下來的是低人力資本含量的勞動力。農業從業人員以女性、高年齡、低文化程度為特徵。這同已有的農業發展水平對勞動力的人力資本要求相關。在農業中使用世世代代相傳的傳統技術，人力資本流出不影響產出（當然會影響收入）。而在發展現代農業、推廣現代農業技術時，留在農村的勞動力的知識和技術水平就不夠了。沒有足夠的人力資本投入，就不可能實現農業技術現代化。

通常認為，農業中引入人力資本要素就是對農民進行人力資本投資，主要是提高農業勞動者的受教育程度。應該說這是必要的。但是目前留在農業中的從業人員以女性、高年齡、低文化程度為特徵，那麼，僅僅對留在農業中的這些農民進行投資，提高其教育水平是遠遠不夠的。發展現代農業的主體是現代農民。現代農業所需要的具有較高人力資本含量的高素質勞動力需要從農業和農村外部引入。因此，對農業的人力資本投資更需要突出遷徙途徑。既要激勵在城市和非農部門接受過人力資本投資的農業和農村流出勞動力回到農村，也要激勵包括大學生在內的城市中的創新創業人才進入農村和農業部門，從而在農業中形成與現代農業技術相適合的人力資本結構。其中包括有知識、有創新精神的農民，稱職的科研和技術人員，有遠見的公共行政管理人員和企業家。

現代要素投入農業是由投資推動的。現代生產要素投入農業的主要激勵因素是農業投入收益率。如果等量資本在農業得不到等量收益，如果農業的比較收益太低，就不會有外部的資本投入農業和農村。在市場經濟條件下，提高農業投入收益率的一個重要途徑是保證農業的市場收益，從而提高農民獲取現代要素的能力。這就要求完善農產品流通渠道，並在價格機制上堅持等價交換，保證農民獲取符合價值規律要求的價格收益，從而提高農民的購買力。

在目前的市場條件和農民的收入水平下，單純靠市場途徑不可能提高農業收益，即使是堅持等價交換，也不可能有效解決現代要素引入農業的問題。這就要求建立工業反哺農業、城市支持農村的反哺機制。這是對農業對工業化和城市化所作出的貢獻的補償。

二、新型農業經營主體經營現代農業

2020 年 3 月，農業農村部印發《新型農業經營主體和服務主體高質量發展規劃（2020–2022 年）》，指出發展多種形式適度規模經營，培育新型農業經營主體，是建設現代農業的前進方向和必由之路。

農村基本經營制度下推進現代農業需要新型農業經營主體，也就是解決誰來種田的問題。這要求新型職業農民來種田和經營農業。其經營組織有多種形式，包括順應農業產業化經營建立的公司加農戶，以農產品加工企業或者是專業批發市場為龍頭形成的加工、銷售以及儲運一體化經營的貿工農聯合體，以及家庭農場、專業合作社、農業社會化服務組織等。

現代農業經營主體應該是"以有知識、有創新精神的農民，稱職的科學家和技術人員，有遠見的公共行政管理人員和企業家形式表現出來的人力資本的改善"。[1] 這就對現代農業經營主體的素質提出了基本要求，即要有知識、懂技術，具備企業家素養，以管理企業的方式經營農業。目前農業生產過程中的勞動者已經不能滿足現代農業對經營主體的要求，必須培育現代農業經營主體。這就要求從農村和農業之外引入人力資本，尤其是引入新型經營主體，包括農業以外的、農村以外的投資者和企業家。在現實中，新型農業經營主體不只需要培育，更需要引入。

新型農業經營主體已經不能用當年的"種田能手"來概括，而是指現代的有

---

[1] ［日］速水佑次郎、［美］弗農·拉坦：《農業發展的國際分析》，郭熙保、張進銘等譯，中國社會科學出版社 2000 年版，第 165 頁。

較高人力資本的知識農民。他們不僅僅是經營者，同時也是投資者，而且是帶着知識和創意進入農村經營農業的。因此新型農業經營主體之新主要有如下特點：一是具有市場意識和市場化經營方式，尤其體現在經營農業的內容和方向以市場為導向；二是具有科技意識和採取科學種田的方式，規模經營農業並採用新科技，關注農產品品質；三是具有企業家意識和科學管理理念，注重分工協作和工廠化管理，關注所經營的農業的附加值。這樣的新型農業經營主體經營農業將有能力改造傳統農業，經營和發展現代農業。

因此，農業現代化的關鍵是農業部門注重培育和吸引新型農業經營主體經營農業，並為之經營現代農業創造制度方面的條件，促進農業企業家的成長。其中重要的有兩點：一是擴大農業經營單位。原先的零散的承包地適合單一的農業種植。現在農業轉向大農業，轉向"品質加附加值"範式後，農用土地不只是種植糧食，還需要農林牧副漁多種經營，需要統一規劃成竹園、果園、經濟林木園、養殖區，需要循環種養，甚至開闢生態旅遊項目。所有這些都需要對農地進行統一規劃和開發，打破原有的零散的承包地經營範圍的限制。二是完善農業產業組織。構建並完善能夠保障農民利益的農業產業組織，並由農業產業組織聯通農業生產、加工和流通環節，將農戶生產的初級產品向食品、化工工業的中間品甚至最終產品進行延伸，就能夠有效提高農業收益。農業產業組織的出現，是農業工業化的重要表現。

三、土地制度"三權分置"的改革

已有的農村改革建立了以家庭承包經營為基礎、統分結合的雙層經營制度。農地"兩權分離"改革的歷史作用無論怎麼評價都不過分。但是放在歷史進程中分析，可以發現這是在傳統農業及傳統農村產業結構的框架內起動能作用，其積極效應主要在提高勞動生產率，發展農村市場經濟。但是改革沒有能夠從根本上改變農業的生產方式和弱勢地位，其潛在的問題是承包經營的土地零碎化和分散化，難以形成規模經營。雖然農業勞動力人數減少，農業產量明顯增加，但是人工和物質成本明顯增加，從而降低了農業收益。隨着經濟的發展，基於"兩權分離"的農村改革的動能作用已經充分釋放而且開始衰減，其對農村發展的動能作用也在消退。如果沒有新的動能，農業的進一步發展就要受阻。黨的十九大明確的土地所有權、承包權和經營權"三權分置"的改革就適應了農業現代化要求，為推動農業現代化的新動能作用提供制度保障。

農地"三權分置"的基礎和前提是"兩權分置"，其核心是農戶土地承包經營權長期穩定。承包經營權包括農戶對土地的佔有權、支配權和經營權等。但這不等於農戶承包的土地地塊長期固定。農業現代化必然會提出農戶承包土地地塊調整的要求。這種調整既要穩定土地承包權，又要適應現代化要求。首先，現代化需要改變小塊土地經營。正如馬克思在《資本論》中所說："小塊土地所有制按其性質來說就排斥社會勞動生產力的發展、勞動的社會形式、資本的社會積聚、大規模的畜牧和對科學的累進的應用。"❶ 其次，小塊土地承包制限制土地資本積累。隨着社會經濟的快速發展，土地自然力不僅需要補償，還需要增加肥力，這就需要建立人們合理利用自然力的有效機制。馬克思把投入土地的資本稱為"土地資本"，其具體內容是"資本能夠固定在土地上，即投入土地，其中有的是比較短期的，如化學性質的改良、施肥等等，有的是比較長期的，如修排水渠、建設灌溉工程、平整土地、建造經營建築物等等"。❷ 土地資本積累的投入一般難以在小塊土地上進行，尤其是農業基礎設施投入和建設需要在集中、連片的土地上進行。以上分析表明，現行的家庭聯產承包責任制的"兩權分離"的土地制度，已不適應新時代農業現代化的要求。農地制度改革，實行所有權、承包權和經營權"三權分置"，需要解決的突出問題是土地流轉。土地流轉一般講的是把土地經營權流轉給新的經營主體。

"三權分置"的土地制度改革是在已有的土地所有權與承包經營權相分離的基礎上，在農戶的承包經營權中分離出經營權，通過土地經營權流轉來解決好誰

---

❶ 〔德〕馬克思：《資本論》第 3 卷，人民出版社 2004 年版，第 912 頁。

❷ 〔德〕馬克思：《資本論》第 3 卷，人民出版社 2004 年版，第 698 頁。

來種地問題。新經營者可以對土地進行規模化、統一經營,在引入現代要素的同時獲得規模效應。過去在承包戶經營農業時,土地實際上是不計入價值的,農產品價值實際上只是農民的勞動價值,農民並沒有獲取土地收益。現在土地流轉後,土地價值就凸顯出來了。在"三權分置"中,穩定農戶對土地承包權的重要路徑是農戶承包權轉化為了股權。農戶的承包地經營權流轉後獲取貨幣化的股權收益可以明顯增加農民收入。這樣,"三權分置"的農地制度改革,不僅為促進土地集中、連片提供了制度前提和保障,而且為農戶獲得土地收益從而增加農民收入提供了依據。

第三節　鄉村振興

　　鄉村是農村最基層的社區。農村發展不能只是推進城鎮化，還需要推進鄉村振興。我國進入新時代，農業剩餘勞動力轉移意義上的城鎮化基本到位，需要進一步推動的是農村現代化，即鄉村振興。農業現代化的推進，無論是引入發展要素，還是培育和引入新型農業經營主體，推進共同富裕，都需要以鄉村振興為基礎。現代化的農村不僅是職業農民高效率從事現代農業生產活動、高質量滿足農民美好生活需求的功能性場所，也是優良生態環境的空間載體。

一、鄉村振興的內容

　　2005 年 10 月，黨的十六屆五中全會通過的《中共中央關於制定國民經濟和社會發展第十一個五年規劃的建議》提出了社會主義新農村建設任務。按照生產發展、生活寬裕、鄉風文明、村容整潔、管理民主的要求，社會主義新農村的建設目標是經濟繁榮、設施完善、環境優美、文明和諧。

　　2018 年 3 月 8 日，習近平總書記在參加十三屆全國人大一次會議山東代表團審議時，提出了鄉村"五個振興"的科學論斷，即產業振興、人才振興、文化振興、生態振興、組織振興。此後的《鄉村振興戰略規劃（2018–2022 年）》將上述"五個振興"分別以產業、民生、文化、生態、治理等主題單獨設篇，按照每一主題的經濟特性和驅動機制，以技術創新、機制創新和管理方式創新為中心，進行目標分解和路徑選擇。這些要素不但全面覆蓋了產業、人力資本、環境、文化和鄉村治理的各個方面，而且實現了創新要素對"三農"部門內部傳統要素結構的全面替代，推動了"三農"現代化程度的提升。根據鄉村振興規劃，農業真正成了"有奔頭"的現代農業，農村的宜居性顯著改善。由於農村在經濟活動和生活居住兩方面的提升，將吸引更多的資本和創新要素進入農業農村，從而與鄉村振興互動互促。農業現代化水平也隨之得到持續性的提升。

產業興旺，是鄉村振興的核心。以農村產業振興為核心動力，帶動人才、生態、文化和組織的振興，要求農業生產部門和農產品具有強大的生產能力和市場競爭力。在生產能力方面，需要確保農業生產規模和生產條件的質量，包括嚴守耕地紅線，進行耕地治理，加強農田水利建設和大宗農產品（糧食等）的機械化耕作、收儲，推進物聯網和遙感技術，等等。在市場競爭能力方面，主要推進質量興農。建立有利於質量興農的政策體系、財稅體系和行政業務體系，通過優化良種、有機栽培、食品深加工、完善食品安全溯源、追責等措施，提升農產品安全性、綠色化、品牌化和附加值，將農業生產和食品產業轉型升級緊密關聯，構建高質高效、優質優價、多樣安全的食品產業鏈。

人才振興，是鄉村振興的基礎。職業農民以及了解市場動向並能熟練應用現代農業生產技術的專業人才，是實現產業振興、文化振興等其他領域全面振興的基礎保證。這要求在農村地區除了形成有利於提升現有居民人力資本的科教、公共服務體系之外，也需要通過改善鄉村居住環境、建設維護高標準基礎設施和完善網絡、通信、金融、就醫就學、創業、商貿服務等方式，創造出低成本高收益具有幸福感的農村生活新模式，吸引外來人才。在人才匯集、人才規模擴大之外，還需要在設施硬件上和制度環境軟件上提供便於交流溝通、試驗、產學研合作的環境氛圍，為人才創業、技術研發和新技術投入農業生產建立可靠和高效的條件。

文化振興，是鄉村振興的必要特徵。如果說城市是現代文化的匯聚地，那麼農村就是中華傳統文化文明的傳承地。對於文化振興，應以鄉風文明為切入點，從農村居民身邊做起。有效推進文化振興不能一味依靠說教和宣講，而應結合傳播、心理、經濟等多樣化的理論，通過制度規範、公平分配和透明執法、模範典型影響等多種方式，規範和引導人的行為決策，通過圖書室、公共活動空間等硬件，使文明鄉風得以發揚光大，使農耕文化蘊含的優秀思想觀念、人文精神、道德規範，結合時代要求在保護傳承的基礎上，創造性轉化、創新性發展，使新時代煥發鄉風文明的新氣象，進一步豐富和傳承中華優秀傳統文化。

生態振興，是鄉村振興的重要一環。承載和維護生態環境，本身就是農村地區農產品供給功能之外的另一項基礎功能。重塑自然優美的宜居宜業的生態環境，也為其他方面的振興注入更大的魅力。生態振興，一是產業升級。依靠產業和人才振興的技術優勢，摒棄粗放式、攫取式的生產方式，停止對自然環境的破壞，更重要的是通過技術進步和政策引導，向綠色化、低排放、可循環的低碳經濟轉變。二是環境治理。對傳統農村的規劃、道路、給排水、水電氣等進行現代化改造，降低人類生產生活對自然界的污染。對生活區、生產區以外的自然環境，進行統籌山水林田湖草系統治理，建成美麗鄉村。

組織振興，是鄉村振興的制度保證。經濟驅動和政策引導是推動鄉村振興的兩大動力來源。在經濟領域，新型農業經營主體的發展，為富裕農民、構建現代農業提供有效的支持。在政策引導方面，則需要基層黨政組織、村民自治集體等能夠有效發揮各自的職能。針對當前社會治理的基礎在基層、薄弱環節在鄉村的現實，一方面需要從制度上完善健全鄉村治理規則體系，確保農民安居樂業；另一方面要繼續強化改善基層工作者的業務水平、工作條件和福利待遇，推動基層治理能力實質性改善，使中央的政策方針能夠落到實處，能夠有效執行，真正實現組織振興。

二、鄉村振興的行動

鄉村振興能夠穩步推進，是有效推進"三農"現代化，最終實現中華民族偉大復興中國夢的重要前提。研究人口流動的方向，可以發現，經濟發展特別是城市化達到一定水平後，人口的流動不完全是生產問題，還是生活問題；不完全是尋求就業崗位問題，也還是尋求生活環境問題。農村中流出的高素質勞動者，其中相當多的是連同家庭流出。這部分人流出固然有獲取高收入的追求，但農村居住和生活條件的落後也是非常重要的因素。農村存在的突出問題是村莊道路狀況差，飲水困難，公共文化薄弱，文化設施普遍落後，農村環境污染形勢嚴峻，社會保障堪憂，醫療資源嚴重缺乏，教學質量問題嚴重。顯然，中國目前的城鄉居住和生活條件的差距，不僅導致農村人向城市的流動，也直接阻礙城市要素向農村的流動。如果將城鄉生活條件的差距作為城鄉統籌的重點，那麼，縮小城鄉差距的成效將是顯著的。只要城鄉生活水準趨向均等，那麼農村和處於農村地區的城鎮不僅可以留住農村的人力資本，而且也可以吸引城裏人到農村居住。這些人居住到農村，可能以其人力資本在農村開發出新的發展項目，為鄉村振興提供各種支持。

　　鄉村振興由戰略轉向行動，基本要求是強化縣城綜合服務能力，把鄉鎮建成服務農民的區域中心，統籌縣域城鎮和村莊規劃建設。核心問題就是要改善農村的生活和居住條件。改善農村人居環境，完善鄉村水、電、路、氣、通信、廣播電視、物流等基礎設施，提升農房建設質量，因地制宜推進農村改廁、生活垃圾處理和污水治理，這些方面都關係到農民切身利益。

　　在地域廣闊的農村不可能沒有村莊。但村莊過於分散、規模過小會使農村現代化建設的公共設施及相應的公共產品供給花費較大，並且建設起來後也達不到規模經濟。可行的途徑就是村莊集中化。農村村莊的集中體現兩個方面的進步：一是農村村莊在空間配置上更趨集中和合理化，同時還可騰出土地用於建設；二是村莊集中形成新社區並正在成為新的城鎮。根據蘇南地區的經驗，這個過程的推進能否成功主要取決於兩個條件：一是農民在村莊集中中得到看得見的利益，農民自願。二是村莊的集中與改善農村居住和生活條件結合進行，在村莊科學規劃基礎上，實行基礎設施和公共設施的集中建設和供給是重要的集中化導向，村莊的集中不但不增加農民負擔而且還可能給農民搬遷損失提供利益補償。這樣，村莊的集中就可能會得到農民的歡迎，更為重要的是農民進入集中的村莊可能"城鎮化"，就地享受城市文明。

　　鄉村振興，是使傳統鄉村向現代鄉村轉變的過程。這一轉變雖然具有內部系統性的內生特徵，但重要的啟動和規範仍依靠外部政策、行政、資本、技術力量的介入，從而凸顯出政府主導、政策引導、行政指導在鄉村振興中不可缺少的地位。要想使先進要素得以順利地融入農業系統之中，構建技術滲透型農村，使農業科技進入農民的生活空間，就成為打通技術可得性的"最後一步"。在新基建的大背景下，需要加快農村地區的網絡、通信、交通和科技設施建設，讓農民得到快捷方便的涉農技術諮詢、講解、培訓，得以高效辦理政策優惠事項、財稅金融支持事項、"產業鏈—產品加工"對接事項，推廣農業生產技術、知識文化、政策解讀培訓等有利於農業技術進步的公共設施服務，並加強專業工作人員的指導。將技術進步推廣和與農戶生產經營直接相關的行政、金融業務以一定形式下沉到基層社區，提升涉農技術的可達性、應用的規範性、農民的職業化水平和農村的組織制度化水平。

第七章

生態現代化和
人與自然的和諧共生

在不同文明時代人與自然的關係有質的不同。農業文明時代人依附於自然，工業文明時代人支配自然，而生態文明時代人與自然和諧共生。生態文明時代的社會主義現代化是人與自然和諧共生的現代化。習近平生態文明思想為建設生態文明時代的現代化指明了前行方向。我國是世界上最大的發展中國家，將碳達峰、碳中和納入生態文明建設整體佈局，不僅體現生態文明時代中國式現代化的要求，而且體現對世界生態文明的自主貢獻。

第一節　生態文明時代的現代化

現代化是人類文明從低級向高級演化的過程，人類社會從農業文明向工業文明轉變的同時帶來了嚴重的生態環境問題。隨着人類社會進入生態文明時代，人與自然和諧共生成為新時代現代化追求的目標。生態文明關係人民福祉，關乎民族未來。人與自然和諧共生的現代化，既要創造更多物質財富和精神財富以滿足人民日益增長的美好生活需要，也要提供更多優質生態產品以滿足人民日益增長的優美生態環境需要。生態文明建設是轉變經濟發展方式、推動高質量發展的內在要求，是開創社會主義生態文明新時代的必然選擇。

一、資源節約型環境友好型社會

生態文明時代現代化的重要標誌不僅在於經濟的持續增長、民生的普惠改善，還在於形成資源節約、環境友好型發展體系。隨着社會經濟的不斷發展，我國社會主要矛盾已經轉化為人民日益增長的美好生活需要和不平衡不充分的發展之間的矛盾。因此，我國迫切需要在創造更多物質財富和精神財富的同時，逐步滿足人民日益增長的對優美生態環境的需要。在追求經濟高質量發展的過程中，推動構建資源節約型、環境友好型社會，已成為我國實現可持續發展的長遠目標。

資源節約型社會是指整個社會經濟建立在節約資源的基礎上，在生產、流通、消費等各個環節中，提高全社會的資源使用效率，以儘可能少的資源消耗獲得儘可能大的經濟效益和社會效益，實現社會的可持續發展。環境友好型社會即人類活動以資源環境承載力為基礎，實現經濟與環境的協調發展。從經濟學意義上來說，建設資源節約型環境友好型社會的實質就是資源的代內和代際有效配置問題。

我國是世界資源消耗和污染物排放的大國，近年來隨着經濟發展和人民生活水平提高，資源消耗速度加快，環境質量明顯下降。按照目前資源消耗的速度，當前我國的資源儲備量已經無法支撐經濟實現可持續發展。即使可以藉助經濟全球化帶來的紅利緩解國內的能源危機，也不是長久之計，並不符合我國要確保能源安全的基本要求。

基於此，我國要加快形成資源節約型環境友好型的生產生活方式。生活方式的轉變是一項艱巨而廣泛的任務，但其蘊含着實現生態文明時代現代化的重要潛能，可讓一國在資源有限的情況下實現公民生活質量的提高，由原來的高物質消費轉向崇尚資源節約、環境友好型的生活方式。從供給和需求關係的層面上說，人們追求綠色低碳的環保生活方式，可以推動實現生活方式的綠色化。人們的需求層次發生轉變，倒逼企業向資源節約型環境友好型的生產方式轉變，帶動生產過程實現經濟的可持續發展。我國地域遼闊，全國各地的資源稟賦結構不同，各地的文化和價值取向也不盡相同，再加上東西部經濟發展水平差異較大，需要密切結合當地不同的資源環境背景和人文社會背景，利用媒體渠道和社會團體組織，對新的綠色生產生活方式進行宣傳，助力實現資源節約型環境友好型社會，為更好地邁向生態文明時代奠定良好的基礎。

二、滿足人民美好生活需要的生態財富

實現綠色循環低碳發展、人與自然和諧共生是為了創造出更多滿足人民美好生活需要的生態財富。隨着現代化進程的加速，近年來環境問題成了影響人民生活質量的重要因素，已經深深影響到了人民群眾的幸福感。為了滿足人民對於美好生態環境的嚮往，創造出更豐富的生態財富，就需要大力推進生態文明建設。

2005 年 8 月，習近平在安吉縣余村考察時提出了著名的 "兩山" 理論——"綠水青山就是金山銀山"。良好的生態環境是人類和社會持續發展的基礎，只有解決好人民生活的大環境問題，才能使生產順利進行，人民安居樂業，人類健康發展。理清 "兩山" 理論不僅有助於我們準確把握其精神實質，而且對實現新時代符合經濟規律的發展模式也有重要意義。

良好的生態環境是生產和生活的基礎，沒有豐富的自然資源和良好的環境，社會就會生產乏力、生活困苦。生態環境日益成為生產力發展的重要源泉和保障。保護生態環境就是保護生產力，就是要拋棄那種無節制消耗資源、污染環境、破壞生產力的發展模式，走一條有效減少消耗、降低污染、治理環境、節約發展成本的可持續發展之路。

綠水青山就是金山銀山實際上提出了生態財富觀。這就是 2018 年習近平總書記在全國生態環境保護大會上指出的：“綠水青山既是自然財富、生態財富，又是社會財富、經濟財富。保護生態環境就是保護自然價值和增值自然資本，就是保護經濟社會發展潛力和後勁，使綠水青山持續發揮生態效益和經濟社會效益。”良好的生態環境是最普惠的民生福祉，環境就是民生，發展經濟就是為了民生，保護生態環境也是為了民生，要創造出更多優質的生態產品以滿足人民日益增長的對美好生態環境的需要。根據生態財富觀，乾淨的水、清新的空氣、無污染的土壤就是人民美好生活的需要，就是生態財富。針對生態環境建設的投資形成生態資本，基於綠水青山的生態財富產生的生態產品（如生態茶葉、水果、蔬菜等）、生態旅遊、生態康養就是生態財富的增值。近年來，各地實現了生態價值的創新產品日益增多。實踐表明，修復、治理生態環境，能夠創造出蘊含於“綠水青山”之中的生態產品價值，源源不斷地給人民帶來生態財富。

三、碳達峰與碳中和

在以“綠水青山就是金山銀山”為代表的習近平生態文明思想的引領下，我國的生態文明建設進入了以降碳為重點戰略方向、推動減污降碳協同增效、促進經濟社會發展全面綠色轉型、實現生態環境質量改善由量變到質變的關鍵時期。建設反映生態文明的美麗中國是中國式現代化的重要方面。

碳達峰、碳中和是當前全球應對氣候變暖的關鍵舉措。早在 1994 年發佈的《中國 21 世紀議程——中國 21 世紀人口、環境與發展白皮書》中就有關於碳排放的要求，不過在此次議程中並沒有對碳排放設定目標值。2009 年在哥本哈根世界氣候大會上，中國明確提出"爭取到 2020 年單位國內生產總值二氧化碳排放比 2005 年有顯著下降"。2015 年習近平主席在氣候變化巴黎大會上指出："中國在'國家自主貢獻'中提出將於 2030 年左右使二氧化碳排放達到峰值並爭取盡早實現，2030 年單位國內生產總值二氧化碳排放比 2005 年下降 60%–65%。"中國明確提出了"碳達峰"，並給其設立了總量目標。2020 年 9 月 22 日，習近平主席在第七十五屆聯合國大會上又宣佈力爭於 2060 年前實現碳中和。碳達峰指的是以二氧化碳為主的碳排放總量在某一個時間點達到歷史峰值之後不再增長，而是穩步回落。而碳中和就是企業、團體或個人直接或間接產生的碳排放總量，和以通過植樹造林、節能減排等方式利用和回收的碳排放量實現正負抵消，達到相對"零排放"。

從人均碳排放的角度上來說，美國和歐盟的一些發達國家由於先發優勢，早在 21 世紀初就已經實現了碳達峰（見表 7–1）。中國是世界上最大的發展中國家，目前仍未實現碳達峰，而且中國正處於經濟發展的關鍵時期，工業化和城鎮化發展的慣性還需要持續一段時間。2020 年中國在全世界面前宣佈力爭在 2060 年前實現碳中和，意味着我們要用不到 40 年的時間去實現"雙碳"目標，而歐美發達國家基本上有 40 至 70 年的時間實現碳達峰到碳中和的轉變。另外，世界資源研究機構的數據顯示，我國在近些年一直是世界上最大的碳排放量國之一，這也就意味着中國在實現碳中和目標上，時間更緊，任務更重。

表 7–1　世界 CO2 排放量前六位的國家和地區碳達峰、碳中和情況

國家	碳達峰年	碳中和承諾	碳中和目標年
中國	2030（目標）	是	2060
美國	2007	–	–
歐盟	1990–2008	是	2050
印度	–	–	–
日本	2013	是	2050
俄羅斯	1990	–	–

注：表格來源——洪銀興等著：《可持續發展經濟學》，商務印書館，2022 年。

儘管實現"雙碳"目標困難重重，但是伴隨而來的機遇也不可忽視。從技術角度來說，"雙碳"目標的實現對綠色低碳產業相關的基礎設施投資與建設能夠起到極大的促進作用。中國製造業在新一輪的綠色革命之下，可能會迎來新的春天——利用互聯網、物聯網的基礎，將交通、家居融入智能化。在"雙碳"目標的驅動下，從舊能源轉向新能源也孕育着大量的就業機會，新技術產業將迎來重大機遇。從氣候環境的角度來看，中國正在遭受氣候變化、環境污染帶來的負面影響。如今碳達峰、碳中和目標的提出，是從環境污染源頭去考慮"美麗中國"目標，進一步加深了人與自然和諧共生現代化的內涵。❶

　　對碳達峰和碳中和可以用環境庫茲涅茨曲線來表示（圖 7–1）：經濟發展的初期，人類活動範圍較小，所使用的環境資源較少，對環境的影響程度有限，此時環境狀況比較好，如 A 點；隨着經濟繼續發展，人類使用環境資源增加，但是對資源的使用和處理方式變化卻不大，這樣，就開始對環境造成較大的影響，環境的承載能力下降，環境污染問題開始顯現並且加重，如下圖 B 點。我國目前正處於庫茲涅茨曲線中 A 點至 B 點中間的位置，將要進入 B 點（即碳達峰）；隨着現代化的推進，低碳和無碳技術加速發展，也具有了較強的治理環境的能力，相應的環境污染程度則有明顯下降，技術的發展勝過資源的損耗，逐步進入 C 點（即碳中和）。

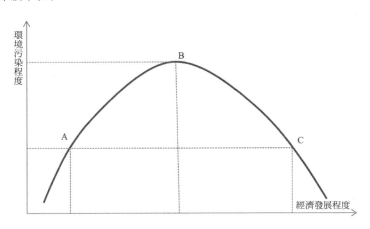

圖 7–1　環境庫茲涅茨曲線

❶　參見陳迎、巢清塵等：《碳達峰、碳中和 100 問》，人民日報出版社 2021 年版。

在實現碳達峰、碳中和目標過程中，中國還有許多困難需要去克服，但無論怎樣，都必須抓住這次的綠色革命機遇，推動綠色產業跨越式發展，加緊科技現代化進程，促進綠色資源循環利用，如期達到碳達峰、碳中和目標。

第二節　生態文明時代的生態現代化

工業文明帶來的內在矛盾之一是社會物質財富的積累以犧牲生態環境為代價，人類對自然資源的掠奪已經遠遠超過了其自身修復和恢復的能力，中國自身也面臨着資源約束的壓力，迫切需要一條健康可持續的發展道路。工業文明帶來的另一個矛盾是，社會財富和資本主要集中在少數人手中，各階層、區域之間的貧富差距不斷加大，這樣的發展模式也是不可持續的。物質財富的豐富並不意味着精神財富的滿足，並且人類對於美好生活的嚮往的內涵是不斷豐富的。因此，人類必須要在揚棄工業文明的基礎上探求新的文明，走向生態文明時代是歷史發展的必然結果。

一、推進生態現代化

在已有的發展基礎上推進現代化需要集中解決生態和環境問題，不只是緩解其症狀，更要解決其根源。也只有在生態環境得到根本性好轉以後，經濟增長才有更大的空間，現代化才可能實現。根據黨的十九大報告的內容，我們要建設的現代化是人與自然和諧共生的現代化，既要創造更多物質財富和精神財富以滿足人民日益增長的美好生活需要，也要提供更多優質生態產品以滿足人民日益增長的優美生態環境需要。基於生態文明的現代化建設，體現了人民對美好的生態公共產品的需要，體現了中國式現代化為解決人類所共同面對的生態環境難題提供的中國智慧和中國方案。

生態現代化指的是人和自然和諧相處的社會狀態，是建立在生態文明基礎之上的現代化。生態文明社會是人類文明發展演進的新社會形態，其發展模式是建立在人和自然和諧相處狀態下的經濟、政治、文化、社會和生態的全面協調發展。生態現代化要求協調經濟與生態的關係，促進經濟和生態可持續發展。生態現代化為邁入生態文明時代提供了發展方式的理論和途徑。生態文明理念注入現代化建設的內涵，可以消除現代化的消極後果，使現代化實現生態轉型，創新具有生態內涵的發展理念和發展模式。

隨着全球化的不斷深入，從 20 世紀末開始，生態現代化理論逐步得到更為國際化、全球化的發展。從生態現代化理論的核心命題來看，一些學者認為生態環境保護不應當被視為經濟發展的一種負擔，而是應該作為經濟可持續發展的前提，環境保護和經濟發展應當是可以相輔相成的，並且技術革新能夠促進實現經濟發展和環境保護的雙贏，因而推進生態現代化是一個歷史必然趨勢。❶ 在地球人口密度不斷增加，人類的需求層次不斷豐富，生態環境破壞程度隨之不斷加深的背景下，儘管科學技術的發展在一定程度上提高了資源利用率，緩解了生態環境的壓力，但這對於在生態文明時代推進現代化還是遠遠不夠。人類生產生活模式以及現代化建設的生態轉型是必要的。全球化程度的加深以及發達國家邁入生態現代化新階段的現實，不可避免地對發展中國家的生態現代化提出了新要求，生態現代化成為新的世界潮流。

生態現代化不僅需要國內合作，還需要更為廣泛的地區和國際合作。❷ 生態現代化實際上是基於生態環境的革命，這場革命是全方位的一次巨變，涉及政治、經濟、社會、文化和治理體系的生態變革。生態革命同人類文明史上的每一次革命一樣，都有可能引發由於利益重新分配而造成的社會衝突。政府、企業、社會組織和公眾既是變革的對象，更是變革的主要力量。他們不僅需要藉助彼此的力量由內而外地改變自身，還需要在此基礎上去改變他人，這樣就導致了衝突無法避免。20 世紀中後期，衝突和對抗是環保運動的主要特徵。儘管當今世界環保鬥爭仍在進行，但是環保合作已經成為主流。人類只有一個地球，地球是全世界人民共同的家園。地球上的大氣、水、土壤等物質都處在不斷地循環狀態中，都是在全球範圍內進行流動的，某一個國家的個體行為必然會帶來全球性的影響。着力提升空氣質量、修復臭氧層、防止污染物跨國界轉移、應對全

---

❶ 王宏斌：《借鑒生態現代化理論，推進我國生態文明進程》，《紅旗文稿》2016 年第 12 期。

❷ 何傳啟：《中國生態現代化路徑圖》，《中國科學院院刊》2007 年第 3 期。

球氣候變暖、生物多樣性保護以及自然資源的開發和利用等，都需要國際社會的通力合作。

二、以碳達峰、碳中和為目標推進生態文明建設

生態現代化在不同的時代背景下有不同的體現。中國經歷了幾十年的經濟高速增長，已躍居世界第二大經濟體，創造了一個又一個"中國奇跡"，同時也積累了一系列深層次矛盾和問題，其中較為突出的就是資源環境承載力逼近極限，高投入、高消耗、高排放的傳統發展方式已不可持續。在建設現代化的新時期，我國的生態文明建設要以降碳為重點戰略方向、推動減污降碳協同增效、促進經濟社會全面綠色轉型、實現生態環境質量改善從量變到質變。

在碳中和目標提出之前，經濟發展和環境保護實現兩手同時抓的前景似乎並不是那麼明確，注重經濟增長可能就會在一定程度上忽略生態環境保護，注重生態保護意味着要犧牲一定的經濟增長率。碳中和目標提出之後，生態文明時代的現代化就有了明確的導向。經濟發展綠色轉型有助於推動溫室氣體減排，生態環境保護會加強生態固碳的能力，促進經濟發展可持續。由此可見，碳達峰、碳中和目標任務與生態文明理念高度契合，是踐行生態文明理念、推進生態文明時代現代化的重要抓手。在現代化建設中以實現碳達峰和碳中和目標作為落腳點，既符合生態文明時代現代化的建設要求，也能為實現中國的現代化建設提供正確方向。生態環境問題歸根結底是發展方式和生活方式的問題，建立健全綠色低碳循環發展經濟體系、促進經濟社會發展全面綠色轉型是解決我國生態環境問題的基礎之策。降低二氧化碳排放、應對氣候變化不是別人要求我們做的，而是基於我國的基本國情做出的戰略抉擇。碳達峰與碳中和是一場廣泛而深刻的經濟社會變革，絕不是輕輕鬆鬆就能實現的。

綠色低碳是衡量發展成效的重要標尺，碳排放增量總量控制是實現現代化的有效手段。經濟發展水平高低、行業及企業的異質性都會影響對碳排放量的需求。例如，一些經濟發達地區的碳排放增長已經不明顯，以重化工業為經濟發展

依託的地區的碳排放增長則仍在持續。鑑於上述差異，應當結合各地區、各行業、各企業碳排放數據進行摸底調查，掌握實際排放水平，合理劃定覆蓋範圍和邊界，在此基礎上再進一步控制碳排放總量。要對碳排放量較高的地區進行增量總量控制，對碳排放低的地區實施減量總量控制，分時期逐步實施碳總量控制和管理。[1]在控制碳排放量的過程中，要大力發展新動能產業，促使綠色產業能夠快速成長。將經濟發展和碳排放脫鈎，實現中長期的深度減排計劃。就碳排放總量的具體控制措施來說，可以考慮將國家層面的碳排放總量目標進行分解，通過對高耗能產業進行有針對性的"去產能、去庫存與結構優化"以及調整能源結構，促進碳排放強度的下降。在推進碳排放總量穩中有降過程中，還需要加快推進固碳技術，對過去過度排放的存量 CO_2，研發碳捕集、碳封存和碳移除等技術，有效降低地球大氣系統中的 CO_2 濃度。

三、綠色工業化和綠色城鎮化

"基本實現新型工業化、信息化、城鎮化、農業現代化，建成現代化經濟體系"是現代化的重要目標。在尊重自然、順應自然的基礎上去推動現代化，將生態文明建設融入"四化同步"的現代化建設中，就能超越發達國家的現代化模式，為全球可持續發展貢獻"中國方案"。我國提出的現代化建設是在人與自然和諧共生視角下的現代化，要兼顧物質文明建設和生態文明建設，將碳達峰、碳中和兩個目標深刻地融入新型"四化"建設中去，實現經濟綠色發展、可持續發展。

不同於發達國家已走過的現代化道路，我們需要在一個資源相對匱乏、環境條件相對惡劣的情況下完成現代化的目標，必須在人與自然和諧共生的基礎上推進新時代現代化。在建設與實現人與自然和諧共生現代化的過程中，也要同步實現碳達峰、碳中和，這兩者並不矛盾。落實"雙碳"目標，實際上是對現代化

---

[1]　巢清塵：《"碳達峰和碳中和"的科學內涵及我國的政策措施》，《環境與可持續發展》2021 年第 2 期。

建設提出了更高的要求，這一要求的具體特徵就是"綠色低碳"。要實現這一目標，就必須貫徹"創新、協調、綠色、開放、共享"的新發展理念，以新發展理念助力人與自然和諧共生視角下的"四化同步"。

當前中國正處於工業化和城鎮化的中後期，正是自然資源依賴程度最高、環境污染物排放量最大的時期。中國雖然是製造大國，但是在全球價值鏈的參與上，低端環節佔大部分。在以往自然資源相對豐富的情況下，這種發展模式的確給中國的發展注入了強大動力。如今我國面臨的資源條件以及環境狀況，意味着過去那種以犧牲生態維持經濟發展的模式亟待轉變為走綠色低碳可持續的發展道路。

工業在國民經濟發展中有着舉足輕重的作用，在推進經濟高質量發展的大背景下，推動工業高質量發展將是當前和今後一個時期我國經濟發展的重大戰略任務。工業現代化除了關鍵創新技術"卡脖子"、品牌效應不強等短板外，工業領域的"綠色短板"同樣突出。補齊工業"綠色短板"，可以有效減少工業化過程對生態環境的破壞，促進工業化的綠色轉型。[1]工業領域要積極落實碳達峰與碳中和目標，推動高耗能行業的綠色低碳改造，推動行業的結構性變革和產業佈局合理化。其中包括增加可再生能源的使用比例，促進鋼鐵電力行業減碳脫碳、石油化工行業去燃料化，圍繞"新能源"進行生產佈局，資源利用率低、能耗高、成本高的產業逐步退出，鼓勵佔地面積大、勞動力密集型產業向可再生資源豐富地區轉移。要果斷淘汰落後產能，推動高污染、高耗能的產業轉型升級，從資源依賴型向創新驅動型過渡，加快開發新能源，大力發展循環經濟，這樣才能提供更為綠色可持續的供給。

城鎮化是中國現代化的主要內容，但是與城市化相伴而生的是人口膨脹、交通擁堵、環境污染、住房困難以及公共設施人均不足等問題。這些問題是生態文明時代城市化亟須解決的問題，而解決這些問題的關鍵措施就是實現綠色城市化。習近平總書記指出，建設人與自然和諧共生的現代化，必須把保護城市生態

---

[1] 毛濤：《碳達峰與碳中和背景下工業低碳發展制度研究》，《廣西社會科學》2021 年第 9 期。

環境擺在更加突出的位置，科學合理規劃城市的生產空間、生活空間、生態空間，處理好城市生產生活和生態環境保護的關係，既提高經濟發展質量，又提高人民生活品質。綠色城市化要落實構建按城市綠色化轉型的新模式，建立低碳、綠色、人文的空間形態，引導人類生活方式轉型與城市智能化，建造綠色建築以及低碳生態空間的城市規劃格局，培育可持續發展的生態理念。● 綠色城市化要堅持將綠色發展體現在城市規劃、城市環境以及城市產業上。在新城的建設上，要保證生態、產業和公共基礎設施以及人民居住的佈局合理，能夠發揮最佳的效能。在城市環境保護方面，要充分利用原有的生態面貌，因地制宜進行生態修復和景觀建造，打造生態優良、環境優美的生態園林城區。在城市產業體系上，大力發展綠色經濟，實現現代服務業和都市型工業的雙向驅動，引入佔地面積小、環境污染少、綜合效益優的項目，為城市可持續發展構建強大的產業支撐。在城鎮化的過程中，要優化國土空間佈局，改變原有粗放式的建設與管理模式，在城鎮化的建設中既要集約又要綠色，提高建設過程中的資源利用率，尤其要集約和節約利用土地資源。

　　無論是綠色工業化還是綠色城鎮化，有兩個共同的要求：一是集約和節約利用土地。二是信息化賦能，信息化帶來的信息資源可以替代物質資源，改善生態環境。

● 姚曉娜：《生態文明建設中的綠色城市化思考——基於深層生態學的視角》，《南京工業大學學報（社會科學版）》2015 年第 1 期。

第三節　綠色發展的現代化道路

　　人類社會從農業文明向工業文明轉變的現代化帶來了嚴重的生態環境問題；進入生態文明時代，生態現代化成為現代化的新目標。綠色發展是生態現代化的重要路徑。中國是世界上最大的發展中國家，人口基數龐大，人均資源不足，生態環境較為脆弱。這一基本國情決定了中國只能走綠色發展之路，走“生產發展、生活富裕、生態良好”的文明發展道路。

一、轉變發展方式推進綠色發展

　　轉向綠色發展的現代化道路，需要根據生態現代化的理念改變經濟結構和人的行為模式。在漫長的工業文明時期，資本主義導向下傳統的現代化模式，以“高消費、高浪費”為基本特徵，盲目地擴張資本，追求利潤最大化，使得人與自然的關係不斷惡化，造成了不可調節的社會矛盾以及生態危機。新時代下的社會主要矛盾就包含着生態矛盾。如果不根據社會主義生態文明觀轉變發展方式，可能會影響到人與自然和諧共生現代化建設的最終成效。

　　首先，踐行“綠水青山就是金山銀山”的生態理念。建設人與自然和諧共生現代化的新格局意味着我們要正確認識環境治理與經濟發展之間的關係，形成符合生態文明的生產和生活方式。當前以全球氣候變暖、土地沙漠化以及霧霾極端天氣等為特徵的生態問題已經成為阻礙經濟可持續發展的重要因素，成為影響滿足人民日益增長的美好生活需要的制約因素。因此，在生態文明觀的指導下，不斷推進發展方式的綠色化轉型，將有助於更好地構建人與自然和諧共生現代化的新格局。在工業化的過程中，推進產業結構調整，將現有的生態稟賦轉化為經濟優勢，將綠色技術創新融入生產流程，推進產業可持續發展。在城市化過程中，強化國土空間規劃，減少人類活動對自然空間的佔用，將新發展理念滲入城市建設，推動建設“智慧城市”，打造更加低碳環保的綠色城市。

其次，培育良好的生態文明價值觀，增強生態文明認同感，引領人民自覺參加生態環境治理，形成敬畏自然、尊重自然、順應自然的發展戰略及其實踐。生態文明教育成為現代道德教育的一個重要環節。普及生態文明教育，有助於引導人類改變傳統鋪張浪費、過度消費的行為，摒棄以污染環境、破壞自然等為代價的不可持續的消費方式，倡導人們形成合理消費、綠色消費的可持續消費模式，成為自我嚴格要求的"生態環境守護者"。

　　最後，構建人與自然生命共同體。促進各個國家在生態問題上共擔"有區別"的責任。經濟全球化使得各個國家成為一個有機聯繫的整體，一些國家對於生態環境的破壞必然導致全世界共同承擔自然的報復。生態文明建設不僅需要大國的努力，更需要全球的共同努力。我國致力於共建"生命共同體"，就是希望從中國自身做起，動員更為廣泛的國際力量加入生態文明建設中來，為實現全球綠色可持續發展貢獻"中國智慧"。在具體實施層面上，一方面可以加強中外生態科學的學術交流，並形成一些生態文明、現代化系列研究專著；另一方面，可以考慮加大國際學術交流的資助力度，設立"生態文明國際論壇"、"現代化建設國際論壇"等。

　　轉向綠色發展的現代化道路，最根本的還是生態文明制度建設，用制度保護環境。制度是一個國家得以良好運行的基礎，是各項事業得以成功的保證。建設社會主義現代化強國必須要有定型、成熟、有效的生態文明制度，用制度的權威性、約束性去促進生態問題的解決，嚴厲的制度體系為推進人與自然和諧共生的現代化提供了可靠保障。

　　當前較為突出的生態危機不僅反映了人與自然之間的尖銳矛盾，而且反映了人與人、人與社會之間的激烈衝突。這些問題處理不好，可能會引發更為嚴重的政治危機、社會危機以及制度危機。走適合中國國情的綠色發展道路要推進符合生態文明思想的制度體系現代化，要通過深化生態文明制度體系改革為其提供強大的制度保障，進一步完善和落實系統配套、職責明確、法治導向的生態文明管理和法律制度體系。

　　首先，進一步完善生態文明制度體系。當今世界，環境污染、生態破壞、資源短缺等問題十分突出。完善生態文明制度體系要站在文明永續與社會可持續發展的角度，實現制度體系的科學完備、有效運行。我們黨自成立以來就一直將為人民謀幸福作為初心和使命，生態文明制度體系的建設最終是為人民服務。因此，在推動完善生態文明建設時要問計於民，要堅持人民至上，做到生態惠民、生態利民、生態為民。黨的十八大以來，以習近平同志為核心的黨中央推動全面深化改革，推進生態文明頂層設計和制度體系建設，已經建立起生態文明制度的"四樑八柱"，生態文明體制中的立法、執法以及問責機制也已經初步形成。在推進實現人與自然和諧共生現代化的要求下，在生態領域推進依法治國方略，是推進生態文明建設的客觀需要，對推進人與自然和諧共生生態文明體系制度現代化也尤為重要。

其次，推動生態環境保護法治化。過去，企業為了實現自身不合理的利潤指標，盲目擴大工業生產帶來的環境污染，以及個人不良的生活方式造成的資源浪費，都對生態環境造成了不可逆的傷害。在當時生態環境保護制度不完善的情況下，這些行為沒有得到相應的處罰，導致生態環境進一步惡化。當前，我國生態環境法律法規不斷完善，體系初步形成，但是相對於推進生態環境保護制度現代化的要求，尚有很大的改進空間。因此，必須進一步強化生態治理，嚴格落實國家生態環境法律法規，充分發揮法律的權威性和嚴厲性作用，將法治化融入人與自然和諧共生的現代化建設中，加強對企業的監管，遏制企業對資源的盲目生產和過度開發，對超過污染排放量的企業和肆意破壞生態環境的個人進行嚴格懲罰，形成依法推進人與自然和諧共生現代化建設的良好法治氛圍。

最後，建設科學合理的績效考核機制與環境追究責任制度。要將資源浪費、環境污染、生態效益等能體現人與自然和諧共生現代化建設情況的指標納入新的考核體系，使之成為推進人與自然和諧共生現代化的重要約束力量。過去以"GDP增長"作為主要的政績考核目標，只注重經濟絕對指標增長忽略經濟增長質量的績效考核方式導致了不合理的開墾、發展工業時不注意環保等破壞環境的行為，對生態環境造成了一系列負面的影響，應當予以調整。具體而言，一是調整已有的考核指標權重，使其進一步合理化。在可能的範圍內弱化對經濟指標的考核，同時根據各地不同的生態環境情況，對空氣質量情況、環境保護行動、群眾對於環境的滿意程度賦予相應的權重納入政績考核體系。二是完善並監督執行"生態文明績效評價考核和責任追究制度"，堅持"誰污染、誰治理"的原則，嚴肅處理在任期間的不盡責行為。

二、構建清潔低碳安全高效的新能源體系

我國融入全球產業鏈分工體系後相當長的時間中，憑藉自身的勞動力比較優勢承接發達國家高能耗產業，出口資源密集型的初級產品。與此同時，國內外市場的強勁需求拉動水泥、電解鋁、鋼鐵等高能耗產業迅速擴張，導致我國的工業能耗居高不下。這種依賴化石能源的經濟發展模式造成我國環境承載力直逼上限，成為向綠色發展轉型的短板。在推動實現人與自然和諧共生現代化的要求之下，我國迫切需要構建清潔低碳能源體系，增強中國經濟綠色轉型和實現高質量發展的動力。

轉向綠色發展的現代化道路，需要以清潔低碳的新能源體系作為支撐。黨的十九大報告將"壯大節能環保產業、清潔生產產業、清潔能源產業"，"構建清潔低碳、安全高效的能源體系"作為"加快生態文明體制改革，建設美麗中國"的重要任務之一，對推動新時代中國新能源與綠色發展具有重大的現實意義。

（一）低能耗的現代化

傑里米·里夫金在《第三次工業革命：新經濟模式如何改變世界》一書中指出，實現第三次工業革命最艱難的部分不在於技術而在於觀念的轉變。我國要將低能耗理念貫穿到現代化建設的各個方面，以理念助推行動。

在農業現代化領域，工作重點在於推進秸稈還田、加強散煤治理、開展沼氣工程、開發生物質能，減少農業耗能。發展特色低能耗農業，採用拓展生物增長空間的立體種養模式，減少農業生產對化肥農藥、資源能源消耗的依賴，提高農產品的產出效益。

在工業現代化領域，着力解決煤炭、鋼鐵、電力等資源型產業產能過剩的難題，將煤炭行業的產業升級、電力行業的改造以及新能源開發相結合，提高傳統能源的利用率。擴大風能、太陽能、核能等零碳能源消費的比重，優化太陽能光伏和風電製造業佈局。

在城市現代化領域，為滿足居民日益豐富的優質生態服務需求，要以低能耗為導向改造城市的基建，重點針對城市的交通和建築兩大高能耗部門，重新塑造城市生態系統。在交通方面，推廣新能源交通工具，全面改善交通運輸的用能結構，優化地下空間開發，打造地下綜合管廊，節約城市用地。❶在建築方面，既要採用節能環保型材料，構建高密度住宅格局，也要加快老舊建築的節能改造。

（二）發展新能源產業，加大綠色技術的投入

走綠色可持續發展之路，如期實現碳中和目標，意味着我們要從原來依賴化石能源的發展模式轉變為以新能源體系為支撐的經濟發展模式，即傑里米・里夫金所提到的“第三次工業革命”。里夫金在《第三次工業革命：新經濟模式如何改變世界》一書中，富有遠見地提出了一種新型的經濟發展模式，即將互聯網與可再生能源相結合。這種新型的發展模式有助於化解當前人類所面臨的資源困境，對我國實現綠色可持續發展道路具有重要的啟示意義。

世界上缺乏的不是清潔能源，而是將這些清潔能源收集並儲存起來的技術。以建築行業為例，每一幢建築能夠吸收照射到樓頂的太陽能、牆外的風能、從房子內部排出的污水以及樓房下面的地熱能，可以在保留原有使用功能的同時，成為一個微型發電廠。微型能源企業是否能夠孕育而生，關鍵在於綠色技術的創新，技術創新帶來的能源互聯網、電動汽車、低碳工業園區等新能源消費形式能夠產生較大的外溢效應，而發展新能源產業能夠有效改善我國的能源供給體系，對促進經濟綠色轉型也有着積極的作用。因此未來要加大對光伏發電、風電、生

---

❶ 薄凡、莊貴陽：《“低碳＋”戰略引領新時代綠色轉型發展的方向和路徑》，《企業經濟》2018 年第 1 期。

物質能和核電等清潔能源開發技術的投資以及對儲存可再生能源技術的投資。

依託綠色發展理念形成的新能源產業，是我國乃至世界綠色可持續發展的首要選項，但是新能源的供應多半是間歇式的，具有很大的不確定性。而傳統能源儘管數量有限且會帶來污染，但是長久以來能穩定供給。當前我國以煤炭為主的能源結構在短時間內還無法改變，轉向新能源體系還需要一定的時間，因此要大力推廣傳統能源的清潔利用技術。煤炭清潔化利用、煤電低排放以及油品質量提升等技術改造不但能為傳統能源創造新的發展空間，還能為我國更好地向新能源體系過渡起到很好的緩衝作用。

（三）推進新能源行業制度建設

我國的新能源行業仍處於發展初期，除了必要的綠色技術創新之外還需要進行各方面的制度建設，為其發展奠定良好的制度基礎。

第一，要強化新能源產業的投融資機制建設，即綠色金融。完善和新能源產業相關的金融服務以及資本市場，在擴大銀行業對新能源行業綠色信貸支持的同時，加快設立新能源產業投資基金，實現新能源產業金融支持和新能源投資主體多元化。

第二，由於新能源利用主要是以發電的形式，電力市場體制建設對新能源體系的構建至關重要。在電力體制改革過程中，要建立適應新能源發電的電力系統，大力發展智能電網和電動汽車，將電力輸送網絡轉變成信息能源網絡，實現將自主生產能源通過網絡共享剩餘資源，促進跨區域電力交易，開展新能源發電的輔助服務。

第三，要進一步完善可再生能源發電補貼制度。儘管我國當前對新能源需求迫切，但新能源與常規能源相比，在較長時間內市場競爭力仍然不盡如人意。而我國在新能源補貼方面存在一定的缺口，考慮到內外環境的複雜性，政府對新能源補貼要發揮政策導向作用，優化可再生能源補貼資金來源，保持補貼政策的穩定性。[1]

第四，鑑於化石能源目前仍是我國的基礎能源，因此除了完善新能源體制機制的建設之外，還需要完善並改革煤電等傳統能源體系的管理制度及其市場退出機制，防止企業進行低效率的過度競爭，造成過剩產能，影響新能源市場的構建以及新能源企業的進入。

三、構建生態環境治理體系

轉向綠色發展的現代化道路，還需要積極推動生態環境治理體系現代化。建設現代化的生態環境治理體系是推動綠色發展、建設美麗中國的必然要求。近年來，各地聚焦解決霧霾、"垃圾圍城"、土壤污染、農村環境污染等公眾最關心、反映最強烈的突出環境問題，生態環境得到了很大的改善。單純從數量上來看，中國出台的環境保護法規已經非常完備了，但是未能發揮出最佳效果，主要歸因於社會組織與公眾參與度不高，社會監督機制不健全，缺乏系統全面的生態環境保障體系。因此，在轉向綠色發展的現代化道路上，必須要將生態文明現代化建設過程中已暴露出來的問題作為切入點，更好地走上中國特色的綠色發展之路。

首先，構建政府主導、企業為主體、社會組織和公眾廣泛參與的多元共建共治共享環境治理新格局。政府作為生態環境保護的監管主體，要實現從包攬環境治理到強化共治的轉變；企業是污染製造者，也是治理主體，在實現綠色發展中要着重發揮治理主體作用，為社會監督、推動環境改善提供平台和技術條件；社會組織和公眾要加強環境保護意識，強化自身的環境責任，積極組織開展環保活動，踐行低碳生活理念，彌補政府和企業在生態環境治理過程中的職能缺失，最終形成政府、企業、社會組織和公眾間的良性互動機制，促進環境協同治理。

其次，環境治理能力現代化。不僅需要增加對以綠色技術、智能系統製造為

---

[1]　史丹：《能源轉型與低碳工業化道路》，《理論視野》2017 年第 11 期。

代表的綠色科技革命的投資，建設基於物聯網、大數據、雲計算等現代化生態環境治理的新型基礎設施，扎實推動污水處理、垃圾焚燒、核輻射、溫室氣體減排等重大綠色科技攻關項目，而且需要構建全過程、多層次的環境風險評估和防範體系、生態環境監督檢測體系、環境信息公開制度、生態環境破壞追責機制、綠色信用體系等。❶ 實現生態環境治理中人力、物力、科技、數據以及綠色基建等方面的高效協同，使得生態環境治理手段、治理能力和治理任務相匹配，從而提升生態環境治理能力保障體系的現代化水平，為中國更好地實現綠色發展提供堅實的支撐。

最後，健全完善支持綠色發展的管理和法律體系。生態環境綜合治理能力的提高，需要進一步加強由上而下的資源統籌協調規劃能力，制定適合綠色產業發展的政策，形成權責一致的監管體系。與此同時，還要增強環境保護的執法力度，做到有法必依、執法必嚴、違法必究，對綠色發展施加法律層面的約束，實現綠色發展的規範化。

走適合中國國情的綠色發展道路，要堅持以習近平生態文明思想為代表的社會主義生態文明觀，完善生態文明制度體系，構建清潔低碳安全高效的能源體系，積極推動生態環境治理體系現代化，將綠色發展理念融入社會意識形態。

---

❶ 王育寶、劉鑫磊、胡芳肖：《綠色低碳發展背景下中國特色社會主義現代化環境治理體系構建研究》，《北京工業大學學報（社會科學版）》2021 年第 6 期。

第八章

人的現代化和
社會發展

現代化社會是指人的文明程度高的社會，也就是實現人的現代化的社會。在社會主義中國實現現代化，歸根結底就是要實現人的全面發展，提高人的文明程度，從而實現人的現代化。這是由我國的社會主義性質所決定的。只有實現人的現代化，才能實現"以人民為中心"的社會主義現代化。人的現代化對社會發展和精神文明建設提出了更高的要求。

第一節　人的現代化是現代化的重要目標

中國式現代化離不開人的現代化。人是歷史的創造者，是生產力中最活躍、起主導作用和決定作用的因素，現代化是以滿足人的需要為前提的。對社會主義現代化來說，現代化包含人自身的現代化。人的現代化不僅是現代化的目標，也是推動現代化的重要手段。

一、馬克思的自由人聯合體思想

在馬克思看來，人的自由而全面的發展是未來的共產主義社會的本質和體現。在《共產黨宣言》中，馬克思描述共產主義："是這樣一個聯合體，在那裏，每個人的自由發展是一切人的自由發展的條件。"❶在《資本論》中，馬克思明確指出未來社會的一個重要特徵是人的自由而全面的發展。馬克思對未來社會的人的自由而全面的發展作了如下描述："像野蠻人為了滿足自己的需要，為了維持和再生產自己的生命，必須與自然搏鬥一樣，文明人也必須這樣做；而且在一切社會形式中，在一切可能的生產方式中，他都必須這樣做。這個自然必然性的王國會隨着人的發展而擴大，因為需要會擴大；但是，滿足這種需要的生產力同時也會擴大。這個領域內的自由只能是：社會化的人，聯合起來的生產者，將合理地調節他們和自然之間的物質變換，把它置於他們的共同控制之下，而不讓它作為一種盲目的力量來統治自己；靠消耗最小的力量，在最無愧於和最適合於他們的人類本性的條件下來進行這種物質變換。"❷

關於自由人形成的條件，根據馬克思的分析有四個方面：一是社會生產力高度發展，相應地每個人以及整個社會可自由支配的時間增加。"創造可以自由支

---

❶ 《馬克思恩格斯選集》第 1 卷，人民出版社 1995 年版，第 294 頁。

❷ 〔德〕馬克思：《資本論》第 3 卷，人民出版社 2004 年版，第 928–929 頁。

配的時間，也就是創造產生科學、藝術等等的時間。"❶ 這將為人的自由選擇、發展提供時間保障。如果人們還要把主要的精力和時間用於解決生存問題，還嚴重依賴着自然產物，那麼，自由就只能是一句空話。二是生產資料已歸社會佔有，任何人都不能再通過勞動以外的手段謀得消費資料。三是理論教育與實踐的工藝教育有機地結為一體。因此，"未來教育對所有已滿一定年齡的兒童來說，就是生產勞動同智育和體育相結合，它不僅是提高社會生產的一種方法，而且是造就全面發展的人的惟一方法"。❷ 四是勞動的普遍化。"在勞動強度和勞動生產力已定的情況下，勞動在一切有勞動能力的社會成員之間分配得越平均，一個社會階層把勞動的自然必然性從自身上解脫下來並轉嫁給另一個社會階層的可能性越小，社會工作日中用於物質生產的必要部分就越小，從而用於個人的自由活動，腦力活動和社會活動的時間部分就越大。"❸

自由時間對人的全面發展的基礎性作用表現在以下三個方面。一是自由時間是每個人分享歷史上遺留下來的科學、藝術、交際方式等文化成果，從而發展自由個性的保證。"個性得到自由發展，因此，並不是為了獲得剩餘勞動而縮減必要勞動時間，而是直接把社會必要勞動縮減到最低限度，那時，與此相適應，由於給所有的人騰出了時間和創造了手段，個人會在藝術、科學等等方面得到發展。"❹ 二是自由時間是衡量未來社會財富的重要尺度。馬克思認為，以勞動時間作為財富的尺度表明財富本身還是建立在貧困的基礎上；而當自由時間成為財富增長的決定性因素時，表現為生產和財富的宏大基石的，既不是人本身完成的直接勞動，也不是人從事勞動的時間，而是對人本身的一般生產力的佔有。到那時，衡量財富的價值尺度將由勞動時間轉變為自由時間，增加自由時間"即增加使個人得到充分發展的時間，而個人的充分發展又作為最大的生產力反作用於勞動生產力"。❺ 三是每個人擁有更多的自由時間，從而得到自由而全面的發展是未

❶ 《馬克思恩格斯全集》第 46 卷（上），人民出版社 1979 年版，第 381 頁。
❷ ［德］馬克思：《資本論》第 1 卷，人民出版社 2004 年版，第 556–557 頁。
❸ ［德］馬克思：《資本論》第 1 卷，人民出版社 2004 年版，第 605 頁。
❹ 《馬克思恩格斯全集》第 46 卷（下），人民出版社 1980 年版，第 218–219 頁。
❺ 《馬克思恩格斯全集》第 46 卷（下），人民出版社 1980 年版，第 225 頁。

來理想社會的基本特徵和基本內容。"整個人類的發展，就其超出對人的自然存在直接需要的發展來說，無非是對這種自由時間的運用，並且整個人類發展的前提就是把這種自由時間的運用作為必要的基礎。"❶

馬克思的人的全面發展觀集中體現在未來的理想社會，即共產主義社會的本質是每個人的自由而全面的發展。社會主義現代化尤其重視人的全面發展。現代化最終是由人來推動的，人的素質沒有達到現代水準，也就不可能有現代化。人的素質和能力現代化是人的現代化的基礎。一般來說，人的素質和能力主要包括品質、體質、智能和潛能。馬克思當年所提出的未來社會人的全面發展就涉及這些方面。現代化不能見物不見人。機器設備的先進、高樓大廈的聳立、物質財富的增加只是現代化的"物"的方面。而在實際上，相比物質資本和物質財富，人才資源是第一資源，人力資本是更為重要的現代化資源。因此，在經濟發展的基礎上充分重視社會發展和精神文明，是中國式現代化的應有之義。

二、現代化包含人的現代化內容

美國社會學家英格爾斯在其著作《人的現代化》中，有這樣一個論斷："一個國家，只有當它的人民是現代人，它的國民從心理和行為上都轉變為現代的人格，它的現代政治、經濟和文化管理機構中的工作人員都獲得了某種與現代化發展相適應的現代性，這樣的國家才可真正稱之為現代化的國家。否則……即使經濟已經開始起飛，也不會持續長久。"❷針對 20 世紀 60 年代一些國家的現代化只注重經濟增長，僅以 GDP 來衡量現代化水平，僅僅注重"物的因素"的現代化發展模式，他針鋒相對地提出現代化要注重"人的因素"，強調"人的現代化是國家現代化必不可少的因素。它並不是現代化過程結束後的副產品，而是現代化制度與經濟賴以長期發展並取得成功的先決條件"。❸英格爾斯提出的人的現

---

❶ 《馬克思恩格斯全集》第 47 卷，人民出版社 1979 年版，第 216 頁。

❷ ［美］阿歷克斯・英格爾斯：《人的現代化》，殷陸君編譯，四川人民出版社 1985 年版，第 8 頁。

❸ ［美］阿歷克斯・英格爾斯：《人的現代化》，殷陸君編譯，四川人民出版社 1985 年版，第 8 頁。

代化的 12 條標準——抱負（職業和教育）、可依賴性、變革取向、尊嚴感、效能感、意見增加、信息、新經驗、樂觀主義、特殊主義、計劃性、技能與分配公平，並進一步提煉為現代人的四大“現代性”要素：能接受並包容新事物和變革，不因循守舊；積極參與社會事務；具有鮮明的個人效能；高度獨立自主。當然，個人不是“某個人”或“某些人”，而是“每個人”或“一切人”，起碼是一個國家的絕大多數人。沒有個人素質的現代化，就沒有社會人口素質的現代化，也就沒有國家現代化。這個層面的“人”的現代化主要指人口素質的現代化，包括價值觀、人生觀、世界觀、思想、精神、觀念、知識、品質、素質、能力、思維、心態等現代化。

人的現代化實現程度是衡量社會發展水平的一個重要方面，國際上和學術界有多種評價指標。其中包括教育經費佔國民生產總值的比重，中學生佔 12–17 歲年齡人口的比重，大學生佔 20–24 歲年齡人口的比重，人口自然增長率，平均預期壽命，嬰兒死亡率，平均多少人有一名醫生，等等。

最著名的是聯合國開發計劃署推出的人類發展指數（HDI）。該指數從健康長壽、教育水平以及體面生活三大維度衡量經濟社會發展水平。其中，健康長壽指標，用預期壽命來衡量；教育水平，用成人識字率（2/3 權重）及小學、中學、大學綜合入學率（1/3 權重）共同衡量；生活水平，用實際人均 GDP（購買力平價）來衡量。每個指標設定了最小值和最大值：（1）預期壽命：25 歲和 85 歲。（2）成人識字率：0% 和 100%，為 15 歲以上識字者佔 15 歲以上人口比率。（3）綜合入學率：0% 和 100%，學生人數佔 6 至 21 歲人口比率（依各國教育系統的差異而有所不同）。（4）實際人均 GDP（購買力平價）：100 美元和 40,000 美元。

在 2010–2020 年短短 10 年時間裏，中國的 HDI 指數有了顯著提升。2020 年，中國 HDI 指數達到 0.761，屬“高人類發展指數”[1]，在全球 189 個國家和地

---

❶ 據聯合國開發計劃署於 2010 年 11 月 4 日推出的紀念首份《人類發展報告》發佈二十週年特刊——《2010 年人類發展報告》，0.8 以上為極高人類發展指數、0.7–0.8 為高人類發展指數、0.55–0.7 為中等人類發展指數。

區中排名第 85。預期壽命 76.9 歲，較 2010 年的 74.83 歲有了顯著提高，高於世界平均水平 72.74 歲。15 歲及以上人口的平均受教育年限由 2010 年的 9.08 年提高至 9.91 年。第七次全國人口普查結果顯示，中國具有大學文化程度的人口為 21,836 萬人，每 10 萬人中具有大學文化程度的人數與 2010 年相比，由 8,930 人上升為 15,467 人，比例從 2010 年的 8.9% 上升至 15.5%。所有這些 HDI 指數衡量的中國社會發展水平都明顯高於同等人均 GDP 國家的水準。這是中國式現代化的顯著特徵。

三、人的現代化的內容

人的現代化包括人口結構現代化、人口素質的現代化和人居生活的現代化等多個方面。

人口結構現代化主要是指人在年齡結構、性別結構、城鄉結構、就業結構等方面不斷由傳統的失衡、失調狀態向現代的平衡、合理狀態演進的過程。人的性別結構、年齡結構不斷適應經濟社會發展要求，使之處於某種與現代化進程相契合的優化狀態，可以用出生人口性別比、總人口性別比、65 歲及以上老年人口佔總人口比重、勞動年齡人口佔總人口比重等指標衡量。人口城鄉結構現代化則要求城鄉社會經濟均衡發展、城市化水平與工業化水平相協調、人口數量在城鄉分佈合理，可以用城鎮化率來度量。人口就業結構的變化是人的現代化和經濟社會現代化發展的必然結果，要求勞動力從農業產業向非農產業釋放與轉移，常用測量指標有非農就業人口佔總就業人口比重等。

人的素質現代化是人的現代化的核心。人的素質和能力現代化是人的現代化之基。與人口數量相比，人的素質對經濟社會發展的影響越來越具有決定性作用，是加速地區現代化實現的必要條件，甚至是前提條件。人的素質現代化主要包括人的身體素質現代化、文化素質現代化、思想素質現代化三個方面：在人的身體素質方面，採用出生嬰兒死亡率、出生嬰兒缺陷率等指標來度量；人的文化素質現代化指人口的知識化水平，可以採用每萬人專利授權數、勞動年齡人口平均受教育年限、研究人員數佔總人口比重等指標來反映；人的思想素質現代化程度，可以用社會主義核心價值觀來界定。與此相應，人民在民主、法治、公平、正義、安全、環境等方面的要求日益增長。男女平等也是人的現代化的重要方面，克服重男輕女的陋習是人的現代化的重要內容。

人居生活現代化是指在現代化進程中，隨着經濟迅速發展，基本公共服務保障能力不斷提高、居民生活質量不斷改善的過程，反映的是人與所處環境之間的關係，主要包括經濟生活、社會服務和居住環境三個方面。在經濟生活方面，考慮到現代化的人更注重追求生活的高質量和多樣性，用於滿足基本生活需求的食品支出會隨人均收入的提高而不斷降低，採用恩格爾係數、人均 GDP 作為衡量指標；在社會服務方面，隨着經濟迅速發展，人們也會追求福利和社會保障的高標準與均等化，這一方面的衡量指標可以採用每萬人擁有醫院、衛生院床位數，基本養老保險綜合參保率，基本醫療保險綜合參保率，等等；在居住環境方面，現代化的人往往追求生活的舒適性與環境的優美性，可以採用人均住房面積、人均公園綠地面積等指標來測量。[1] 概括起來就是習近平總書記所指出的："期盼有更好的教育、更穩定的工作、更滿意的收入、更可靠的社會保障、更高水平的醫療衛生服務、更舒適的居住條件、更優美的環境。"[2]

---

[1] 王歡、黃健元：《我國人的現代化指標體系的構建》，《統計與決策》2016 年第 6 期。

[2] 《習近平談治國理政》第 1 卷，外文出版社 2018 年版，第 4 頁。

第二節　人的全面發展和人力資本積累

習近平指出："人，本質上就是文化的人，而不是'物化'的人；是能動的、全面的人，而不是僵化的、'單向度'的人。"[1]中國式現代化要促進人的現代化，着力點在於人的全面發展。這就需要解決人的素質、知識、技能和健康水平如何在現代化中得到提升的問題。

一、人力資本積累和人的全面發展的現代化效應

人的全面發展是馬克思基於"現代工業的技術基礎是革命的"的科學判斷提出來的。他說："現代工業通過機器、化學過程和其他方法，使工人的職能和勞動過程的社會結合不斷地隨着生產的技術基礎發生變革。這樣，它也同樣不斷地使社會內部的分工發生革命，不斷地把大量資本和大批工人從一個生產部門投到另一個生產部門。因此，大工業的本性決定了勞動的變換、職能的更動和工人的全面流動性。"[2]由此，對工人提出的生死攸關的問題是，"用那種把不同社會職能當作互相交替的活動方式的全面發展的個人，來代替只是承擔一種社會局部職能的局部個人"。因而，"工人階級在不可避免地奪取政權之後，將使理論的和實踐的工藝教育在工人學校中佔據應有的位置"。[3]在當下的現代化進程中，正在迅速推進的信息化和智能化，促進了產業基礎高級化。這種革命性的變化不可避免地會導致社會分工、技能要求及相應的就業的全面流動性，由此提出更為緊迫的人的全面發展要求。實現這個要求的途徑就是教育現代化先行，"教育與技術賽跑"，實現人的知識、能力的全面發展和人的才能的全面發揮，以充分應對科技和產業變革導致的勞動職能的不斷變革。

---

❶　習近平：《之江新語》，浙江人民出版社 2007 年版，第 150 頁。

❷　[德] 馬克思：《資本論》第 1 卷，人民出版社 2004 年版，第 560 頁。

❸　[德] 馬克思：《資本論》第 1 卷，人民出版社 2004 年版，第 561–562 頁。

人的全面發展體現在人力資本積累上。人力資本積累有外部效應和內部效應。外部效應是指隨着個人人力資本的積累，其帶來的社會效益是逐漸增加的，且社會效益大於私人效益。內部效應是指提高勞動者自身勞動生產效率與收益，帶來個人收入增長的同時，又增加精神上的滿足，從而在知識、技能、生產效率、精神上促進人的現代化。

　　人力資本積累使物質資本的邊際效率下降的趨勢減緩。人力資本外化為知識或技術形態影響經濟增長，知識與技術具有非競爭性與非排他性，個人知識或技術水平的提高會提升整個社會的知識或技術水平，這在經濟增長中又表現為全要素生產率影響參與生產所有要素的生產效率。托普萊（2006）等研究證實人力資本外部效應的存在，認為高技能勞動力是正外部效應的主要產生者。[1] 20 世紀 80 年代，盧卡斯分析了人力資本積累的意義，認為勞動力質量是經濟增長的主要影響因素，借鑑柯布—道格拉斯生產函數（Cobb-Dauglas Production Function）改進人力資本模型。改進後，人力資本外部效應模型基本假定人力資本的增長率是人們用於積累人力資本的時間比例的線性函數，個人人力資本水平的提高，既能提升自身的生產效率，又能提升整個社會的生產率，將人力資本作為獨立生產要素，所以模型中既反映了人力資本的要素作用，又體現了外部效應，考慮了人力資本要素的所有貢獻。人力資本投資的外部效應通過提高全社會知識、技能、文化、生產率，進而形成人類的現代性，推動人類群體的現代化和一國的現代化。

　　人力資本積累源於人力資本投資，主要包括教育投資和健康投資，關係到全民族知識和健康水平的提升。教育和健康投資均作用於人的知識、技能、身體素質，是實現人的現代化的必要手段。相比物質資本，人才資源才是第一資源，人力資本是重要的現代化資源。高質量發展以高質量人才為支撐，不僅需要培育企業家人力資本，激發和保護企業家精神，還需要培育知識型、技能型、創新型勞動者。

---

[1]　F.Lange & R.Tople, "Coagglomeration and the scale and composition of clusters", *Journal of Political Economy*, 2006, 122(4): 1064-1093.

二、醫療衛生現代化

健康投資關係到人口質量的提升。現代化社會所要滿足的人民美好生活的需要包括人民在體魄、身體素質、健康水平、預期壽命等方面的需求。人力資本的健康投資不僅需要提高醫療水平，還需要提高公共衛生和防疫水平。這就需要政府加大公共醫療衛生及環境改善的資金投入，加強衛生醫療准入制度、衛生監督制度、醫療保障制度等一系列制度建設，加大力度推進生物技術和醫療技術的科技進步，增強城鄉居民抗疾病風險的能力。

人力資本的健康投資能夠提高勞動參與率。從業者擁有健康的身體能顯著增強勞動參與動機，提高勞動參與率，增加勞動者的數量；健康的身體也使勞動者對未來的預期回報更加樂觀與自信，一定程度提高個人對新技術、新裝備、新工藝的興趣，有利於新裝備、新技術的推廣與應用。人力資本的健康投資能夠提高勞動效率。身體條件是勞動效率的重要影響因素，身體素質是擴大再生產的保障，健康的身體是實現現代裝備及技術與人有效結合的重要支撐，健康的從業者使用生產資料（機械裝備、技術應用等）的效率比非健康者更高，直接提高了勞動質量。根據健康投資的要求，加強醫療衛生投資、提高醫療衛生水平是積累人力資本促進人的現代化的重要方面。

三、教育現代化

教育投資具有倍增效應。提高人均受教育年限的一個明顯效果是可以實現個人知識水平的提升；個人受教育程度不同，學習能力、知識消化能力及技術應用能力也不同。人是技術的載體，是技術推廣和應用的主力軍，而技術推廣和應用同勞動者的文化素質密切相關——個人文化素質直接影響其與技術的結合程度，直接影響技術轉化為生產力的效果和速度。技能投資是教育投資的重要方面，可以以職業教育、技能培訓、技術推廣等為手段，以實用技術、職業技能、現代管理等為主要培訓內容，提高從業者技能水平。

人的現代化與人的受教育程度相關。教育現代化在推動實現人的現代化中具有首要地位。就如發展經濟學家森德魯姆所說："現代經濟行為的擴散和人吸收現代技術的能力，並以教育、社會基礎和制度為基礎。根據這個觀點，一個社會，它的成員的教育程度較高，它提供的基礎結構較大，它的經濟制度較好，能鼓勵現代技術的學習與運用，它才能被認為是較發達的社會。"❶ 庫茲涅茨描述現代經濟增長的主要特徵是知識擴展的速度和領域明顯影響經濟增長率和經濟結構。因此知識存量的可傳播性特徵以及一個國家在現代經濟增長過程中對知識的依賴性變得非常明顯。其必然後果是現代教育特別是高等教育在現代化國家的普及。

　　教育現代化的目標之一是培養能夠掌握和發展現代科學技術的勞動者。文盲的減少是一個國家吸收和應用現代知識得到強化的顯著標誌。發達國家中不僅進入高等學校求學的人數急劇上升，而且在高等學校中學習現代專業和新興專業的學生數上升得更快。發達國家的現代化是這樣，追趕發達國家的發展中國家現代化更應該這樣。對發展中國家來說，現代化就是學習和直接利用國際先進技術和知識的過程。經濟發展的初期以減少文盲為目標，而推進現代化則要以普及高等教育為目標。因此，接受過高等教育的人數所佔的人口比例成為現代化的重要指標。

　　發展教育，提高全民族的文化水平，是推動人的現代化的必要過程。基於人的現代化目標及教育在現代化中的地位和作用，教育要先於其他方面實現現代化。教育現代化不僅表現為接受教育的年限尤其是高等教育的普及率，而且也表現為教育質量的提高。現代化的第一資源是人才，高質量人才培養需要高質量的教育。因此教育現代化要落實到提高教育質量上。現代化國家教育現代化的重要標誌是大學的現代水準和能力。一是具有跟蹤並掌握最新現代科學技術的能力和機制；二是具有培養創新型人才的能力和機制；三是具有同企業進行產學研協同

---

❶　[英] R.M. 森德魯姆：《發展經濟學：分析和政策的框架》，轉引自 [澳] 海因茨·沃爾夫岡·阿恩特《經濟發展思想史》，唐宇華、吳良健譯，商務印書館 1999 年版，第 201 頁。

創新、推動現代科技成果轉化的能力和機制；四是具有弘揚民族文化、吸納世界先進文化、實現文化傳承創新的能力和機制。

教育以及教育現代化的所有目標歸根結底是，通過現代人的培養和現代人的貢獻來實現的。教育要使所有的人得到充分、自由的發展，教育應促進人的個性發展，教育要培養人的科學精神、民主精神、人文精神、批判性思維、法治思維、創新思維及能力等，這些都是現代人培養的最基本要求。要讓實現人的現代化在現代化教育強國建設中始終處於支配性的地位，須從兩個方面作出根本性轉變。一是公平觀。將受教育權作為一項人權應當樹立一個基本信念，那就是只要有公平的機會和足夠的資源，每一個孩子都能通過學習成為對家庭和社會有用的人。二是質量觀。通過課程、教學及考試評價制度等方面的改革提高教育質量。這兩大轉變應充分地體現在現代化建設中。

對我國這樣的發展中大國來說，教育現代化需要推進優質教育資源的均衡配置，從而實現教育公平。我國教育的地區差別和城鄉差別突出表現在優質教育資源配置不均衡，特別是中西部貧困地區與東部經濟發達地區、城市與鄉村之間教育資源存在較大差距。教育屬基本公共服務，居民有平等享受的權利。因此社會主義公平正義要求優質教育資源在地區之間、城鄉之間均等化配置，這也是教育現代化的基本目標。

現代化以科技創新為重要特徵，知識創新和技術進步日新月異，教育現代化不能僅限於在校教育，還需要推進勞動者在職培訓之類的終身教育機制建設。現代社會的人應處在一個連續不斷的教育過程中，終身學習，不斷更新自己的知識結構。教育要在社會成員需要學習的時候給他們提供受教育的機會。與在校教育不同，在職教育主要是提供專業知識與技能的教育和培訓，包括各類技術的培訓和管理的培訓。其意義有兩個方面，一方面，這是一種人力資本投資。專業化的知識技能和人力資本積累可以產生遞增的收益，並使其他投入收益及總規模收益遞增。另一方面，這是一種長期性投資。從事不同崗位工作的勞動者和管理者能夠不斷地適應不斷進步的新科技的發展和應用。

對存在二元結構的我國來說，還有個教育農民的問題。佔我國總人口相當大比例的農村人口由於歷史原因，文化教育水平總體較低，這是我國農業現代化的困難所在。現代化需要的是有較高文化水平的新農民，這就需要對農民進行人力資本投資。對農民，除了要加強現代農業知識與農業技能教育、提高農業的現代化水平外，還要針對他們作為現代產業後備軍的特點，加強科學、技術知識教育，以便為其未來身份的轉化做好準備。同時也要引導有較高文化水平的城市居民進入農村，從事新農村建設，大力推進鄉村振興。

人才是第一資源，教育要率先基本實現現代化。我國的現代化進程需要堅持教育優先發展，促進教育公平。大力實施科教興國戰略和人才強國戰略，全面實施素質教育，深化教育改革，提高教育質量，建設現代國民教育體系和終身教育體系，保障人民享有接受良好教育的機會，在更高的水平上，促進我國經濟社會的全面、協調和可持續發展。

第三節　物質文明和精神文明相協調

人的現代化涉及人的文明程度的提升，不僅涉及物質文明還涉及精神文明。這就需要在經濟、政治、文化、社會、生態全面協調建設發展的基礎上，促進人的全面發展。精神文明建設突出反映在社會建設上，尤其是科學文化的現代化。現代化的中國，不僅要成為經濟強國，還要成為科技強國、文化強國。

一、"五位一體"的現代化佈局

中國式現代化的重要方面是人的現代化。中國社會主義現代化是經濟、政治、文化、社會和生態文明"五位一體"的全面現代化。其中，人的現代化是關鍵因素，不僅是中國現代化的目標和價值取向，還是實現中國現代化的先決條件。

根據羅斯托的經濟成長階段論，現代化的重要標誌是進入追求生活質量階段：涉及自然（居民生活環境的美化和淨化）和社會（教育、衛生保健、交通、生活服務、社會風尚、社會秩序）兩個方面。與此相應，一方面，與醫療、教育、文化娛樂、旅遊有關的服務部門加速發展，成為主導部門；另一方面，需要認真處理和解決環境污染、城市交通擁擠和人口過密等問題。這些方面就成為與現代化相適應的社會發展的重要內容。

中國式現代化尤其關注人民日益增長的美好生活需要，主要涉及經濟、政治、文化、社會和生態文明五個方面。經濟現代化也就是物質文明建設，要求最大限度滿足人民日益增長的物質需求。這方面本書已有較為充分的闡述，這裏着重分析另外四個方面的現代化要求。

政治建設的基本要求是，使我們的制度安排更好體現社會主義公平正義原則，更加有利於實現好、維護好、發展好最廣大人民根本利益。營造公平正義、民主法治等各方面良好的政治生態，使人民生活得更有尊嚴。

文化建設的基本要求是，弘揚社會主義核心價值觀，弘揚以愛國主義為核心的民族精神和以改革創新為核心的時代精神，不斷增強全黨全國各族人民的精神力量。繁榮和發展社會主義先進文化，充分滿足人民的精神文化需求，培育和踐行社會主義核心價值觀，不斷提高人民的精神生活質量。

社會建設的基本要求是，保證人民平等參與、平等發展權利，維護社會公平正義，在學有所教、勞有所得、病有所醫、老有所養、住有所居上持續取得進展，不斷實現好、維護好、發展好最廣大人民根本利益，使發展成果更多更公平惠及全體人民，在經濟社會不斷發展的基礎上，朝着共同富裕方向穩步前進。

生態文明建設的基本要求是，人與自然和諧共生，建設美麗中國。建設生態文明，關係人民福祉，關乎民族未來。

全面落實經濟建設、政治建設、文化建設、社會建設、生態文明建設"五位一體"總體佈局，體現了創造美好生活與促進人的全面發展具有內在的統一性，實質在於以社會的全面發展實現人的全面發展。實現物質文明和精神文明相協調，特別強調要着力解決好發展不平衡問題，在社會發展方面補短板，加快推進科學和文化的現代化。科學現代化建設將在創新驅動部分詳細闡述，這裏突出研究文化強國建設。

二、文化現代化

文化現代化是精神文明建設的主要方面。文化發展水平不只影響人的現代化水平，同時也影響一個國家和地區的軟實力。不能設想一個國家和地區經濟上達到現代化後還是文化的沙漠，也不能設想一個物質上富有但精神上空虛的人會成為現代人。中國的現代化不只表現在經濟上進入世界強國之列，還表現在文化上也進入世界強國之列。因此，隨着經濟現代化的推進，文化發展越來越成為現代化的重點領域。我國有五千年的文化底蘊和積澱，有條件在保持傳統文化優勢的基礎上，高起點發展體現時代和科技特徵的新興文化。

文化的現代化在一定程度上指的是文化的開放性和包容性，不排斥世界文化的進入。中國人積極參與奧運會、世界盃等國際賽事和世博會等國際性展覽都可以看作推進文化現代化的重要路徑。文化的國際交流可以看作文化現代化的重要方面，人們可以在文化交流中了解世界；更為重要的是，使世界了解和認同中國的現代化。

但是，經濟現代化與文化現代化是有區別的。經濟現代化有個追趕發達國家的問題，文化現代化就不完全是追趕發達國家，更不是文化的西化。文化產品不同於物質產品，它不僅有一個先進和落後的問題，還有個方向問題。一種文化可能繁榮一個民族，也可能毀滅一個民族。文化實際上是一種價值觀、道德觀。我國的現代化絕不是要在文化上都仿效西方發達國家。現在西方許多批評後現代的論著都是針對其文化而言的，包括精神的空虛、道德的淪喪、誠信的缺失等。這類文化絕不是現代化的目標。

我國文化現代化的重要目標是中華民族的先進文化——包括傳統的和現代的文化——進入世界，得到世界的認同，也就是民族的文化成為世界的文化。因此現代化的文化的傳承和創新都要明確國家和民族的主流價值觀念、思想意識和行為方式。這既關係到國家和民族的認同，也關係到國家和民族的凝聚力和社會的風尚。當然，中國文化中也有必須拋棄的糟粕，也有阻礙現代化的觀念，如因循守舊、不求進取的文化。這些文化不是中國的主流文化，應該在文化現代化進程中加以克服。

文化現代化更重要的是保持價值觀的先進性。我國推進的文化現代化首先是要培育和踐行社會主義核心價值觀，我國現在所明確的中國特色社會主義理論體系和社會主義核心價值體系就是主流的思想意識和價值觀念。它將滲透到文化傳承和創新的方方面面。在共同遵守的社會主義核心價值觀基礎上形成文化認同和自信，需要以社會主義核心價值觀為標準弘揚中國幾千年來所形成的優秀傳統文化，同時積極吸納世界先進文化。文化現代化的目標是，在中國進入現代化社會時，中國人借由優秀文化所體現的民族性仍能得到彰顯，並走向世界。

在現代化的進程中，人民群眾在物質生活需要得到滿足的同時，對精神生活的需要也在日益增長。滿足人民群眾不斷增長的精神生活需要也就成為文化現代化的重要方面。與此相關的文化供給主要涉及三個方面：一是獲取文化信息的現代化信息系統，如現代化的網絡和數字媒體。正因為如此，許多地方把上網人數列入現代化的評價指標。二是群眾參與並享用的文化設施的現代化。除了傳統的劇場、影院、圖書館、文化館等文化設施的現代化升級外，利用網絡傳輸的各種文化設施的現代化要求更高。三是滿足各種文化層次消費需求的各級各類作品豐富多彩，從而形成消費者對自身文化的認同。

文化不僅是體現意識形態的事業，也是與經濟現代化相伴的文化產業。文化的現代化水平很大程度體現在文化產業的現代化水平上。健康向上的文化產品進入文化市場，是擁有廣泛的市場的。文化只有不斷創新才能贏得市場。傳統的優秀文化是靠創新來傳承的。一個民族如果沒有創新能力，就不可能保存自己的傳統文化；一個民族的傳統文化如果不加以創新，就不可能有長久的生命力。文化產業所進行的創新實際上就是以創意為核心。有創意就有創新。如果把文化資源和創意結合起來，就能產生文化產品的競爭力。發展文化產業需要明確文化產品的高附加值。文化產品的高附加值體現在高新技術和文化產品生產的結合上。科技和文化交相輝映，就能推動文化產業的現代化。顯然，文化產品如果脫離各種高科技的應用，就很難有高附加值，也就很難不斷地創新。從一定意義上說，傳統文化的傳承很大程度上需要高科技的支撐。總而言之，文化產業的現代化要在明確方向（政治方向和市場導向）和主流價值觀的前提下，靠創意傳承和創新文化，靠科技支撐產業發展。

文化現代化的一個重要方面是中國文化產品走出去進入世界。以美國為代表的西方發達國家依靠其高科技和創意把其影視作品、體育品牌、書刊及各種文化形象向世界傳播。不僅產生了良好的經濟價值——其文化產品出口佔據很大的出口份額，而且達到了向全世界推行價值觀的目的。這對我國文化現代化既可構成挑戰，又可成為借鑑。我國推進現代化也需要利用各種現代技術手段通過各種文化載體將自己的文化推向世界，傳播中國優秀的傳統文化和現代文化，充分展示自己的軟實力。

三、社會主義核心價值觀建設

文化現代化最終是要解決人的價值觀問題。正因為現代化是人來推動的，人的觀念現代化就成為現代化的關鍵。人的思維和觀念達到現代化水準，才能適應和推動現代技術和現代化社會發展。這就是諾貝爾經濟學獎得主米爾達爾所指出的："測驗一個國家的先進程度，就看它利用現代技術到什麼程度。現代技術不是得到和使用一種工具問題。現代技術跟隨現代思想而出現。你不能以古代的思想去掌握現代的工具。"● 在現代社會條件下，人只有全面提高自身素質，全面發展各種能力，才能適應複雜多變的社會發展。人的現代化既要內化於心，又要外化於行，即行為方式的現代化。觀念現代化是指人的心理態度和價值觀念從傳統向現代轉化，是人的現代化的靈魂，它主要包括人的價值觀念、精神態度、思想意識、思維方式等方面的現代化。例如推進現代化需要衝破思想觀念的障礙、突破利益固化的藩籬；需要反對故步自封的愚頑意識，反對不思進取的行為準則；需要突破在低收入發展階段的發展理念，尤其是要對社會主義現代化的目標和路徑形成共識和認同。

觀念現代化突出的特點是根據新發展理念轉變發展的理念。其中包括由單純追求 GDP 的增長轉向追求經濟、社會、政治和文化的全面協調發展。過去的發展理念是戰勝自然、掠奪自然，中國式現代化則需要樹立尊重自然、順應自然、保護自然的生態文明理念。

公民道德建設是中國式現代化的重要內容。人的現代化的最終目標是成為現代人。社會主義現代化所要求的現代人的標準，可以用社會主義核心價值觀來界定：一是對社會主義現代化樹立富強、民主、文明、和諧的價值目標；二是在社會層面上明確自由、平等、公正、法治的價值取向；三是參與社會主義現代化建設的個人要明確愛國、敬業、誠信、友善的價值準則。

● [瑞典] G. 米爾達爾：《亞洲戲劇》，轉引自 [澳] 海因茨·沃爾夫岡·阿恩特：《經濟發展思想史》，唐宇華、吳良健譯，商務印書館 1999 年版，第 199 頁。

需要特別強調的是，人的現代化的法治調節。實踐證明，道德規範與法治是相輔相成的。在嚴明的法治下，遵守公民道德就成為公民的自覺行為。

第九章

中國式現代化道路
的拓展

"方向決定道路，道路決定命運。"黨的十九屆六中全會通過的《中共中央關於黨的百年奮鬥重大成就和歷史經驗的決議》總結的黨的百年奮鬥的重大成就之一是"黨領導人民成功走出中國式現代化道路，創造了人類文明新形態，拓展了發展中國家走向現代化的途徑，給世界上那些既希望加快發展又希望保持自身獨立性的國家和民族提供了全新選擇"。中國式現代化道路，不同於西方發達國家所走過的現代化道路，現代化形態體現現代文明。這是中國共產黨帶領中國人民的偉大創造。中國推進的現代化不僅要符合現代化的一般規律，更要體現進入新時代後中國特色社會主義的要求，正如習近平總書記在 2022 年 7 月 26 日省部級主要領導幹部專題研討班開班式上的重要講話中所指出的："我們推進的現代化，是中國共產黨領導的社會主義現代化，必須堅持以中國式現代化推進中華民族偉大復興，既不走封閉僵化的老路，也不走改旗易幟的邪路，堅持把國家和民族發展放在自己力量的基點上、把中國發展進步的命運牢牢掌握在自己手中。"

第一節　分階段推進現代化

在發展中大國推進現代化，不能一蹴而就，需要分階段推進。這是中國式現代化道路的重要表現。其內容不僅包括鄧小平當年提出的"三步走"發展戰略，還包括後來提出的"兩個一百年"奮鬥目標，以及開啟現代化新征程後習近平總書記提出的全面建設社會主義現代化國家的"兩個十五年"戰略安排——通過兩個階段性規劃到21世紀中葉建成社會主義現代化強國，是對於新時代新的歷史方位的新審視。

一、從全面建成小康社會轉向基本實現現代化

1979年12月6日，在回答日本首相大平正芳關於中國將來會是什麼樣的情況，整個現代化的藍圖是如何構思的問題時，鄧小平提出小康社會概念說明了中國式現代化："我們要實現的四個現代化，是中國式的四個現代化。我們的四個現代化的概念，不是像你們那樣的現代化的概念，而是'小康之家'。到本世紀末，中國的四個現代化即使達到了某種目標，我們的國民生產總值人均水平也還是很低的。要達到第三世界中比較富裕一點的國家的水平，比如國民生產總值人均1,000美元，也還得付出很大的努力。就算達到那樣的水平，同西方來比，也還是落後的。所以，我只能說，中國到那時也還是一個小康的狀態。當然，比現在畢竟要好得多了。到了那個時候，我們有可能對第三世界的貧窮國家提供更多一點的幫助。"❶

全面小康社會上承溫飽社會，下啟基本實現現代化，是社會主義初級階段中一個人民豐衣足食、生活較為富裕的歷史時期。全面小康是初步現代化，是實現現代化的第一個階段；基本實現現代化是中度現代化，是實現現代化的第二個階

---

❶《鄧小平文選》第2卷，人民出版社1994年版，第237頁。

段。鄧小平在"三步走"發展戰略中指出，基本實現現代化時，一是人均國民生產總值（人均 GDP）達到中等發達國家水平，二是人民生活由小康轉向比較富裕。

2021 年 7 月 1 日，習近平總書記在慶祝中國共產黨成立 100 週年大會上莊嚴宣告："經過全黨全國各族人民持續奮鬥，我們實現了第一個百年奮鬥目標，在中華大地上全面建成了小康社會，歷史性地解決了絕對貧困問題，正在意氣風發向着全面建成社會主義現代化強國的第二個百年奮鬥目標邁進。"

全面小康與基本實現現代化是中國式現代化建設過程中互相聯繫、前後銜接、由低到高的兩個不同的發展階段。基本實現現代化是在全面小康基礎上提出的更新更高更強的奮鬥目標。人均 GDP 達到中等發達國家水平是基本實現現代化的基礎。基本實現現代化不是簡單延續全面小康社會建設的要求。相對於全面小康社會，現代化不是數量上的簡單擴大，而是質的飛躍和提升。對社會發展來說，人的現代化要求的實現在全面小康階段不可能成為重點，而在基本實現現代化階段卻越來越重要。

全面小康社會建設着重發展經濟和提高效率，但在經濟上達到全面小康水平的同時，往往也伴有收入差距擴大和環境生態遭到破壞等負面效應，由此產生"中等收入陷阱"的威脅。基本實現現代化就是要針對這些負面效應進行重點突破，以公平性發展跨越"中等收入陷阱"階段。因此，與全面小康相比，基本實現現代化不僅僅表現為經濟發展水平的進一步提升，而且要更加強調以人為本和人民的幸福，更加強調經濟社會的協調發展，更加強調物質文明、精神文明、政治文明、生態文明和社會文明的全面協調。

比較現代化和全面小康社會建設的指標體系，可以發現由小康社會建設轉向現代化，有些是小康指標的延伸和擴大，如人均 GDP、人均收入等；有些是質的改變，如產業結構的根本性轉變、環境質量根本改善等；有些則是小康社會沒有提出而在現代化階段提出的要求，如人的現代化要求。從這個意義上說，對小康社會建設和現代化建設作出階段區分是必要的。全面小康有中國特色，現代化不僅有中國特色還有國際標準。所謂現代化的國際標準，大致的核心指標涉及人均 GDP 達到中等發達國家水平、高科技化、克服城鄉二元結構、普及高等教育、較強的科技創新能力以及良好的生態環境等。在這裏，雖然基本實現現代化仍然有對人均 GDP 的要求，但已不再將其視作根本性的衡量指標。對社會主義現代化來說，無論哪個現代化指標都要以人民的富裕幸福作為出發點和落腳點。

二、由追趕型現代化逐步轉向趕超型現代化

"現代化"並非新名詞。長期以來，發達國家現代增長的歷史進程被作為現代化的樣板；與此相對應，現代化意指經濟文化相對落後的發展中國家追趕先行現代化國家的過程，即追趕型現代化。如此，就有了將中等發達國家和高等發達國家分別作為基本實現現代化和全面實現現代化的追趕目標之說。進入新時代的中國式現代化不能停留在追趕意義上，最終目標定位是趕超發達國家，這是由中國式現代化進入新時代的特殊國情和社會主義目標決定的。新時代社會生產力水平基礎穩固。正如黨的十九大報告所說，我國社會生產力水平總體上顯著提高，社會生產能力在很多方面進入世界前列。在這樣的生產力基礎上推進現代化，不是簡單地跟在發達國家後面亦步亦趨，而是要確立由追趕到趕超的目標和戰略。雖然我國基本實現現代化階段設定的目標是人均 GDP 達到中等發達國家水平，具有追趕性質，但建成富強民主文明和諧美麗的社會主義現代化強國這個目標顯然超過了發達資本主義國家的現代化水準。這就是鄧小平在談及"三步走"發展戰略所說的："要證明社會主義真正優越於資本主義，要看第三步。"[1] 這第三步就是趕超。

無論是追趕還是趕超，都是發展社會生產力的問題。迄今為止，進入現代化階段的國家都是資本主義國家，還沒有哪個社會主義國家達到現代化水平。在此背景下，社會主義國家要建立自己的物質基礎，就需要着力發展社會生產力，使之達到並超過資本主義國家的水平。也正是在這一意義上，鄧小平提出社會主義

---

[1] 《鄧小平文選》第 3 卷，人民出版社 1993 年版，第 227 頁。

就是解放和發展社會生產力。顯然，追趕發達國家的現代化，是社會主義的應有之義。

從現代化角度講，發展的生產力是先進生產力，也就是建立在現代科學技術基礎上的生產力。其實，先進社會生產力是動態的概念。就像馬克思所說的，現代工業的技術基礎是革命的。現在我國達到的生產力水平已經大大超過馬克思當年所處的資本主義國家的水平，但仍然不能說我國現代化的物質基礎已經建立起來了，原因是發達的資本主義國家依賴其先行優勢，不斷地創新技術、創新產業，其生產力達到了更高的水平。中國式現代化，應該以現階段發達國家所達到的生產力水平作為先進社會生產力的參照系。一百多年前講先進社會生產力是機器大工業，現在則是以信息化數字化為代表的新興的高科技產業和綠色產業。

由追趕型轉向趕超型關鍵在科技先行實現現代化。改革開放以來，我國通過模仿和引進跟蹤世界科技，明顯縮短了與發達國家的科技差距。推進中國式現代化需要在更多領域並跑、領跑。所謂並跑，是指與國際接軌。所謂領跑，是指與未來接軌，直接瞄準國際最新技術取得突破性進展，成為某個領域的領跑者。由跟跑轉向並跑和領跑，不僅體現中國科技的自立自強，而且體現科學技術現代化由追趕轉向趕超。正因為如此，黨的十九屆五中全會明確基本實現現代化的一個重要指標是進入創新型國家前列。進入前列就意味着趕超發達國家的科技。科技的趕超是最終實現現代化趕超的先導。只有這樣，才能真正實現在 21 世紀中葉建成社會主義現代化強國的目標。

黨的十九大報告中對於新時代現代化的時間點和路線圖給出了詳盡的描繪。其中，我國現代化的遠景目標是最終建成 "富強民主文明和諧美麗的社會主義現代化強國"。對於我國所追求並將最終實現的社會主義現代化展望則在於，伴隨着政治、物質、精神、生態、社會五大領域文明程度的提升，中國將成為綜合國力和國際影響力領先的國家，此時國家在治理能力和體系上更加現代化，人民實現共同富裕，享有更加幸福安康的生活。

第二節　工業化、信息化、城鎮化、農業現代化同步推進

對中國式現代化道路的特點，習近平總書記有過這樣一段論述："我國現代化同西方發達國家有很大不同。西方發達國家是一個'串聯式'的發展過程，工業化、城鎮化、農業現代化、信息化順序發展，發展到目前水平用了二百多年時間。我們要後來居上，把'失去的二百年'找回來，決定了我國發展必然是一個'並聯式'的過程，工業化、信息化、城鎮化、農業現代化是疊加發展的。"[1] 就是說，西方國家的現代化是先工業化，經過工業掠奪農業的過程再到其他方面的現代化，整整花了二百多年的時間。我國和發達國家現代化進程的共同點在於都是以工業化為先導，但我國工業化和其他方面的現代化進程是同步的、並聯式的，因而可以大大縮短這個過程。

一、工業化與城鎮化、農業現代化同步推進

工業化和城鎮化是農業國實現現代化的必經過程，西方發達國家的現代化是由二百多年前的工業化起步的，其工業化以剝奪農民為代價。如馬克思所說，使彙集在各大中心的城市人口越來越佔優勢，其後果是農業和農村的凋敝，"人和土地之間的物質變換"[2] 被破壞。它們是在實現工業化以後再來逐步解決農業農村問題，因而其整體的現代化需要漫長的過程。

我國要想實現二元結構現代化，既要加快推進工業化，又要改變農業農村落後面貌。改變"三農"的落後狀態是從農村改革開始的。推進以農民家庭聯產承包責任制為主要內容的改革，調動了農民的生產和經營積極性，提高了勞動生產

---

[1] 《習近平關於社會主義經濟建設論述摘編》，中央文獻出版社 2017 年版，第 159 頁。
[2] ［德］馬克思：《資本論》第 1 卷，人民出版社 2004 年版，第 579 頁。

率，農業勞動力出現剩餘。隨着農村鄉鎮企業異軍突起，在農村開始了推進工業化進程。農村工業化，不只是發展工業，同時吸納農業剩餘勞動力。或者在農村、城鎮開辦工廠、企業，或者以鄉鎮工業為基地新建城鎮。從農業中轉移出來的勞動力進入城鎮的非農產業就業，創造了中國特色的城鎮化道路。工業化同城鎮化同步推進，反哺農業，沒有出現農業和農村凋敝的現象。

隨着中國融入經濟全球化，大舉引進外商直接投資，不僅企業與外商合資合作的規模擴大，而且產品和技術不斷升級。中國的工業品進入國際市場，中國的工業化也進入新階段。中國有了"世界工廠"之稱。這一過程對城鎮化的帶動作用也非常明顯。首先，吸引外資的開發區基本上都是建在當時的農村，推動了地域的城鎮化。其次，隨着開放地區及城市工業的迅猛發展，勞動力需求也迅速增大，離土不離鄉的農業剩餘勞動力開始離土又離鄉進入沿海和發達地區，開始了城鎮化進程。最後，在城鎮的鄉鎮企業也在與外商合資合作及改制過程中脫去"鄉鎮"的外衣。這是中國特色工業化、城鎮化道路。實踐證明，這條道路符合中國國情，不但加快了工業化和城鎮化的進程，中國迅速由農業大國轉變為新興的工業國家，而且帶動了農業和農村的發展。

二、工業化同信息化融合發展

各個經濟時代的區別，不在於生產什麼，而在於怎樣生產，用什麼勞動資料生產。在 20 世紀自然科學理論最新突破的基礎上發展了信息技術、生物技術、新材料技術、新能源技術、空間技術和海洋技術，出現了以微電子技術、生物工程技術、新型材料技術為標誌的新技術革命，簡稱信息化。中國大規模推進工業化時正逢新科技和產業革命。中國的工業化雖然起步較晚，但在工業化還沒有完成時就趕上了信息化的浪潮。在此背景下，我國的現代化緊緊抓住了信息化的機會，不走西方國家先工業化、後信息化的老路。工業現代化同信息化融合，以信息化推動工業化，使許多產業的技術基礎發生革命性變化。例如，一般的工業化都會經歷重化工業階段，這個階段具有高消耗高污染的特徵。信息化則可能跨越這個高消耗高污染的階段。不僅如此,現階段的信息化已經發展到移動互聯網的廣泛應用階段,依託互聯網平台和數字技術不僅創造了新產業,而且使許多傳統產業部門一躍進入現代產業體系。我國製造業水平與發達國家的差距明顯縮小,很大程度上要歸功於信息化的帶動。

三、新時代的"四化同步"

實踐已經證明,"並聯式"的"四化"(即"四化同步")在中國大地上取得了成功。2021 年,第一、二、三產業增加值佔 GDP 比重分別為 7.3%、39.4% 和 53.3%,城鎮化率也達到 64.72%。[1] 這意味着我國以降低傳統農業部門比重為標誌的工業化、農民進城意義上的城鎮化均已基本到位。現代化水準即發展水平,這個水準是動態的,處於什麼階段提什麼樣的現代化水準。新時代推進的現代化需要繼續堅持走"四化同步"的道路,但必須準確把握工業化、信息化、城鎮化、農業現代化在新時代的新內容,新型工業化、信息化、城鎮化和農業現代化這"四化"不是孤立的,而是相互融合、相互促進的。

首先是突出信息化為各個領域的現代化賦能。新時代推進的現代化需要抓住信息化的發展機遇,信息是科技更新最快的領域。如今,以信息化為代表的科技和產業革命仍在持續,智能化、大數據、雲計算、物聯網等新技術不斷湧現。中國式現代化要加快推進信息化的現代化,在信息化上進入世界前列。信息化進入數字化階段,涉及數字產業化和產業數字化兩個方面。信息化和數字化成為各個產業高級化的基礎。就工業來說,經典的現代化理論曾經把高度發達的工業社會作為實現現代化的主要標誌。新時代工業化的任務不是進一步提高工業比重,而是更加突出工業現代化。在保持製造業比重基本穩定基礎上推進的工業現代化,突出表現在三個方面:一是製造業基礎高級化,加快發展先進製造業,建設製造強國;二是推進低消耗、低排放的工業綠色化,如期實現國家的碳達峰、碳中和

---

[1] 以上數據源自國家統計局《中華人民共和國 2021 年國民經濟和社會發展統計公報》。

目標；三是圍繞產業鏈部署創新鏈，推進產業鏈現代化。所有這些都離不開信息化的支撐。我國不僅要在現有產業中採用信息化數字化高科技，而且要直接發展一部分高科技產業，如微電子產業、信息產業、生物工程產業、新材料產業等，利用信息技術圍繞工業產品研發設計、流程控制、企業管理、市場營銷等環節，提升自動化、智能化和管理現代化水平。

其次是農業現代化與城鎮化的融合和互動。農業、農村和農民現代化都離不開城鎮化的支持。與農業的弱勢產業地位相一致，無論是基礎設施，還是教育、文化和醫療設施，廣大而又分散的鄉村都處於落後狀態，農民在鄉村享受不到城市人享受的現代生活方式和文明。鄉村振興要求農村生活和居住環境的現代化，農民現代化的主要內容是人的城鎮化，不僅要加快農業轉移人口市民化，還要進一步解決農民不進入城市就能享受平等的市民權利的問題。實踐證明，城鎮化水平不高，鄉村振興不了。這就提出城鄉發展一體化並且深度融合的要求。推進以人為核心的新型城鎮化引出兩個方面的現代化問題。一是城鎮城市化。就像當年城鎮消化農業剩餘勞動力一樣，當今城鎮承擔着農業轉移人口市民化和農民市民化的雙重重任。為此，需要增強城鎮的城市功能，特別是需要在城鎮均等提供基本公共服務，使轉移人口和農民在城鎮就能享受市民權利，滿足包括農民在內的轉移人口市民化的需求。二是城市現代化。城市是現代化的中心和策源地。城市現代化水平越高，周邊農村區域的城鎮和鄉村的現代化水平越高。城市現代化不是單純的經濟發展，而是產、城、文化、生態的融合發展。在城市現代化基礎上，推動城市發展的勢頭和要素"化"到農村，相應的制度安排是建立健全城鄉融合發展體制機制，實現城鄉一體的現代化。

最後是以"四化同步"的理念推動現代化。具體地說，用新型工業現代化理念來謀劃現代農業發展，促進工業與農業的產業對接；用城鎮現代化來消解二元體制張力，促進城鄉協調融合發展；利用信息化成果，改造傳統產業，由此大大健全現代化的能力體系，降低現代化的成本，縮短現代化的進程。

第三節　供給側結構性改革和現代化經濟體系

習近平總書記從調節經濟發展方式的角度指出："需求側管理，重在解決總量性問題，注重短期調控，主要是通過調節稅收、財政支出、貨幣信貸等來刺激或抑制需求，進而推動經濟增長。供給側管理，重在解決結構性問題，注重激發經濟增長動力。"[1] 顯然，供給側調節注重長期發展，是實現高質量發展的有效調控方式。與一般調整生產關係的改革不同，供給側結構性改革是要解決發展本身的問題。"供給側結構性改革，說到底最終目的是滿足需求，主攻方向是提高供給質量，根本途徑是深化改革。"[2] 在慶祝改革開放 40 週年大會上，習近平總書記再次明確 "我們要堅持以供給側結構性改革為主線"。可見，供給側結構性改革是我國長期的改革任務。從現代化角度講，供給側改革，一是解決結構性問題，二是培育新動能。

一、供給側培育發展新動能

實體經濟是一國經濟的立身之本、財富之源。實現供給側結構性改革目標還是需要實體經濟發力，需要加大對實體經濟的支持，在實體經濟領域培育發展的新動能，在高質量發展中增強實體經濟企業的盈利能力。一是提高供給體系的質量和效率，也就是習近平總書記所指出的 "優化現有生產要素配置和組合，提高生產要素利用水平，促進全要素生產率提高，不斷增強經濟內生增長動力"。[3] 習近平總書記形象地用加減乘除法來說明結構調整的路徑："加法就是發現和培育新增長點，減法就是壓縮落後產能、化解產能過剩，乘法就是全面推進科技、管理、市場、商業模式創新，除法就是擴大分子、縮小分母，提高勞動生產率和

---

[1] 《習近平關於社會主義經濟建設論述摘編》，中央文獻出版社 2017 年版，第 99 頁。

[2] 《習近平關於社會主義經濟建設論述摘編》，中央文獻出版社 2017 年版，第 115 頁。

[3] 《習近平關於社會主義經濟建設論述摘編》，中央文獻出版社 2017 年版，第 108 頁。

資本回報率，這是調結構這個四則運算的最終目標。"[1]質量變革、效率變革、動力變革就成為提高全要素生產率的基本途徑。二是克服供給側的動力不足問題。與需求側突出的市場選擇不同，供給側突出經濟激勵，需要提供發展的動力。供給側對市場主體的激勵主要涉及降低企業稅、費、利息和社會負擔，降低企業成本，使企業輕裝上陣，保護企業家財產，激勵企業家精神。

推進供給側結構性改革是需要長期實行的發展政策，有着長遠的目標。在去產能、去庫存、去槓桿取得明顯進展的同時，需要進一步轉向培育新動能。關於新動能，習近平總書記指出："既要緊盯經濟發展新階段、科技發展新前沿，毫不動搖把發展新動能作為打造競爭新優勢的重要抓手，又要堅定不移把破除舊動能作為增添發展新動能、厚植整體實力的重要內容。"[2]

在現階段，我國所要培育的新動能主要涉及中高端消費、創新引領、綠色低碳、共享經濟、現代供應鏈和人力資本服務等領域。這些也是基本實現現代化所需的新動能。這裏着重分析中高端消費和人力資本服務兩個新動能。

中高端消費的拉動。由全面小康轉向基本實現現代化的重要表現是消費升級，居民消費水平由低端轉向中高端。中高端消費涉及兩個層次：一是與解決溫飽問題的低端消費相比，中高端消費主要是滿足發展和享受需要，更為關注健康、安全、衛生、教育方面的消費需求。二是中高端人群的消費更為關注供給品的品牌、質量、檔次、環保、品位等。我國現階段擁有世界上人數最多的中等收入人群，人數達到 4 億。習近平總書記指出："我國供給體系產能十分強大，但大多數只能滿足中低端、低質量、低價格的需求。"[3]中高端消費與其說是消費的增長點，不如說是供給的新動能。對生產和服務的供給者來說，生產和服務的供給還停留在低收入階段，追求數量，不重視質量，為生產而生產，不能適應進入現代化階段以後消費需求的新變化，滿足中高端消費的中高端產品和服務供給不足，不能滿足多樣化、個性化、高端化需求，勢必產生有效供給不足、無效產

---

[1] 《習近平關於社會主義經濟建設論述摘編》，中央文獻出版社 2017 年版，第 82 頁。

[2] 習近平：《在深入推動長江經濟帶發展座談會上的講話》，《人民日報》2018 年 6 月 14 日。

[3] 《習近平關於社會主義經濟建設論述摘編》，中央文獻出版社 2017 年版，第 113 頁。

能過剩、低端產品過剩問題。因此，推進現代化不僅要從中高端消費中發現新市場，更要從中高端消費中發現技術創新的方向，發現市場和管理創新的方向，由此滿足中高端消費的供給。

人力資本服務的新動能作用。經濟增長有多種要素，在現代增長中哪種要素可以作為新動能來培育？皮凱蒂在《21世紀資本論》中回答："現代的經濟增長大多取決於人力資本的興起。"● 歷史經驗表明："落後國家是通過提高科技水平、專業知識與技能和教育水準來追趕發達國家的。"❷ 我國的實踐也證明，人力資本積累是經濟增長的源泉，是現代經濟增長的決定因素和永久動力。人力資本即經過教育和培訓形成的人的知識和技能的存量，相當於馬克思理論中的複雜勞動概念。馬克思當時就認為複雜勞動創造多倍於簡單勞動的價值，可見人力資本的動能作用。人力資本服務成為新動能反映了現代經濟增長的趨勢。在供給側把人力資本服務作為新動能來培育有以下幾方面內容：第一，在主要依靠人力資本服務的領域產生的新動能。隨着知識經濟的發展，一系列知識密集型產業領域產生了，如金融、諮詢、設計、軟件等。這些領域無疑需要更多的人力資本服務，可以說是知識經濟時代發展的新增長點。第二，從提高勞動者素質和技能方面培育新動能。即使是勞動密集型產業和環節也有複雜勞動密集型和簡單勞動密集型之分。我國產業的分工環節處於中低端，原因就在於缺乏人力資本。因此培育新動能需要培育知識型、技能型、創新型勞動者大軍。我國人口眾多，有人力資源優勢，通過教育、培訓等途徑進行人力資本投資，可以使人力資源優勢轉化為人力資本優勢。在人才政策上，不能只是瞄準高精尖科技人才，還需要重視高級技工和應用型人才的培養和供給，培育更多的工匠和工匠精神。第三，尤為重視企業家人力資本。黨的十九大報告就指出要激發和保護企業家精神。在現代企業中，資本、勞動、技術、土地等要素都是由企業家組合的。熊彼特定義的創新是要素的"新組合"，企業家就是實現要素"新組合"的組織者和推動者。企業家

● ［法］托馬斯·皮凱蒂：《21世紀資本論》，巴曙松等譯，中信出版社2014年版，第42頁。
❷ ［法］托馬斯·皮凱蒂：《21世紀資本論》，巴曙松等譯，中信出版社2014年版，第71頁。

精神包含有創新精神。企業家人力資本對企業創新及全要素生產率提高具有推動作用，對整個供給體系的質量起着決定性作用。培育新動能就是要推動經營者成為企業家，提高企業家人力資本積累，激發企業家精神，形成發展的新動能。

二、建設現代化經濟體系

黨的十九大提出建設現代化經濟體系的新思路："我國經濟已由高速增長階段轉向高質量發展階段，正處在轉變發展方式、優化經濟結構、轉換增長動力的攻關期，建設現代化經濟體系是跨越關口的迫切要求和我國發展的戰略目標。"黨的二十大進一步明確 2035 年基本實現現代化的重要目標是建成現代化經濟體系。建設現代化經濟體系是由小康社會建設轉向現代化建設新征程的總體性、基礎性安排。

根據習近平總書記的概括，現代化經濟體系涉及開啟現代化新征程的各個方面，包括建設創新引領、協同發展的產業體系是要實現實體經濟、科技創新、現代金融、人力資源協同發展。建設統一開放、競爭有序的市場體系是要實現市場准入暢通、市場開放有序、市場競爭充分、市場秩序規範。建設體現效率、促進公平的收入分配體系是要實現收入分配合理、社會公平正義、全體人民共同富裕。建設彰顯優勢、協調聯動的城鄉區域發展體系是要實現區域良性互動、城鄉融合發展、陸海統籌整體優化。建設資源節約、環境友好的綠色發展體系是要實現綠色循環低碳發展、人與自然和諧發展。建設多元平衡、安全高效的全面開放體系是要發展更高層次開放型經濟。建設充分發揮市場作用、更好發揮政府作用的經濟體制是要實現市場機制有效、微觀主體有活力、宏觀調控有度。這七大現代化經濟體系可以歸納為高質量開啟現代化新征程的三大系統。一是現代化的支撐系統，涉及產業體系、城鄉區域發展體系和綠色發展體系。二是現代化的動力系統，涉及收入分配體系和全面開放體系。三是現代化的國家治理系統，涉及市場體系和經濟體制，是轉變發展方式、優化經濟結構、轉換增長動力的具體體現。現代化經濟體系的這些內容是對新時代中國式現代化道路的創新和豐富。

提出現代化經濟體系的概念，並且以此來全面開啟現代化新征程，可以說是中國式現代化的重要創新。建設現代化經濟體系需要推動質量、效率、動力三大變革，重要舉措主要包括大力發展實體經濟，築牢現代化經濟體系的堅實基礎；加快實施創新驅動發展戰略，強化現代化經濟體系的戰略支撐；積極推動城鄉區域協調發展，優化現代化經濟體系的空間佈局；着力發展開放型經濟，提高現代化經濟體系的國際競爭力；深化經濟體制改革，完善現代化經濟體系的制度保障。

第四節　新發展理念指引中國式現代化之路

在全面建成小康社會，人均 GDP 達到中等收入國家水平的基礎上，高質量開啟現代化建設新征程實際上面臨兩大新課題：一是跨越 "中等收入陷阱"；二是經濟由大變強。一些國家早在 20 世紀六七十年代就進入中等收入國家行列，並試圖推進現代化，但遲遲進入不了高收入國家行列，陷入了 "中等收入陷阱"。中國式現代化則找到了跨越 "中等收入陷阱" 的路徑，就是習近平總書記所說的："通過轉變經濟發展方式實現持續發展、更高水平發展。"❶

進入新時代，在新的歷史方位下，雖然我國仍處於並將長期處於社會主義初級階段的基本國情沒有變，但我國社會的主要矛盾已轉化為人民日益增長的美好生活需要和不平衡不充分的發展之間的矛盾。針對新發展階段的新矛盾及由此產生的現代化新課題，在黨的十八屆五中全會上，習近平總書記提出了 "創新、協調、綠色、開放、共享" 的新發展理念。新發展理念是對經濟發展規律性認識的理論升華。

基於構建新發展格局要求，黨的二十大報告提出，高質量發展是全面建設社會主義現代化國家的首要任務。其必要路徑是立足新發展階段，貫徹新發展理念，構建新發展格局，邁上更高質量、更有效率、更加公平、更可持續、更為安全的現代化之路。推進中國式現代化不僅需要堅持深化改革開放，還必須貫徹新發展理念。由此創新的現代化道路可稱為中國式現代化新道路。這是中國式現代化道路的新拓展，體現了中國式現代化道路的守正和創新。中國式現代化新道路體現由理念到發展道路的轉化，表現在以下方面。

---

❶ 《習近平談治國理政》第 2 卷，外文出版社 2017 年版，第 240 頁。

一、現代化的創新發展之路

現代化的階段不同，驅動力也不同。在最初階段為要素驅動，主要依靠土地、資源、勞動力等生產要素的投入推動經濟增長。接下來的階段為投資驅動，靠持續的高投資（以低消費為條件）推動經濟增長和起飛。進入新發展階段，支持物質資源高投入的要素供給已至極限，居民也不願以低收入和低消費水平為代價支持高投資，經濟發展需要從要素驅動、投資驅動轉向創新驅動。

根據我國的現代化藍圖，2020 年全面建成小康社會時進入創新型國家行列；2035 年基本實現社會主義現代化時進入創新型國家前列；到 21 世紀中葉全面建成社會主義現代化強國時成為世界科技強國。黨的二十大強調堅持創新在現代化建設全域中的核心地位。創新的核心是科技創新。科技創新的着力點是國際前沿核心技術。中國式現代化要求建立創新引領的現代產業體系。其前提是科技先行，不僅需要原創性創新成果，而且要突破發達國家的圍堵和遏制，科技自立自強是重要支撐。

創新成為推動現代化之路徑主要體現在以下三個方面：一是把高水平科技自立自強作為現代化的戰略支撐。我國實現現代化的最大阻力是缺乏高端科技。就如習近平總書記所說："近代以來，西方國家之所以能稱雄世界，一個重要原因就是掌握了高端科技，真正的核心技術是買不來的。正所謂'國之利器，不可以示人。'只有擁有強大的科技創新能力，才能提高我國國際競爭力。"[1]科技的自立自強，不僅要避免關鍵核心技術被"卡脖子"，而且要佔領科技和產業的世界制高點。二是建立自主可控的現代化產業體系。我國已經成為"世界工廠"，在此基礎上的現代化就是黨的二十大報告要求的推進新型工業化，加快建設製造強國、質量強國、航天強國、交通強國、網絡強國、數字中國。關鍵在於將科技創新與產業創新融合，將自立自強的科技創新轉化為自主可控的現代產業體系，依託原創性科技成果迅速轉化為有自主知識產權的新技術，實現新產業的跨越。

---

[1] 《習近平關於科技創新論述摘編》，中央文獻出版社 2016 年版，第 39-40 頁。

三是圍繞產業鏈部署創新鏈、圍繞創新鏈佈局產業鏈。當前的國際競爭主要表現為全球產業鏈的競爭。一些發達國家為了阻礙中國的崛起，在高科技環節上對中國企業斷供，造成多條我國參與的產業鏈的國外高科技環節"斷鏈"。應對這種挑戰，"要以培育具有核心競爭力的主導產業為主攻方向，圍繞產業鏈部署創新鏈，發展科技含量高、市場競爭力強、帶動作用大、經濟效益好的戰略性新興產業，把科技創新真正落到產業發展上"。[1]

創新需要不斷開闢發展新領域新賽道，不斷塑造發展新動能新優勢。當今世界正在進入數字經濟新時代。依託數字技術的數字產業化、產業數字化、國家治理和社會管理數字化能使經濟社會獲得更高質量的發展。發展數字經濟意義重大，是把握新一輪科技革命和產業變革新機遇的戰略選擇，也就成為創新發展的主戰場。

創新發展的關鍵是建立有效的科學—技術—產業的轉化機制，形成有利於創新成果產業化和市場轉化的通道。首先，發揮舉國一體的制度優勢。"要充分發揮社會主義市場經濟的獨特作用，充分發揮我國社會主義制度優勢，充分發揮科學家和企業家的創新主體作用，形成關鍵核心技術攻堅體制。"[2]這種制度優勢的實現形式就是知識創新主體和技術創新主體的協同與合作。知識創新主體解決創新的前沿科學導向，技術創新主體解決創新的市場需求導向。孵化新技術的環節和平台就成為產學研協同創新的交匯點。其次，發揮市場作用，完善技術轉移市場體系，建立規範的資本市場，提供創新投資並鎖定創新風險。最後，形成大眾創新、萬眾創業的氛圍。

實現創新發展的動力和資源就是黨的二十大報告提出的：科技是第一生產力、人才是第一資源、創新是第一動力。相應地需要深入實施科教興國戰略、人才強國戰略、創新驅動發展戰略。

---

[1] 《習近平關於社會主義經濟建設論述摘編》，中央文獻出版社 2017 年版，第 132–133 頁。

[2] 習近平：《提高關鍵核心技術創新能力　為我國發展提供有力科技保障》，《人民日報》2018 年 7 月 14 日。

二、現代化的協調發展之路

協調發展是實現中國式現代化的重要目標和手段。協調是經濟持續健康發展的內在要求。習近平總書記指出："協調既是發展手段又是發展目標，同時還是評價發展的標準和尺度。"[1] 協調作為實現現代化的手段意味着，要注重發展的平衡性、系統性與可持續性，提高發展的整體水準。協調作為實現現代化的目標意味着，經濟發展的目的不再是經濟在數量上的累積，而是追求經濟、社會、人與自然等多個方面的平衡發展。協調成為評價發展的標準和尺度意味着，協調是高質量發展的評價標準，涉及產業、城鄉、區域等在結構上的平衡發展。

現在，以降低傳統農業部門比重為標誌的工業化、農民進城意義上的城鎮化都已基本到位。這意味着進入新發展階段後，"四化同步"有了新內容：工業化轉向工業現代化、綠色化；信息化進入數字化、智能化階段，為其他三化賦能，成為協調發展的着力點；城鎮化的重點和核心轉向人的城鎮化，即轉移人口的市民化。與此相應，城鎮的城市化、城市的現代化成為中國式現代化的重要環節。

進入新發展階段，實現"四化同步"協調發展，需要補兩塊短板。一是補農業現代化的短板。黨的二十大報告提出了農業農村優先發展的要求。加快建設農業強國，扎實推動鄉村產業、人才、文化、生態、組織振興。由原來的非農產業發展帶動"三農"，轉向直面"三農"本身的發展。農業強、農村美、農民富成為新階段"三農"現代化的目標。農業強國的基礎是農業從弱勢產業變為強勢產業。這不僅需要農業科技進步，還需要依託"三權分置"，引導土地經營權規範有序流轉，發展適度規模經營和產業化經營。二是補後發地區現代化滯後的短板。黨的二十大報告要求促進區域協調發展，深入實施區域協調發展戰略、區域重大戰略，優化重大生產力佈局，構建優勢互補、高質量發展的區域經濟佈局。一方面，後發地區同樣需要根據"四化同步"的要求，補工業化的課，補城鎮化的課，在信息化（數字經濟）上與先發地區同步並跑。另一方面，先發地區與後

---

[1] 《習近平關於社會主義經濟建設論述摘編》，中央文獻出版社 2017 年版，第 35 頁。

發地區要在產業一體化、創新一體化的協調聯動中實現現代化。再一方面，需要利用國家實施的區域發展戰略推動區域協調發展。

三、現代化的綠色發展之路

尊重自然、順應自然、保護自然，是全面建設社會主義現代化國家的內在要求。西方式現代化雖然創造了巨大的生產力，但已威脅到人類的生存和地球生物的延續。中國在由工業文明轉向生態文明的新時代推進的現代化，不能走西方式的高投入、高排放的道路。我們所要推進的現代化是人與自然和諧共生的現代化。

綠色是永續發展的必要條件和人民對美好生活追求的重要體現。習近平總書記提出的"綠水青山就是金山銀山"的綠色發展理念，體現人與自然和諧共生，強調不能為謀求物質財富而犧牲生態財富。當今的現代化正處於從工業文明向生態文明過渡的時代。乾淨的水、清新的空氣、多樣性的生物、綠色的環境是寶貴的生態財富。這種財富觀體現了人與自然和諧共生。

中國式現代化不能仿效西方待實現現代化後再來解決環境和生態問題，而是一開始就要走綠色發展、低碳發展的道路，並且將綠色發展貫穿於現代化的全過程，其內容主要涉及三個方面：一是把保護和改善生態環境提高到保護和發展生產力的高度，治理和改善過去的發展所遺留的生態環境問題。二是與生態財富觀相適應的經濟發展不僅要謀求物質財富，還要謀求生態財富，提供人民美好生活所需要的高質量的生態產品。三是力爭 2030 年前實現碳達峰、2060 年前實現碳中和。"雙碳"達標時間都顯著快於西方發達國家同等條件下的時間表。"雙碳"目標下的新能源發展和利用會帶動科技和產業的革命性變化。

四、現代化的開放發展之路

開放是國家繁榮發展的必由之路。改革開放以來，指導開放的經濟理論突出利用國際國內兩個市場、兩種資源。即使在由發達國家主導的經濟全球化背景下，開放仍然使中國享受到了全球化的紅利。現在開放型經濟也進入了新時代。與超級大國推行反全球化的政策相反，作為世界第二大經濟體的中國扛起了繼續推動經濟全球化的大旗。遵循習近平總書記關於構建人類命運共同體的重要論述，新時代中國式現代化要建立高質量的開放型經濟體系。

一個國家只有開放才能成為現代化國家。我國不僅需要在開放中獲取資源和市場，更要在開放中獲取國際前沿高新技術。進入新發展階段，經濟全球化和逆全球化並存。世界正經歷百年未有之大變局，構建以國內大循環為主體、國內國際雙循環相互促進的新發展格局是我國經濟現代化的路徑選擇。強調以內循環為主體，決不意味着降低開放發展的作用。無論是內循環還是外循環，都離不開開放發展。走和平發展道路的現代化需要更高質量的開放發展。

黨的二十大報告要求推進高水平對外開放，穩步擴大規則、規制、管理、標準等制度型開放。高水平的對外開放主要涉及四個方面：一是培育新的比較優勢和競爭優勢。參與外循環的競爭優勢，不是建立在原來的資源稟賦的比較優勢基礎上的，就如勞動力資源已不具有國際競爭的優勢，就必須如黨的二十大報告要求的那樣，加快建設世界重要人才中心和創新高地，着力形成人才國際競爭新的比較優勢。二是開放式創新。創新處於國際前沿、引領產業創新的具有自主知識產權的核心技術和關鍵技術，需要充分利用國際創新資源。目前相當部分的"卡脖子"技術源自基礎研究。要以基礎研究的開放式創新為突破口，利用和引進國際創新資源（尤其是創新人才），進行開放式的基礎科技創新，創造有自主知識產權的原創性科技成果。三是以內循環促外循環。堅持出口和進口並重，"引進來"和"走出去"並重，引資、引技、引智並重，全球產業鏈環節的國際國內佈局並重。四是統籌開放和國家經濟安全。既要防範經濟全球化的風險，也要防範逆全球化風險，建立多元平衡、安全高效的全面開放體系。

五、現代化的共享發展之路

共享是中國式現代化的本質要求，涉及共同富裕理論的創新。讓廣大人民群眾共享改革發展成果，是社會主義的本質要求，是社會主義制度優越性的集中體現，是我們黨堅持全心全意為人民服務根本宗旨的重要體現。在共享發展中推動共同富裕反映社會主義現代化要求。

在歷史性地解決了絕對貧困問題後，現代化新征程要進一步克服相對貧困問題。共同富裕不可能完全消除富裕程度的差距，也不可能簡單地拉平收入，更不可能回到過去的平均主義分配制度。在現代化的進程中，一方面收入差距需要有個 "合理區間"；另一方面共同富裕需要分階段推進，不能一蹴而就。針對我國經濟發展的 "蛋糕" 不斷做大，但分配不公問題比較突出，收入差距、城鄉區域公共服務水平差距較大的問題，"我們必須堅持發展為了人民、發展依靠人民、發展成果由人民共享，作出更有效的制度安排，使全體人民朝着共同富裕方向穩步前進，絕不能出現 '富者累巨萬，而貧者食糟糠' 的現象"。[1]

解決收入分配體制所造成的收入差距問題，需要在體制上實現效率與公平相統一。基本要求是黨的二十大報告指出的：堅持按勞分配為主體、多種分配方式並存；堅持多勞多得，鼓勵勤勞致富，促進機會公平，增加低收入者收入，擴大中等收入群體；規範收入分配秩序，規範財富積累機制。第一，在初次分配階段，在突出效率的同時要解決好勞動者同其他要素所有者的共同富裕問題。這主要涉及兩個方面：一是就業是民生之本，需要實施就業優先戰略，強化就業優先政策，使人人都有通過勤奮勞動實現自身發展的機會；二是在要素報酬的框架內，讓勞動者也成為多種生產要素的所有者，體現勤勞和智慧致富。第二，"要防止社會階層固化，暢通向上流動通道"[2]。簡言之，就是要給更多人創造致富機會。相應的制度創新包括完善勞動力市場等各類要素市場，以教育平等促使勞動

---

[1] 《習近平關於社會主義經濟建設論述摘編》，中央文獻出版社 2017 年版，第 25 頁。

[2] 習近平：《扎實推動共同富裕》，《求是》2021 年第 20 期。

者獲取知識和技術要素,以營商環境法治化和創新創業環境更加寬鬆促使其獲取資本和管理收益,以暢通的要素流動為底層勞動者提供改變自己經濟地位的要素,提供更多的創新創業機會,營造大眾創新、萬眾創業的環境,使勞動者靠創新創業致富。

政府在再分配環節更注重公平。政府主導的稅收和公共產品的供給是推動共同富裕的基本路徑。其中最為突出的是兩個方面:一是健全社會保障體系,健全覆蓋全民、統籌城鄉、公平統一、安全規範、可持續的多層次社會保障體系,擴大社會保險覆蓋面。二是公平提供公共產品。雖然不排除不同家庭存在一定程度的私人產品的差別,但不同家庭享用公共產品和基本公共服務的權利應該是無差別、公平的。政府要確保為社會各階層提供一個公平且達到現代水準的教育、公共衛生、公共服務和公共安全體系,使全體人民均等充分享受公共產品。

發揮第三次分配的先富幫後富的作用。第三次分配是在自願基礎上,以募集、捐贈和資助等慈善公益方式對社會資源和社會財富進行分配。尤其是在救災、濟貧、助學等方面,第三次分配發揮着重要的作用。第三次分配體現了先富群體在現代化進程中的社會責任,是規範財富積累機制的重要方面。其基礎是社會道德水準的提高、慈善文化的弘揚,需要有相應的稅收等方面的政策激勵。現階段第三次分配的作用是有限的,需要培育,但相信其作用隨着現代化進程的不斷推進會逐漸增大。

總的來說,貫徹新發展理念的中國式現代化新道路是對中國式現代化的成功推進和拓展,不僅是馬克思主義經濟學說同中國具體實際相結合的道路,也是現代化的一般理論與中國國情相結合的道路。這是發展中大國特有的現代化之路。

第十章

現代化的區域協調

中國是發展中大國，幅員遼闊、人口眾多，各地因地理區位和歷史發展等因素差異明顯，經濟社會發展水平很不平衡。改革開放以來，中央為充分挖掘各個地區發展的潛力，允許一部分地區先富起來，效果非常明顯。與此相伴的問題是地區差距進一步擴大。進入新時代，開啟現代化新征程，所要推動的共同富裕也包括地區之間的共同富裕，現代化的區域協調就成為現代化的重要方面。

第一節　區域發展差距

　　區域經濟發展差距是由多方面因素導致的，剖析各類因素對區域發展差距的影響，對於探索不同區域的現代化路徑非常重要。

一、區域自然條件差異

　　自然條件包括自然環境和自然資源兩個方面，不同區域的氣候水文、地理位置、地質地貌等環境因素，以及各種礦產、動植物等資源因素不盡相同。自然條件對區域發展有着最原始的影響。馬克思曾把自然條件差異所形成的勞動生產率稱為勞動的自然生產率。這種勞動的自然生產率是區域經濟增長的重要因素。

　　自然條件差異對區域發展差異的影響主要體現在四個方面。一是自然條件為經濟發展提供物質基礎，是勞動對象的主體，尤其是那些資源型產業對自然資源的依賴性很大，自然稟賦的分佈差異會使區域經濟發展出現不平衡。二是第一產業受自然條件的影響很大，當第一產業出現區域差異時，隨之而來的有關聯的第二、第三產業的發展也會出現差異，進而形成區域間產業結構的差異。三是自然條件的區域分佈會對經濟發展的空間結構產生影響，各個經濟中心和經濟地帶的分佈背後都有相應的自然條件分佈。四是自然條件通過影響當地人的生活方式和經濟發展，進而影響當地社會和文化的發展。這些要素形成了不同地區資源稟賦的差異。

　　根據馬克思的分析，不同區域的自然條件有兩點不能忽視。一是交通條件，很多地方經濟落後是因為交通邊緣化。交通條件是可變的，如鐵路通達後原先的水運中心可能會因沒有鐵路經過而衰落。現在，高鐵、高速公路是否通達成為地方經濟發展的重要條件。二是人口密度。人口密度高的地區經濟發達，反之則經濟欠發達。依據人口密度標出的著名的"胡煥庸線"實際上標出了我國經濟發達地區和欠發達地區的分界線。地理學家胡煥庸從人地關係的角度研究我國人口問題和農業問題，1935 年提出中國人口的地域分佈以璦琿（今黑河市南）—騰沖一線為界，劃分為東南與西北兩大基本差異區。根據其當時的分析，在此線之東南，全國 36% 的土地，養活全國 96% 的人口；反之，在此線之西北，在全國 64% 的土地上，只有全國 4% 的人口。這就是說，同全國平均人口密度相比，東南部高出 2.67 倍，而西北部僅及其 1/16。在二者之間，平均人口密度成 42.6 與 1 之比。之後的數次人口普查數據顯示，種種自然和人為的人口遷徙並沒有撼動"胡煥庸線"確定的人口分佈格局。

值得注意的是，儘管自然條件對區域發展差異有重要影響，但隨着科技發展，自然條件對區域經濟發展的作用越來越小：越是生產力發達的區域對自然條件的依賴性越小，反之越大。有關數據表明，20 世紀以來，世界對原材料的需求每年下降約 1.25%，20 世紀末一個單位的工業產品所需要的工業原料至多只有 20 世紀初的 40%。經濟的發展逐漸從資源密集型向資本和技術密集型轉變，自然條件的優劣差異逐漸不再成為區域差異的決定性因素。但工業生產依然要消耗原料和燃料，特別是農業和採掘業對自然條件的依賴性依然很大，因此自然條件對區域發展差異的影響仍然不可忽視。

二、區域經濟社會條件差異

現實中，一個地區的資本（資金）、產業結構、教育和技術水平、基礎條件、市場、城市化水平等經濟社會條件對區域發展差異的影響比自然條件要大。

第一，資本（資金）條件。工業區位理論認為，資本是社會生產過程必不可少的要素。沒有足夠的資金供給，新工業區便不可能形成；沒有持續的資金供給，已經形成的工業區也會衰落，這裏的工業會向其他地方轉移。區域發展所需的資金有內部和外部兩大來源。就其內部來源來說，主要指其自身經濟發展水平所能提供的資金支持。發達地區的企業利潤、財政收入和居民收入高，因此投資也會高；而欠發達地區的企業利潤、財政收入和居民收入低，造成了投資和儲蓄能力也低。經濟發展水平差異本身就造成了地區間的內部資金來源存在差異。就其外部來源來說，發展程度不同的地區，其自身對外部資金的吸引力也存在差異。經濟活躍、開放度高、增長率高、法制健全、經濟安全性強的地區對外部資金的吸引力更強；反之，經濟發展滯後、營商環境不好的地區對外部資金的吸引力則很弱。發展較好的地區，自身造血能力和引進外部資金的能力也較強；發展不好的地區，自身造血能力差，引進外資困難。如果不存在政策干預或其他經濟衝擊，內外部資金積累的差異會進一步擴大地區之間的差距。

第二，產業結構差異。與產業結構相關，不同地區佔主導的產業的科技含量、市場價格等因素直接影響其產業利潤率。目前中西部地區農業比重大、基礎產業比重大，其生產周期長、對市場的應變能力弱，產業利潤率相對較低；東部地區工業和服務業比重大、加工工業比重大、產業的科技含量高，其生產週期短、對市場的應變能力強，產業利潤率相對較高。目前不同地區因產業結構差異而產生的發展水平差異可以說是地區差異的主要因素。

第三，教育和技術水平的差異。區域教育和技術水平的高低直接影響區域發展水平和創新能力。經濟發達地區往往是科教資源及相應的技術要素豐富的區域，同時也能吸引大量的高素質人才，這些要素進一步推動了技術進步。創新制度、科研氛圍也會影響一個地區的技術水平。對創新的激勵、對知識產權的保護、有利於科研的社會制度和風氣等因素都會提高一個地區的創新能力和技術水平。反之，教育和科技水平相對落後的地區經濟發展水平不高，創新能力也較差。

第四，地區基礎條件，包括硬件方面的基礎設施和軟件方面的基礎條件的差異。交通、信息等基礎設施，高校和科研機構數量和水平、金融發展水平、勞動力素質、地方政府行政能力和辦事效率、社會文化等基礎條件，在地區之間都是存在差異的，進而造成區域發展差距。一般來說，發達地區在基礎設施和基礎條件方面都會好於落後地區。

第五，市場因素，既涉及一個地區的市場化水平，也涉及一個地區的市場容量。市場既涉及要素市場，也涉及商品和服務市場。市場化水平和市場容量的變化都對區域產業結構變化和經濟發展有着重要影響。一個地區的要素市場越是完善，越能通過市場獲取資源。一個地區的消費水平直接影響市場容量。市場容量越大對生產和服務的促進越大。人口密度越大的地區經濟發展水平越高就是這個道理。市場規模的擴大、市場競爭的加劇和市場變化節奏的加快，使市場活動呈現多樣性變化。經濟發展水平不同的區域對多變的市場反應不同，進而調節自身結構和政策的速度不同，最終也會造成區域經濟發展不平衡。

第六，地區的城市化水平。城市化水平反映一個地區的經濟能量的集聚程度。由產業集聚而形成的集聚力能夠帶來規模經濟效益以及外部經濟效益。公司和服務業的集聚程度、外資的集聚程度、市場和信息的集聚程度都是經濟集聚程度的表現。不發達地區經濟落後的重要原因往往在於城市少、城市小、城市功能弱，集聚不了發展的要素。

過大的地區差距會損害欠發達地區的現代化發展能力。這些地區在對資金和人才等資源的爭奪中處於不利的地位，進而造成發展動力更加不足，進一步拉大差距，陷入"差距大—發展能力不足—差距更大"的惡性循環。尤其是欠發達地區為了趕超發達地區，有時會不惜破壞當地生態和環境以換取一時的經濟增長，而這種短視行為不但對於欠發達地區自身的可持續發展不利，還會影響到發達地區以及全國的經濟社會的現代化進程。

過大的地區差距會影響國民經濟總體現代化發展。我國中西部是礦產、能源和原材料的主要分佈地區，因此也分佈着很多資源型產業；而東部沿海地區是我國加工工業和科技工業的集中地區。長期以來，東部沿海與中西部是一種垂直分工關係，中西部為東部經濟發展提供能源和原材料。但是，當東部與中西部經濟發展差距過大時，資金和人才等資源也流向了東部，造成中西部的資源對東部的供給能力減弱；同時東部快速發展，對能源和原材料的需求進一步上升，如此造成了嚴重的供需不平衡，資源型產業與加工工業嚴重脫節。這種供需失衡到最後會抑制東部地區發展，同時導致中西部地區也不能儘快發展，進而影響國民經濟總體現代化發展。

第二節　區域現代化的基本邏輯

推進現代化的區域協調，要基於國情和經濟發展規律，本着科學合理的邏輯。針對二元經濟結構，從共同富裕的要求推進現代化，不能只是關注城市和先發展地區現代化的先行，更要關注農村和後發展地區現代化的跨越，體現以高質量發展實現共同富裕的要求。

一、由不平衡發展戰略轉向平衡發展戰略

根據發展經濟學理論，區域發展有兩種戰略選擇，一種是平衡發展戰略，另一種是不平衡發展戰略。平衡發展戰略考慮到各區域生產要素之間的互補性，以及資本的供給和需求間的均衡性，主張在各區域均衡佈局生產力，謀求各地區經濟均衡增長。不平衡發展戰略的理論根據則是，發展中國家資源不足，不具備全面增長的資本和其他資源，再加上人們的投資決策能力存在缺陷，主張集中力量先推動發展基礎好的區域的生產力發展，並以它們為動力逐步帶動其他區域的發展，即強調某些區域的 "重點" 發展。要設法創造一些促使人們作出決策的激勵條件，即有意使不同區域和部門之間出現不平衡，引導人們的投資決策，藉助市場和區域間的聯繫，通過擴散效應帶動其他區域發展。

我國改革開放初期採用的是不平衡發展戰略，即允許一部分地區先富起來。東部沿海地區藉助其較好的發展基礎、優越的地理位置以及國家給予的率先改革開放政策，積極對接國際市場，引進國際投資和技術，率先發展起來。中西部基於自身的豐富資源條件和勞動力，在產業鏈上對接東部地區，為東部地區的生產提供原材料、初級產品和市場。

從理論上講，東部地區經濟發展起來後，東部企業會從自身發展考慮——或者是為了開拓市場，或者是為了獲得原材料和廉價勞動力——主動向中西部地區投資，由此促進中西部發展。從中西部流入東部的勞動力不僅獲得人力資本

投資的機會，而且其收入匯回中西部這一行為本身也是中西部資金積累的重要渠道。正因為如此，不平衡發展模式下的生產力佈局，既促成了東部的率先發展，也帶動了中西部的共同發展。但是，不平衡發展戰略推行到現在負面效應也逐步凸顯。特別是沿海地區發展外向型經濟，資源和市場兩頭都在外，其發展對中西部地區的帶動作用不如想像中的那麼大，不同區域間的差距逐步拉大。區域間的差距過大，不可避免地產生區域發展不可持續問題，阻礙現代化進程。一方面自然資源稟賦豐富的中西部不發達地區逐步衰落；另一方面國際市場上的逆全球化使沿海地區從海外獲取資源和市場受阻。這意味着我國實施多年的不平衡發展戰略需要轉向平衡發展戰略，正如 2001 年諾貝爾經濟學獎獲得者斯蒂格利茨所說："隨着經濟增長和全球經濟環境的變化，那種主要依靠出口和國外直接投資來推動經濟增長的戰略的重要性將降低。同時，中國面臨着繼續改善資源分配和生產力的挑戰。" 應對這個挑戰的對策，就是 "使國內經濟成為增長和平等的發動機"。[1]

二、現代化進程的區域時序

我國各個地區的全面小康社會不是同步建成的。區域發展不平衡的國情決定了中國現代化實現過程需要採取 "區域推進" 的方式。黨的十八大報告明確提出，鼓勵有條件的地方在現代化建設中繼續走在前列，為全國改革發展作出更大貢獻。

從經濟發展的區域時序分析，經濟發達地區率先基本實現現代化實際上是培育增長極。所謂增長極指的是區域中能帶動其他地區發展的中心地區。中心地區率先基本實現現代化，對其他地區的現代化進程有明顯的帶動和示範作用。而且根據區域梯度推進理論，現代化的勢頭總是從核心區逐步向周邊輻射和傳導，逐

---

[1] ［美］約瑟夫・斯蒂格利茨：《中國第三代改革的構想》，應春子、劉曉勇、張蓓譯，《經濟導刊》1999年第 5 期。

步擴大基本實現現代化的區域。這種帶動作用可以大大加快全國的現代化進程。

局部地區能否率先基本實現現代化？對此持否定答案的人認為，此類區域不可能是封閉的，而是具有開放性，較高的居民生活水平和優越的生活環境會吸引外來人口流入，從而拉平與其他地區的發展水平差異。而且，在開放度高的區域，居民對美好生活的要求往往更高。這意味着，一國之內不同區域的現代化進程應該是同步的，即使有區域率先開啟了現代化進程，基本實現現代化也是同步的。確實，此類區域不可能靠設置人口流入的行政障礙來保證本區域民眾充分享受發展成果。但是，先行現代化的區域的產業結構的技術水準可能形成人口流動的壁壘。創新驅動型經濟和先進的產業結構以較高的知識和技術水準設置了就業門檻，在吸引高人力資本湧入的同時，增加了低人力資本勞動力流入的困難，這就可以支持某個區域率先基本實現現代化。而且，先行現代化的區域與集聚的高人力資本相適應，收入水平、消費水平、價格水平尤其是房價一般都高於其他地區，這就形成人口流動的市場屏障。這意味着，不需要藉助行政手段，只要依靠其發展水平，依靠市場選擇，某個區域率先基本實現現代化是有可能的。同時，在現代化進程中不同區域的基本公共服務趨向均等化，也就弱化了低收入地區人民進入率先基本實現現代化的區域獲取基本公共服務的驅動力。

區域現代化有個空間尺度問題。就生態和環境的現代化來說，某個區域的水環境可能受上游來水的污染，某個區域的大氣環境也可能受周邊其他區域的空氣污染，因此區域基本現代化的範圍不應該太小。這意味着區域基本現代化的空間尺度不可能是一市一縣的範圍。區域內需要有工業區和生態區兩方面的功能區安排。

而且，根據空間經濟學的觀點，區域現代化的空間尺度應該包含中心和外圍，即既要有中心城市又要有周邊農村。單純的中心城市的現代化指標明顯高於周邊農村，決不能就此認為中心城市已率先基本實現現代化。中心城市的現代化建設實際上需要外圍地區充分供給包括人力資源在內的各種要素，從而降低現代化成本，如外圍地區為中心城市提供低成本的建築、運輸、家政等服務。中心城市如果沒有外圍地區的低成本要素供給，其現代化成本會更高。中心城市對外圍地區不僅有要素的吸引，也有要素的擴散。動態地看，地區現代化過程中，在中心城市有限實現的「現代化社會」商務和生活條件會誘使要素和人口向中心集聚；隨着集聚水平的上升，不可流動的要素（如土地）價格上升，生活成本上升。其結果是低水平要素「望而卻步」，高水平要素繼續集聚。在達到較高集聚水平時，其現代化能量就會向周邊外圍地區擴散，從而使原先的外圍也成為中心，其相對較低水平的要素會出現「邊際轉移」，接受過現代化「洗禮」的邊際要素又將帶動外圍地區的現代化進程。因此，率先基本實現現代化的區域範圍與經濟發展能量集聚的範圍相關。2013 年，經國務院同意，國家發展改革委正式印發《蘇南現代化建設示範區規劃》，劃定的空間範圍為整個蘇南地區 5 市。從蘇南的發展進程分析，20 世紀 80 年代，經濟發展的能量集聚以鄉鎮為單位，故有「鄉鎮經濟」之說。21 世紀初，發展開放型經濟，建設各類開發區，經濟能量的集聚超出了鄉鎮的範圍，於是出現「縣域經濟」的概念。2010 年前後開始發展創新型經濟，經濟能量的集聚以蘇州等地為代表，超出了縣域的範圍，於是撤市（縣）建區，出現市域經濟。現在，推進區域現代化，毫無疑問需要在更大的區域範圍集聚經濟能量，於是就有了覆蓋整個蘇南範圍的現代化建設。發展的趨勢是在整個江蘇區域率先基本實現現代化。

三、基本實現現代化的地方特色

在一個統一的主權國家推進現代化建設必須明確，有些現代化指標必須是全國統一的，有些則允許有地方特色，不要求千篇一律。

全國統一的現代化評價標準指的是現代化的必要標準，也就是說，某個區域在宣告基本實現現代化時，有些指標是必須達到的，如人均 GDP 指標、信息化指標、人民幸福的指標、人的現代化指標、普及高等教育的指標、創新能力指標、保護環境和生態的指標等。這些指標可說是現代化的核心指標，或者說是必要指標。

有些指標也可以說是全國統一的，但其實現需要一個過程，例如對國家層面上要求的現代化指標，尤其是政治、法治現代化，其進程需要國家層面的頂層設計，各個地區不能各行其是。因此就一個區域來說，不可能先行先試，也不應該有地方特色。這類指標在某個區域一時達不到，不影響該區域在經濟上率先基本實現現代化的進程。

現實中有地方特色的現代化指標，也就是選擇性指標，主要與一個地區的產業結構相關，需要因地制宜、保持特色。這意味着一個國家的基本實現現代化的某些指標不可能要求每個地區都同樣達到。例如產業結構，從國家層面來看，進入現代化的發達國家的農業比重均已降到 5% 以下，第三產業比重在 70% 上下。現代化國家的城市化率一般都在 70% 以上。這種產業結構成為我國現代化的追趕目標。有些地區農業比重大，有些地區工業比重大，都不影響其率先基本實現現代化。就像目前的發達國家中，美國、英國的服務業比重大，德國、韓國的工業比重大，澳大利亞的農業比重大，均不影響他們的現代化國家地位。城市化率也是這樣。新加坡是城市國家，其城市化率顯著較高。上海是大都市，但其他現代化區域的城市化率不可能達到上海的水平。因此，工業化、城市化和服務業化這類指標對不同區域是有彈性的，可選擇的。

明確區域現代化的選擇性指標是要突出不同區域的現代化特色，不意味着降低現代化要求。即使是選擇性指標也有現代化要求。例如，如果某個地區的農業比重較大，城市化率不是很高，那麼在其城市化率達到基本要求的前提下，其農業現代化水平必須更高，農民的市民化程度以及享受到的城市文明程度也不能太低。如果某個地區的服務業現代化水平不如其他地區，製造業比重較大，那麼其製造業的技術水準和創新能力必須更高。如果某個地區由於自然環境的原因綠化面積不是很大，那麼該地區的生態和環境保護必須做得更好。如果某個地區由於高校佈局的原因大學數量不多甚至沒有，那麼該地區與大學的合作必須更密切，居民接受過高等教育的人口比重要更大。

現代化的地方特色還表現在各自現代化道路的選擇上。觀察先行現代化國家的實踐，可以發現各個國家的現代化進程也有各自的特色。除了幾個工業化起家的老牌現代化國家之外，幾個後起的現代化國家如日本、韓國、新加坡等，走的都是開放型道路，以出口為導向，主動融入全球化浪潮，主動承接歐美國家產業轉移，積極參與國際分工，在此基礎上實現了現代化。再如以色列、愛爾蘭等國，國土面積小，資源缺乏，走的是依靠科技創新實現現代化的道路。國內不同區域的現代化道路也會呈現出各自的特色。我國各個地區的現代化進程雖然都有共性，有需要共同遵循的規律，但由於各自的基礎和資源稟賦的原因，不可避免帶有地方特色。比如有的地區地處開放前沿，其現代化更為突出開放；有的地區有科教資源稟賦，其現代化更為突出創新；有的地區經濟發展已經達到較高水平，現代化的短板在環境和生態，那麼環境和生態建設就會被着重考慮。

四、後發展地區的現代化跨越

進入新發展階段，實現共同富裕成為社會主義現代化的着力點。需要特別關注的是區域和城鄉差距。不同地區由於氣候、資源、地理、交通等原因本來就存在自然差距。改革開放以後這種差距進一步放大為發展水平的差距。後發展地區的農村發展水平更低，過去絕對貧困的人口主要集中在這些地區，現在相對貧困的人口仍然主要集中在這些地區。如果將東部地區的城市居民收入與西部地區的農村居民收入作比較，差距將會大得多。當前存在的相對貧困的人口主要是務農的農民，尤其是後發展地區務農的農民。實現共同富裕要特別關注這些相對貧困人口是否富裕。我國 2035 年基本實現社會主義現代化的目標包括了後發展地區也能基本實現現代化。

後發展地區是現代化的"窪地"，"窪地"變"高地"是個重大跨越。從現代化的區域時序來看，允許和鼓勵發達地區率先開啟現代化進程並率先基本實現現代化，不只是讓這些地區實現現代化，而是要求這些地區在先行發展的同時，充分釋放其現代化的潛力，承擔先富幫後富的責任。

一般說來，率先推進現代化的地區，對毗鄰區域的現代化有明顯的外溢性，就像蘇南現代化的勢頭也會梯度推移到蘇中和蘇北。蘇中各市會利用其毗鄰蘇南的區位優勢，融入蘇南的現代化進程。在這裏所講的區域協調不限於這種自然的客觀的現代化外溢，更為重要的是先行現代化地區對後行地區的自覺帶動。

後發展地區現代化缺乏內生的資源和動力：缺乏創新要素，缺企業家；人才不足，人才外流、創新人才進不來；基礎設施落後，尤其是被交通邊緣化，難以吸引和集聚發展的要素。顯然，這些地區如果沒有發展的外源和外力推動，就搭不上現代化的列車，實現不了跨越式發展。共同富裕的區域協調就要求先發展地區為後發展地區提供現代化要素。

對先發展地區來說，已經實現了經濟起飛，具有內生的發展資源和動力，也就有了自我持續發展的能力。只要放開手腳，其完全有能力率先基本實現現代化。但其推進現代化不是沒有弱項和瓶頸的。首先，最早進行工業化並且工業比重高的地區，環境和生態的壓力最大。其次，先發展地區普遍面臨着土地開發強度過高的問題。最後，先發展地區發展現代服務業的空間也受限。克服其發展瓶頸的出路就在於根據新發展格局要求與後發展地區協調聯動。這樣，對於支持後發展地區現代化，先發展地區和後發展地區互有需求並有共同的利益，也是推進區域共同富裕的有效路徑。

第三節　促進後發展地區的現代化

現代化不能讓後發展地區掉隊。後發展地區首先要根據現代化的規律激發自身的內生動力，補齊現代化的短板。其實現跨越式發展單靠內生的資源和能力是不夠的，必須要有外部的資源和外力推動。我國需要發揮社會主義制度的優越性，在推動共同富裕中，促使後發展地區與先發展地區一體實現現代化。

一、補齊"四化同步"的短板

新時代經濟現代化涉及工業化、信息化、城鎮化和農業現代化四個領域。中國式現代化的一個重要特徵是"四化同步"。後發展地區需要根據"四化同步"要求補齊短板。

我國經濟發達地區的現代化基本上是工業化先行的。後發展地區之所以經濟落後，主要原因是工業化沒有到位。後發展地區基本上是農業地區（農業比重大都在 10% 以上），工業佔比大都達不到全國的平均水平（36%），有的地區甚至不到 30%。雖然農業為主的地區照樣有可能進入現代化社會，但就中國目前的發展階段而言，只依靠發展農業就進入現代化社會是非常困難的。後發展地區要補工業化的課，提高現代工業的比重，為實現現代化跨越積累發展能力，推進工業化尤其要注重與信息化、城鎮化、農業現代化同步。

就信息化來說，信息化要為各個產業提供信息化基礎，也就是信息化為其他"三化"賦能。在信息化上沒有先發展地區和後發展地區之分。實踐證明，只要搭上產業革命的快車，就能一躍跨入現代化的門檻。後發展地區要實現現代化的跨越，關鍵是在信息化上實現跨越，要直接瞄準前沿信息化技術，發展現代信息產業，並且推進各個產業的信息化。

就城鎮化來說，在廣大的後發展地區，城鎮化率還不到 50%，甚至更低。而且當地人口城鎮化的方向大都不是轉移到本地城鎮，而是進入發達地區城鎮。後發展地區落後的主要原因是城市少，城市小，城市功能弱，集聚不了發展要素，吸引不了人力資源。這是後發展地區經濟落後的重要原因。要特別指出的是，先發展地區是在城鎮化達到較高水平後實施鄉村振興戰略的，其鄉村振興有城鎮化的支撐；而後發展地區城鎮化相對滯後，其鄉村振興得不到城鎮化的支撐。因此後發展地區需要補齊城鎮化短板，不僅要在當地建設和發展城鎮，還要推進城鎮城市化，使其具有城市功能，起到集聚發展要素、增強致富能力的作用。

就農業現代化來說，後發展地區都是農業比重大的地區。農業現代化實際上是通過發展農業，使後發展地區由農業大區轉變為農業強區。雖然農村改革提高了農業勞動生產率，但農業的弱勢地位沒有改變，農產品附加值低造成了務農農民收入低。農業現代化需要改變農業發展範式，由目前提供剩餘農產品和剩餘勞動力的剩餘範式，轉向"品質加附加值"範式，從根本上改變農業的弱勢地位，增加務農農民的收入。在後發展地區，轉向新的農業發展範式的阻礙往往是農業科技的落後和經營農業的人力資本缺乏。要想實現轉向，既要引入科技要素，又要解決好誰來種田的問題，關鍵是吸引和培育新型農業經營主體，促使農業經營者以增加其包括人力資本在內的資本收益增加農業收入。

概括起來，後發展地區與先發展地區一體實現現代化可以說是現代化的跨越。其"四化同步"的現代化可以概括為工業化引領，信息化賦能，城鎮化和農業現代化補短。

二、建設彰顯優勢、協調聯動的城鄉區域發展體系

世界銀行發佈的《2009年世界發展報告》對中心和外圍的一體化發展，提出了重塑經濟地理的思路：當今世界提升區域發展水平、克服地區差異的重要趨勢是重塑經濟地理；其重要路徑是在毗鄰城市地區推進區域一體化，形成具有內在經濟聯繫並相互促進的經濟板塊，從而在更大範圍內優化資源配置、拓展新的發展空間。我國目前推進的一系列區域發展戰略如京津冀協同發展、長江經濟帶發展、長三角一體化發展、粵港澳大灣區建設等就將推動形成若干個新的經

濟板塊。如何推進毗鄰地區一體化發展？世界銀行提出了三條路徑：一是提高密度，實現經濟集聚；二是縮短距離，降低運輸成本；三是減少分割，建設統一市場。

習近平總書記提出的現代化經濟體系的重要方面是建設彰顯優勢、協調聯動的城鄉區域發展體系。所謂彰顯優勢，是指彰顯先發展地區的先發優勢；所謂協調聯動，是要求先發展地區與後發展地區在現代化建設中協調聯動，實現共同富裕。

先發展地區在現代化建設中與後發展地區協調聯動是實現區域共同發展、共同富裕的重要路徑。在全國範圍內，各個區域實際上都或多或少存在先發展地區和後發展地區。先發展地區可以說是所在區域的發展極，或者說是區域發展中心；後發展地區是其外圍。現代化的區域協調就是彰顯先發展地區的發展中心的優勢，與其外圍在現代化建設中協調聯動。具體涉及四個方面：

第一，先發展地區向後發展地區提供發展要素。可以採取的一體化發展的路徑，主要包括三個方面：一是產業一體化。先發展地區把發展項目（包括製造業和服務業項目）落到後發展地區，把企業建在後發展地區。主要方式是產業鏈一體化佈局，把產業鏈延伸到後發展地區，以產業鏈形成一體化的產業體系。二是創新一體化。高新技術的研發和高新技術產業化在空間上可以分開。先發展地區作為科創中心將創新的成果放到後發展地區實現產業化，就形成從科創到產業化的創新一體化。三是建設雙向的"飛地經濟"。先發展地區可以到後發展地區建設"飛地"，包括各類工業園區。後發展地區也可到先發展地區設立研發機構，利用先發展地區的科技力量和人才優勢，研發自身所需要的可以實現產業化的新科技。

第二，交通信息設施的一體化建設。後發展地區的落後很大程度上是因為在基礎設施（尤其是交通設施和信息化設施）上被邊緣化，在時間和空間上遠離發展中心，難以獲得中心發展要素的輻射。為此需要重點規劃和建設後發展地區的現代交通信息設施，補齊其獲取發展要素和信息流動的短板。一是完善交通類基礎設施。港口、高速公路、機場等是對外聯繫的通道，互通、便捷、共享的港口、高速公路和機場等基礎設施可以縮短發達地區和落後地區的距離。二是提高信息類基礎設施水平。信息不暢或信息成本較高是貧窮地區的共同特徵。旨在推動區域經濟一體化的政策應該聚焦衛星電視、互聯網以及專業的檢索平台等信息類基礎設施的建設。基礎設施建設不僅是要增加供給，更要解決基礎設施的共享問題。其中包括跨區域信息網絡互通，推動信息要素交流，實現電子政務、電子商務等信息資源和信用體系資源的互通共享。現在問題突出集中在兩個方面：一是擁有基礎設施的地方，設置障礙增加外地企業共享基礎設施的困難；二是本地重複建設、重複投資可以共享的外地的基礎設施，以至於兩地的基礎設施的使用都達不到規模經濟。面對這種反一體化的傾向，要從制度上克服對基礎設施的市場分割；也就是在體制上整合港口之類的基礎設施，進行跨地區組合。

第三，建設區域共同市場。在現階段，不同行政區之間存在的市場分割主要表現在競相爭奪企業（包括外資）進入，限制企業流出；爭奪要素流入，限制要素流出；鼓勵產品流出，保護本地落後企業和產品。市場分割必然導致區域過度競爭，無論是對先發展地區還是後發展地區都會帶來明顯的負面影響。建立區域共同市場是打破市場的行政分割的重要機制。建立共同市場的基本要求是統一市場規則，包括五個部分：一是相互開放各類市場，消除條塊分割的體制障礙，如保證在投資准入、市場秩序、信用信息等方面的規則一致；准許企業異地流動，鼓勵企業跨地區投資；共建企業信用監管體系等。二是完善區域資本市場和金融服務自由化，推動資本在區域之間自由流動；鼓勵和支持優質資本、優良企業跨行政區的企業並購、資產重組；拓展區域內投融資渠道。三是統一技術標準，地區內相互承認技術標準與認證，排除技術標準方面的區域障礙；聯手保護知識產權（商標與專利）。四是建立統一的人才市場，通過相互承認學歷和技術證書，使人員在地區之間自由流動和就業；集中區域內的科研優勢力量，有計劃、有重點、有選擇地開展跨地區、多層次、多形式、多專業的科技交流與攻關，聯手攻克一些亟待解決的重大課題；在高科技、高附加值項目的研製開發方面，互為對方提供更加便利的條件。五是統一企業經營的法規，為企業在地區間流動和合作提供良好的基礎。顯然，區域共同市場的基本要求就是區域之間統一政策，降低要素區域流動的高門檻（高交易成本），消除區域壁壘，實現產品互相准入、資本自由流動、要素自由流動、企業跨區運作的統一市場。擴大企業的市場配置空間，在更大範圍獲得規模經濟和範圍經濟及技術外溢。

第四，健全地區間合作互助機制，推動各地區在資源、技術和人才等方面的合作共贏，形成先進地區帶動落後地區、共同發展的良好局面。有效合作機制須建立在各地區自身優勢基礎之上。中西部地區的優勢在於資源和廉價勞動力，東部地區的優勢在於資金、技術和人才，相互之間的合作即各方優勢的結合。可推動東部某些產業向中西部轉移，靠近資源原產地；同時中西部也可與東部開展科技合作，提升自身生產技術。另外，在基礎設施建設、公共服務方面也可以加強合作，中西部基礎設施的改善也有利於東部地區生產的擴張。健全互助機制，就是要鼓勵和支持先富地區對後富地區的扶持。發達地區要對口支援落後地區，在社會捐助、義務教育、醫療衛生、技術和人才等方面均可開展援助工作。發達地區在幫扶支援落後地區時，要引導後發展地區逐漸提升自身的內生發展能力，這樣才有利於後發展地區的現代化發展。健全扶持機制，就是要加大國家對後發展地區的支持力度，實現公共服務均等化。我國的後發展地區，尤其是一些革命老區、民族地區、邊疆地區，在義務教育、公共衛生、公共安全、公益文化和生活保障等公共服務方面明顯低於全國平均水平，這就需要國家調動公共資源向這些地區傾斜。扶持的基本途徑是財政轉移支付，因此扶持的力度和提供公共服務的質與量也要同財力相適應。隨着國民經濟的發展，扶持力度也會逐漸加大，縮小區域差距的步伐也會逐漸加快。

三、政府作為

企業跨地區投資，人才跨地區流動，創新要素跨地區配置，大都涉及先發展地區的發展要素流向後發展地區。這不僅與市場調節方向相悖，也會遇到行政區域的阻力。要增強區域發展的平衡性，實施區域重大戰略和區域協調發展戰略，健全轉移支付制度，縮小區域人均財政支出差異，加大對欠發達地區的支持力度。按此要求，政府的有效作用除了打破地區分割、推動區域經濟一體化外，還需要促進發展要素流向後發展地區，涉及上級政府和平級政府行為的優化。

（一）平級政府的有為

平級政府的行為主要涉及四個方面：第一，克服不同地區的政策和體制落差。在相當長的時期中，我國的改革和發展基本上是靠政策推動的，對不同地區不同產業實行有差別的政策，如特區政策、沿海開放政策等。現在隨着市場化改革的深入，這些政策已經趨向取消，但是不同地區的經濟政策差異依然非常明顯。為了吸引外地企業，爭奪資本、人才等生產要素，各個地方政府會在稅收、土地使用費、人才待遇等方面競相出台優惠政策。表面看來這會給企業降低商務成本；實際情況則是政府成本加大，甚至高於給企業所節省的商務成本。不僅如此，政府依靠優惠（歧視）政策干預市場的後果是，資本流動、人才流動不是受市場調節和市場選擇，而是受政府選擇和政府調節；所形成的生產要素價格也不是真正的市場價格。因此，打破市場封鎖，統一市場的前提是統一政策，不僅僅是統一中央對各個地方的政策，還應該統一各個地區干預市場的政策。只要各地政府在作出制度安排時，從提高整體競爭力出發，相互協調、統一規劃，就可以大大降低各項制度安排的實施成本和各項制度安排間的摩擦成本，產生制度安排與實施的規模經濟和範圍經濟。

第二，優勢互補。地區間相互封閉的地方保護主義做法會阻礙要素資源的自由流動，造成市場分割，引起產業結構趨同，抑制各地發揮自身優勢，破壞地域分工格局。要實現區域間可持續發展，必須依據比較優勢進行合理的區域分工和協作，加強區域間的經濟聯繫。發達地區往往地理位置優越，與海外聯繫便利，經濟發展水平高，科技、資金、人才等優勢明顯，交通、通信等基礎設施條件較好，創新和商業氛圍、營商環境良好。發達地區應繼續發揮其領頭羊的作用和優勢，積極利用國內外資源，對外參與國際分工，對內帶動經濟發展，大力發展技術含量高、附加價值大、能源與原材料消耗低的新興產業，推動產業轉型升級、更新換代，引領我國經濟高質量發展。中部地區的礦產和農業資源較豐富，可深層次開發利用優勢資源，同時積極承接東部產業轉移，推動工業轉型升級。西部地區能源、礦產、生物等資源均較為豐富，要立足資源優勢，優化已有資源型產業，另外可依託豐富資源和已有國有企業發展高技術產業，培育西部地區的增長極。

第三，推動企業為主體的區域合作。在市場對資源配置起決定性作用後，企業的市場主體地位便得以凸顯。政府所進行的區域協調只是提供現代化區域推進的外部環境，企業跨地區流動則可以打破市場的行政分割。一是以產權鏈建立企業間跨地區合作。主要形式是企業跨地區分佈和企業跨地區並購，由此形成跨地區的產權聯繫。企業跨地區分佈即總部與生產基地或營銷體系跨地區分佈，其結果是企業的生產要素能夠在更大範圍內，特別是在不同區域之間自由流動。生產要素跨區域流動和組合促進了區域之間相互滲透、逐步融合，形成以資源有效配置和整體利益最大化為基礎的區域專業化分工格局。二是以供應鏈建立企業之間跨地區合作。供應鏈即上、下游企業之間按原料、投入品、生產、銷售的供應鏈條在更大範圍內分工合作。現在無論是在世界範圍還是在國內，競爭關係包括供應鏈內不同環節的企業之間的競爭和不同供應鏈之間的競爭。與此相應，企業之間的區域合作表現為，分佈在不同地區的同一個供應鏈上不同環節的企業開始由競爭關係轉向合作關係，在此基礎上形成的區域內不同地區之間供應鏈的競爭和合作成為統一市場的強大動力。三是發揮現代流通組織統一市場的作用。這類服務業組織包括銀行、保險之類的金融機構，連鎖超級市場和電商，等等。這些服務業企業跨地區分佈和經營，可能在較大範圍內推動統一市場建設。

第四，後發展地區政府要克服"等、靠、要"思想，善用市場思維創新吸引發展要素的政策，着力培育市場化、法治化、國際化營商環境。

（二）上級政府的調控行為

上級政府（主要是中央和省級政府）的調控行為主要涉及兩個方面：第一，改革發展政策更多向後發展地區傾斜。後發展地區要實現現代化的跨越，必須要有相應政策支持，需要調整政策思路，將改革發展政策更多向後發展地區傾斜。

例如，現代化的示範區、試驗區可考慮多分佈在後發展地區，並給予必要的政策支持，增強其獲取發展要素的能力和自我發展能力，為後發展地區提供更多的發展機會和更好的發展條件。目前國家對各個區域設定的限制類政策，如針對環境污染設定的碳排放指標、針對土地過度開發設定的土地開發強度指標等，基本上以先發展地區為標準，導致後發展地區面臨相同的限制約束。考慮到後發展地區實現現代化跨越的需求，應該從實際出發，一些限制性政策需要考慮後發展地區所處發展階段的特徵。向後發展地區的傾斜，要注意基於其自身發展基礎和比較優勢，強優勢補短板，如此才能事半功倍。在我國，相對落後的中西部地區擁有豐富的礦產資源、能源和原材料、農業資源等，可重點扶持相關資源型產業的發展。另外，針對基礎設施短板，還須重點加大交通、通信等方面基礎設施的建設力度。一方面發揮中西部地區的比較優勢，利用其比較優勢彌補區域劣勢，實現快速發展，同時又能支撐東部可持續發展；另一方面，通過補短板改善後發展地區的生產生活條件和投資環境，夯實發展基礎，增強中西部承接東部產業和技術轉移的能力，創造條件促使東部地區對中西部地區發揮擴張和帶動效應。

第二，城鄉、區域差距很大程度上是基本公共服務質量和水準的差距。促進優質公共服務城鄉、區域配置均等化對城鄉、區域共同富裕具有導向性作用。其路徑是中央財政的轉移支付重視提高後發展地區基本公共服務的供給能力，並使基本公共服務的供給能力與當地的 GDP 和財政收入脫鈎。這對後發展地區和農村實現現代化的跨越尤為重要。另外，對各地政府的 GDP 統計、稅收分享、人才政策等方面進行制度創新，不僅要打破行政壁壘，還應具有激勵導向作用。

四、實施區域發展戰略

針對區域發展的不平衡問題，習近平總書記在中央財經委員會第十次會議上的講話中明確強調："要增強區域發展的平衡性，實施區域重大戰略和區域協調發展戰略。"

（一）繼續推進的區域發展戰略

西部大開發。西部地區資源豐富，市場潛力大，戰略位置非常重要。推動西部大開發，縮小地區差距，是現代化區域協調發展的內在要求。基礎設施落後、人才資源短缺、教育發展滯後等因素一直制約着西部經濟社會實現現代化，對外開放程度低、制度變遷滯後等因素，嚴重影響各種發展要素的使用效率，生態環境惡化趨勢短時間內難以扭轉，實施西部大開發是一項長期又艱巨的任務。基於西部發展基礎和發展條件，西部大開發要實施"以工促農，以城帶鄉"，破解西部"三農"問題；要加快推進戰略性基礎設施建設，進一步夯實發展基礎；要加快發展特色經濟和優勢產業，增強自主發展能力；要加強生態環境保護和建設，實現生態改善和農民增收；要大力發展教育，提高西部人力資源質量；要加速開放、深化改革，為西部大開發注入強大動力。

中部崛起。加快促進中部地區崛起，對於推動現代化進程、統籌區域協調發展，具有重要戰略意義。基於中部地區的發展基礎和條件，中部地區要繼續充分發揮農業的比較優勢，提升農業尤其是糧食主產區的重要地位；依託現有工業基礎和產業轉移契機，加快產業轉型升級；加快城市化進程，培育若干具有較強帶動作用和輻射作用的城市群；大力優化投資環境，打破地區行政分割，積極融入東部經濟，提高經濟開放度；加大對中部老區、庫區和少數民族地區的扶持力度；提高中部資源環境對經濟發展的承載能力，注重中部地區的生態保護。

東北振興。振興東北老工業基地對於東北地區以及我國現代化區域協調發展具有非常重大的意義。東北老工業基地在改革開放之前的發展，受益於國家推行的重工業優先發展的趕超戰略；而在改革開放以後的發展，則受累於趕超戰略所遺留下來的、缺乏市場競爭力的產業、產品、技術結構。東北地區民營經濟比重過小，國有企業包袱沉重；企業裝備和技術老化，產品缺乏競爭力，不良資產和不良貸款"雙高"；資源型城市轉型困難，面臨發展困境。東北振興首先要深化經濟體制改革，以體制機制的創新振興東北老工業基地，東三省的落後表面上看是發展水平的現實差距，其根源則在於體制、機制的活力不強。要加快推進產業結構調整升級，大力發展循環經濟，走新型工業化道路；擴大對內對外開放，積極吸引外資參與老工業基地調整改造；加大對農業的支持力度，實現城鄉經濟的協調發展。

　　東部繼續率先發展。改革開放以來，東部地區率先發展起來，為推動中國經濟整體的高速發展作出了巨大貢獻。只有繼續發揮東部地區經濟在全國領先的優勢，才能使其更好地擔負起實現中華民族偉大復興的歷史使命，這也是實現我國現代化區域經濟協調發展的需要。東部地區要實現更高質量的率先發展，就要更加注重轉變經濟發展方式，加快產業結構優化升級，將發展經濟的着力點放到提高經濟增長的質量和效益上來；更加注重全面深化改革，提高對外開放水平；更加注重生態環境保護，用綠色 GDP 指導發展，建設資源節約型、環境友好型社會，促進經濟發展與人口、資源、環境相協調；更加注重加速科技進步，增強自主創新能力，依靠科技力量促進可持續發展；更加注重城鄉統籌和區域協調發展，增強服務全國的大局意識，帶動和幫助中西部地區共同發展，形成東中西優勢互補、良性互動的區域協調發展機制，逐步縮小東中西部地區之間差距，最終實現共同富裕。

（二）進入新時代後的區域發展戰略

　　在舉國體制下，國家實施區域發展戰略，對需要重點發展的區域給予政策和體制上的支持，適當集中人力、物力和財力重點開發，會對進入國家戰略的區域的發展產生重大的推動作用。改革開放初期，國家實施的區域重大發展戰略具有非平衡發展的特徵，主要針對的是先發展地區，如對沿海地區給予先行先試的改革開放政策，取得了明顯的效果。後來實施的區域重大戰略則服從於協調發展的要求，在後發展地區相對集中的區域實施區域發展戰略，如西部大開發、中部崛起、東北振興等。而現在實施的區域發展戰略則是在區域內連接東中西部，基本上包含了發達地區和相對不發達地區，有利於在區域內彰顯優勢、協調聯動。

　　京津冀協同發展。該戰略涉及京津冀三地，三地作為整體協同發展需要聚焦四個方面：疏解北京非首都核心功能，調整優化城市佈局和空間結構，構建現代化交通網絡系統，擴大環境容量、生態空間。

長江經濟帶發展。該戰略覆蓋上海、江蘇、浙江、安徽、江西、湖北、湖南、重慶、四川、貴州、雲南等 11 個省市，涉及國土面積約 205.23 萬平方公里，佔全國面積的 21.4%，人口和生產總值均超過全國的 40%。長江經濟帶發展戰略旨在充分發揮長江經濟帶橫跨東中西三大板塊的區位優勢，以共抓大保護、不搞大開發為導向，以生態優先、綠色發展為引領，依託長江黃金水道，推動長江上中下游地區協調發展和沿江地區高質量發展。

粵港澳大灣區建設。粵港澳大灣區是中國改革開放開風氣之先的地區，是中國開放程度最高、經濟活力最強的區域之一。該戰略將大力發展該地區，打造世界級城市群和更具綜合競爭力的國際一流灣區，使其成為具有全球影響力的國際科技創新中心。

長三角一體化發展。該戰略涉及上海和江蘇、浙江、安徽一市三省。長三角地區是我國經濟發展最活躍、開放程度最高、創新能力最強的區域之一，在全國經濟中具有舉足輕重的地位。長三角一體化發展上升為國家戰略，使得長三角區域發展具有極大的區域帶動和示範作用，要緊扣"一體化"和"高質量"兩個關鍵詞，帶動整個長江經濟帶和華東地區發展，形成高質量發展的區域集群。

黃河流域生態保護和高質量發展戰略也覆蓋了黃河流域東中西部 9 省區。

以上國家戰略打造的經濟區域，不僅是引領高質量發展的重要動力源，也是現代化區域協調發展的動力源。與此同時，"一帶一路"建設助推了我國沿海、內陸、沿邊地區協同開放，為國內區域協調發展注入了動力。"一帶一路"是"絲綢之路經濟帶"和"21 世紀海上絲綢之路"的簡稱。對內而言，"一帶一路"旨在推動原先遠離開放前沿的中西部地區與東部沿海地區共同發展，加強東中西互動合作，全面提升開放型經濟水平。"絲綢之路經濟帶"主要涉及新疆、重慶、陝西、甘肅、寧夏、青海、內蒙古、黑龍江、吉林、遼寧、廣西、雲南、西藏 13 個省（自治區、直轄市）。"21 世紀海上絲綢之路"主要涉及上海、福建、廣東、浙江、海南 5 個省（直轄市）。

第十一章

科技創新引領
現代化

創新是引領發展的第一動力，也是中國式現代化的第一動力。黨的十九屆五中全會擘畫的基本實現社會主義現代化的藍圖明確把創新同改革並列為發展的根本動力，強調堅持創新在現代化建設全域中的核心地位。創新，顧名思義，即走前人沒有走過的路，是新的創造，包括創造新思想、新理論、新技術、新制度、新文化等，涉及理論、制度、科技和文化各個方面。其中，科技創新是核心，是創新驅動經濟發展從而實現現代化的原動力。

第一節　創新在現代化建設全域中的核心地位

改革開放以來，中國經濟增長舉世矚目，但這種增長很大程度上建立在要素投入的基礎上。隨着人口紅利的消融和資源環境承載力逼近上限，傳統的發展模式將難以為繼，使得我國必須適應當代科技發展的規律，培育參與全球競爭的新優勢，轉向科技創新引領是中國式現代化建設的必然選擇。

一、經濟發展方式的創新

最早的創新思想可追溯到馬克思在《資本論》中所提出的自然科學在技術進步中的作用。根據馬克思的概括，"腦力勞動特別是自然科學的發展" 是社會生產力發展的重要來源。❶ 最早把創新驅動作為一個發展階段提出來的是波特，他把經濟發展劃分為四個階段：第一階段是要素驅動階段，第二階段是投資驅動階段，第三階段是創新驅動階段，第四階段是財富驅動階段。

長期以來，我國的經濟發展基本上處於要素驅動和投資驅動階段。要素驅動即依靠物質資源投入的經濟發展；投資驅動即依靠高積累低消費的經濟發展。經濟發展到新階段，一方面，物質資源和低成本勞動力供給嚴重不足，要素驅動的經濟發展方式不可持續；另一方面，人民群眾不可能長期忍受高積累低消費。在此背景下，我國的經濟發展動力需要從要素驅動、投資驅動轉向創新驅動。

創新驅動成為新的經濟發展方式，可以從四個方面來說明：一是現有的資源容量（尤其是能源和土地）難以支撐經濟的持續增長，必須要尋求經濟增長新的驅動力。創新驅動就是創造新的發展要素。知識和技術本身就是無形要素，創新帶來的新知識、新技術是新的發展要素，不僅可以替代物質資源投入，而且效率更高。當然，創新驅動不是不要投入物質資源，而是使投入的物質資源有更高的

---

❶　［德］馬克思：《資本論》第 3 卷，人民出版社 2004 年版，第 96 頁。

產出。二是由工業文明轉向生態文明的基本要求是人和自然和諧共生，其路徑不是控制和放慢工業化進程，而是依靠科技創新開發並應用低碳技術、能源清潔化技術、循環經濟技術，發展環保產業，從而實現對高排放高能耗產業和技術的強制淘汰和替代。三是國家的競爭力在於其產業創新與升級的能力。產業結構優化升級需要有創新的新興產業來帶動。我國成為世界第二大經濟體後，沒有理由再錯過新科技和產業革命的機會，需要依靠科技和產業創新，發展處於世界前沿的新興產業，佔領世界經濟科技的制高點，提高產業的國際競爭力。四是我國經濟體大而不富，原因是許多中國製造的產品處於價值鏈的低端，核心技術、關鍵技術不在我們這裏，品牌也不在我們這裏，由此產生高產值低收益問題。要改變這種狀況只能依靠創新驅動由中國製造轉為中國創造和"智造"，進入價值鏈的中高端。

根據現代化的要求，創新驅動着力培育發展新動能，主要涉及以下兩個方面：

一方面是依靠新知識、新技術對資本、勞動力、物質資源等有形要素進行重組，改造物質資本、提高勞動者素質和科學管理水平，創造出新的發展要素，形成內生性增長。雖然自主創新不排斥引進和利用國外先進技術，但以其為基礎的經濟增長屬外生的，特別是在我國進入現代化階段，與國外技術距離縮短甚至進入並跑和領跑階段時，只有依靠自主創新的技術推動的內生經濟增長才是可靠的和可持續的。

長期以來，我國驅動發展的先進技術很大程度上是外生的。主要表現為創新的先進技術大多是引進和模仿的，先進產業大多是加工代工型的。這種模式的技術創新基本上屬國外創新技術對我國的擴散，創新的源頭在國外。採用的新技術是國外已經成熟的技術。這種技術創新的意義在於縮短我國與國際技術水平的差距，但不能進入國際前沿。現在我國在成為世界第二大經濟體後，一方面已經具備了自主研發新技術的能力；另一方面西方發達國家不願意看到中國成為經濟強國，他們會在"中國威脅論"的幌子下，竭力打壓中國的科技和經濟發展，其對中國的高技術封鎖明顯加大，貿易摩擦不斷升級。這就逼着我國着力推進科技創新，立足於自主創新，發展具有自主知識產權的技術和產業。因此，創新驅動的着力點是提高原始創新、集成創新和引進消化吸收再創新能力。

另一方面是發展新經濟。經濟發展的每一個時期都會產生反映當時最新科技水平的新產業和新動能，這被稱為新經濟。時代的發展，科技的進步，新經濟的出現，可以說是每個經濟時代的新動能。新經濟概念最早出現在 20 世紀 80 年代，是對當時的信息經濟、網絡經濟、數字化經濟的概括，使人們的工作、學習和生活方式產生全新的變革。它不僅豐富了人們獲取信息的途徑，而且為企業內或企業間的信息交流提供了快捷而廉價的通信工具，為工商企業和消費者之間的信息溝通提供了新的渠道。現在所講的新經濟是在互聯網和智能化技術推動下產生的新興產業，既包括"互聯網＋"、物聯網、雲計算、電子商務等新興業態，也包括工業製造當中的智能製造、機器人、柔性化生產和訂制化生產等。之前以信息技術和信息產業為代表的新經濟中國沒有能夠領先，只能跟隨。當今的新經濟中國不能只是跟隨，而是需要同發達國家進入同一起跑線，佔領制高點。

二、作為現代化基本驅動力的科技創新

諾貝爾經濟學獎獲得者西蒙·庫茲涅茨考察了歐美發達國家近百年經濟發展的進程，在關於現代經濟增長的定義中，他認為技術進步已成為一個國家經濟長期增長的基礎："知識和技術上的創新是任何重大經濟增長的前提。但是在現代的經濟增長中，這種創新的頻率顯然快得多了，並且為速度更高的總體增長提供了基礎。" [1]

根據羅斯托的分析，經濟起飛階段和起飛以後的現代化階段，發展的動力是不一樣的。經濟起飛靠投資推動，較高的投資率成為實現經濟起飛的三個條件之一。大推進理論甚至認為經濟全面高速增長主要依靠資本投入。而在現代化階

---

[1] ［美］庫茲涅茨：《現代的經濟增長：發現和思考》，轉引自 ［美］西里爾·E. 布萊克編：《比較現代化》，楊豫、陳祖洲譯，上海譯文出版社 1996 年版，第 281 頁。

段，發展的基本動力轉向了創新驅動。這個理論界定同我國發展的現實是一致的。發展動力不改變，實現現代化也就成為空話。

最早在經濟上使用創新概念的是熊彼特。在他看來，創新即生產要素的新組合，創新領域可以簡單地概括為產品創新、技術創新、市場創新和組織制度創新。後來弗里曼進一步將創新定義為新發明、新產品、新工藝、新方法或新制度第一次運用到經濟中去的嘗試。此定義特別強調"第一次運用"：創新是指新發明第一次引入商業的全過程。創新的全過程包括發明、創新和創新的擴散三重概念。其中發明是指為新的或改進的產品、工藝或制度而建立的新思想、圖紙或模型，通常表達一種前所未有的構思。創新的擴散是指創新的成果經過全體潛在採納者之手擴散並提高全社會生產率。

諾貝爾經濟學獎得主費爾普斯對創新的定義也是強調新技術、新發明的應用。他認為，創新是指新工藝、新產品在世界上的某個地方成為新的生產實踐。他特別強調經濟學家與科學家對創新定義的差別：對經濟學家來說，創新就是指新實踐，而不僅僅是開發；而科學家則習慣把新工藝和新產品的發明都稱為創新，不管用戶是否接受。

OECD 對創新的定義較為具體，其認為創新是一種新的或做出重大改進的產品（商品和服務）或工藝、一種新的市場經營模式，抑或是在商業實踐、工作組織或外部關係中一種新的組織方式的實施過程。

以上各家對創新的定義有一個共同的特點，就是強調創意和新發明的應用。正如熊彼特所說，僅僅製造出令人滿意的肥皂是不夠的，誘導人們去清洗東西同樣必要。這就是說，發明並不完全等同於創新，創新要求將創意落到實處。只有創造出價值時，發明才具有創新的價值。

2016 年 G20 杭州峰會通過的《二十國集團創新增長藍圖》對創新的含義曾有完整的闡述："創新是指在技術、產品或流程中體現的新的和能創造價值的理念。創新包括推出新的或明顯改進的產品、商品或服務，源自創意和技術進步的工藝流程，在商業實踐、生產方式或對外關係中採用的新的營銷或組織方式。創新涵蓋了以科技創新為核心的廣泛領域，是推動全球可持續發展的主要動力之一，在諸多領域發揮着重要作用，包括促進經濟增長、就業、創業和結構性改革，提高生產力和競爭力，為民眾提供更好的服務並應對全球性挑戰。"

創新既是不竭的動力，也有豐富的源泉，如文化創新、制度創新、管理創新、市場創新、技術創新、科技創新等。在我們所考察的創新驅動的經濟發展方式中，科技創新是核心。進入推進現代化的新階段，科技創新有以下兩個新的特點。

第一，過去常用的概念是技術創新，現在更強調科技創新。這實際上反映了創新源頭的改變。技術創新多是源於生產中經驗的積累、技術的改進和企業內的新技術研發。即使是由科學發現所推動的技術進步，也會間隔很長的時間，往往需要幾十年甚至上百年。現在的技術進步更多來源於科學的發明。特別是在20世紀後期產生新經濟以來，科學上的重大發現從發現到應用於生產，再到轉化為現實生產力，所需時間越來越短，縮短到十幾年甚至幾年。現在，從科學發現到生產應用（尤其是產業創新）幾乎是同時進行。這意味着利用當代最新的科學發現的成果迅速轉化為新技術可以實現大的技術跨越。例如，新材料的發現、信息技術和生物技術的突破都迅速轉化為了相應的新技術。這種建立在科技創新基礎上以科學發現為源頭的科技進步模式，體現了知識創新（科學發現）和技術創新的密切銜接和融合，是技術進步路徑的革命性變化。

第二，科技創新強調創新成果的轉化和應用。科學技術現代化有兩個層次：一是科學技術本身的現代化；二是生產和服務領域掌握現代科學技術，現代科學技術是現代化的基礎和動力。科學技術的突破和高科技產業化已經成為科學技術現代化不可分割的兩個方面。從現代化角度界定的科技進步，突出的是科學的應用，也就是庫茲涅茨所說的："標誌着現今這個經濟時代的重大創新是科學被廣泛地運用於經濟生產領域的問題。"[1]對發展中國家來說，其現代化的一個必要途徑是分享和利用國際最新科學技術。

---

❶ [美] 西蒙·庫茲涅茨：《現代經濟增長：速度、結構與擴展》，戴睿、易誠譯，北京經濟學院出版社1989年版，第7頁。

科技現代化的直接作用是產業現代化，形成自主可控的現代產業體系。提升一個國家和地區的現代化水平，最為重要的是發展該時代處於領先地位的新興產業，特別是主導產業的更新，培育一國產業擁有可與世界級競爭對手較勁的競爭優勢。在現階段依靠科技創新發展的現代產業主要涉及三個方面：一是發展知識密集型的高科技產業。二是發展綠色產業。所有產業都需要得到創新的綠色技術的改造，實現低碳、低排放、低能源消耗。三是傳統產業採用現代技術，或者進入新興產業的產業鏈。因此創新驅動要實，實就實在產業化創新。由此形成的新的增長點，既包括培育前瞻性戰略性新興產業，又包括高科技產業化，實現工業化與信息化、綠色化的融合，同時還要創新改造傳統產業的新技術。

三、建設創新型國家

　　現代化國家都是創新型國家。當今世界國家可以分為三類：一是資源型國家，主要依靠自身豐富的自然資源增加國民財富，如中東產油國家；二是依附型國家，主要依附於發達國家的資本、市場和技術，如一些拉美國家；三是創新型國家，把科技創新作為基本戰略，大幅度提高自主創新能力，形成日益強大的競爭優勢。創新型國家是以創新驅動經濟和社會發展的國家，因而有較強的自主創新能力。當前，公認的創新型國家主要有美國、芬蘭、丹麥、日本、德國、英國、瑞典、瑞士、加拿大、荷蘭、新加坡、法國、奧地利、以色列、比利時、澳大利亞、冰島、挪威、愛爾蘭、意大利等國家。

　　科技創新成為經濟發展的主要動力是建成創新型國家的重要標誌。我國建設創新型國家的目標非常明確：全面建成小康社會時進入創新型國家行列；基本實現社會主義現代化時進入創新型國家前列；全面建成社會主義現代化強國時成為世界科技強國。

　　根據各個創新型國家的經驗，建成創新型國家有以下五個評價標準：一是高強度的研發投入。創新型國家的研究與試驗發展（Research and Experimental Development, R&D）資金投入佔 GDP 比重一般都在 2% 以上。據 2019 年數據，美國研發投入佔 GDP 的比重為 3.1％，日本為 3.2％，德國為 3.2％；以色列和韓國則分別達到了 4.9％和 4.6％，研發強度最高。根據世界銀行統計，在全球 R&D 投入中，美國、歐盟、日本等發達國家和地區佔到極高比例。二是創新產出能力強。創新產出能力主要表現在科技論文、發明專利和高技術產業產出三個方面。三是科技進步貢獻率高。發達國家的科技進步貢獻率一般都在 70％ 以上，因此有較強的自主創新能力。研究表明，創新型國家對引進技術的依存度均在 30％ 以下。四是支持創新的基礎設施完善和社會文化發達，包括教育（尤其是高等教育）發達，以互聯網為代表的信息化水平高，知識產權保護力度大，形成支持創新的文化和氛圍。五是集聚創新要素，風險資本投資活躍。創新要素主要包括高端創新創業人才、科技企業家、科研和研發機構，以及風險和創業投資等。

目前，我國同這些創新型國家相比還存在一定差距。以上創新型國家的評價標準也就成為我國進入創新型國家前列的參照系。

第二節　科技和產業革命及現代化的機遇

　　每一次現代化浪潮都是由科技革命或產業革命推動的。誰抓住了科技和產業革命的機會，誰就跨入了現代化的大門。也有一些國家雖然沒有抓住科技和產業革命的機會，但憑藉其持續的科技創新和產業創新，同樣敲開了現代化的大門。

一、新科技和產業革命的特點

　　科技革命即科學的突破性發現。產業革命即科技革命引領的產業的革命性變化。研究世界科技和產業史，可以發現科技革命和產業革命有時重合，即科技革命直接帶來產業革命；有時不重合，即科技革命沒有同時帶來產業的革命性變化。根據熊彼特對資本主義的經濟發展過程的分析，第一次科技革命即第一次產業革命，大約是從 1783 年到 1842 年，產生了蒸汽機。第二次科技革命是從 1842 年到 1897 年，即蒸汽機成為主要動力機械後人類進入鋼鐵和鐵路時代。第三次科技革命即第二次產業革命是從 1897 年開始直到 20 世紀 40 年代初期，其特徵是電動機和內燃機得到普遍應用後人類進入電氣、化學和汽車時代。第四次科技革命可以從 1946 年世界出現第一台可編程計算機算起，以信息技術為代表，特別是到 20 世紀末產生了電子信息網絡，從而使從戰後開始的科技革命達到最高峰。研究之前的兩次產業革命，其基本特徵是產業動力的革命，第一次產業革命帶來的是蒸汽動力，第二次產業革命帶來的是電氣動力。如今，新能源技術、生物技術（生物醫藥、生物能源等）、環保技術與第四次科技革命的互聯網等信息技術結合所產生的新的動力革命標誌着第三次產業革命的到來。新能源將替代前兩次產業革命的動力——化石能源，給各個產業帶來革命性變化。

　　科技創新與科技革命是互動的關係。科技創新是量變，科技創新累積到一定階段就產生科技革命。一場科技革命下來又可能產生一系列持續不斷的以此成果為基礎的科技創新。科技創新的直接成果是產業創新。一般情況下都是先有科技創新後有產業創新。從過去的幾次科技革命來看，科學上的重大發現從發現到應用於生產，再到轉化為現實生產力，所需的時間越來越短。例如，蒸汽機從開始研製到 18 世紀定型投產用了近 90 年；從 1831 年發現發動機原理到 1872 年發明發動機，經歷了 41 年；19 世紀內燃機從研究到工業化用了 38 年。20 世紀從發現雷達原理到製造出雷達用了 10 年，從發現鈾核裂變到製造出原子彈用了 7 年，半導體的發明用了 6 年，晶體管的發明用了 5 年，移動電話的發明僅用了 4 年，而激光從發現到應用間隔不足 2 年。現在從科學發現到生產應用（尤其是產業創新）幾乎是同時進行。這意味着新科技革命使科學轉化為生產力的過程發生了質的變化，科學技術真正上升為第一生產力。利用當代最新的科學發現可以實現大幅度的技術跨越，經濟增長速度主要由科學轉化為現實生產力的速度決定。正是科學新發現迅速轉化為新技術使知識創新成為經濟學上創新的環節或源頭。

二、當代世界的重大科技創新

當前世界範圍內的重大科技創新突出表現在以下方面：

大數據。工業化時期數據量大約每十年翻一番，現在數據量每兩年就翻一番。浩瀚的數據海洋就如同工業社會的石油資源，蘊含着巨大生產力和商機。誰掌握了大數據技術，誰就掌握了發展的資源和主動權。大數據依託計算機和互聯網，具有 4V 特點，即 volume（大量）、velocity（高速）、variety（多樣）、value（價值），基礎是各個參與者都在提供經過分析和處理的數據。大數據越來越成為經濟發展的資源。現代科技創新如人工智能的基礎就是大數據，現代市場營銷的基礎也是大數據。這都表明大數據已經成為經濟發展的重要因素。

先進製造。依託信息技術、人工智能等新科技，誕生了 3D 打印、無人駕駛等綠色化、智能化、柔性化、網絡化的先進製造業。先進製造不僅會從源頭上有效緩解資源環境壓力，還引發了製造業及其相關產業鏈的重大變革。

量子調控。科學家們開始調控量子世界，這將極大推動信息、能源、材料科學發展，帶來新的產業革命。我國發射了量子人造衛星，量子通信已經開始走向實用化，這將從根本上解決通信安全問題，同時將形成新興通信產業。

人造生命。2010 年第一例人造生命——完全由人造基因控制的單細胞細菌誕生，打破了生命和非生命的界限，為在實驗室研究生命起源開闢了新途徑。人造生命研究不僅對人類認識生命本質具有重要意義，而且在醫藥、能源、材料、農業、環境等方面展現出巨大潛力和應用前景。

以上僅指出了具有代表性的新科技，依託重大科技向產業鏈高端發展，主要表現在移動互聯網、智能終端、大數據、雲計算、高端芯片等新一代信息技術發展將帶動眾多產業變革和創新；圍繞新能源、氣候變化、空間科學、海洋開發的技術創新更加密集；綠色經濟、低碳技術等新興產業蓬勃興起；生命科學、生物技術帶動形成龐大的健康、現代農業、生物能源、生物製造、環保等產業。

2013 年德國推出的"工業 4.0"計劃，是繼機械化、電氣化和信息技術之後，以智能製造為主導的第四次工業革命。現在"工業 4.0"已由概念走進現實，產生了智能工廠、智能生產、智能物流。基於新一輪科技和產業革命蓄勢待發的趨勢，習近平總書記在黨的十九大報告中提出："加快建設製造強國，加快發展先進製造業，推動互聯網、大數據、人工智能和實體經濟深度融合。"我國制定的製造強國戰略確定了十個重點領域，包括新一代信息技術產業、高檔數控機床和機器人、航空航天裝備、海洋工程裝備及高技術船舶、先進軌道交通裝備、節能與新能源汽車、電力裝備、農機裝備、新材料、生物醫藥及高性能醫療器械。

過去的幾次重大科技革命都首先產生於發達國家，我國由於發展水平等原因錯過了幾次科技和產業革命的機會。後發國家現代化的一個必要途徑是分享和利用國際最新科學技術。如庫茲涅茨所說的，新發明和新技術"大部分是發達國家的產物，任何國家的經濟增長都依賴於這些發明的利用"●。因此，"某個特定國家對現代經濟增長的參與是一個學習和直接利用國際性技術和社會知識的問

● ［美］西蒙·庫茲涅茨：《現代經濟增長：速度、結構與擴展》，戴睿、易誠譯，北京經濟學院出版社 1989 年版，第 250 頁。

題"❶。這麼多年來我國依靠開放型經濟,引進和利用外資,學習和分享了國際先進技術,但這還只是跟隨型創新。這種跟隨型創新對發展中國家來說在一定的發展階段是必經的過程。跟隨發達國家學習和引進國際先進技術雖然能提升我國自身的技術和產業水平,但不能改變後進地位,也談不上現代化,還會受制於人。這種路徑創新的源頭在國外,學習的技術在發達國家已經是成熟技術,發展的新產業也已經是國際市場上產能開始過剩的產業。

我國推進現代化所面臨的國際經濟和科技環境發生了重大變化。世界是平的,經濟全球化和科技全球化的互動,使正在發生的新科技和產業革命的機會對各個國家都是均等的。在此背景下,我國不能再錯過這次新科技和產業革命的機會。我國推進現代化應直接瞄準國際最新技術,與發達國家進入同一創新起跑線,實現跨越式發展。其他國家能夠研究和開發的新科技、新產業,我國同樣也可以研究和開發。其現實可能性主要體現在以下幾個方面:

第一,發展中國家獲取發達國家創新知識有後發優勢:企業之間、國家之間在知識創新投入上的差異,最終表現為經濟增長速度和經濟增長質量上的差異。這種差異可以通過國際貿易得到改善,因為國際貿易可以促進知識在國際間的傳播,減少後進國家的研發費用,從而間接達到增加發展中國家資本積累的目的。

第二,中國已成為世界第二大經濟體,人均 GDP 達到中等偏上收入國家水平,經濟發展躍上新台階。在全球化、信息化、網絡化的背景下,我國與其他發達國家進入同一創新起跑線的基礎性條件是,大學和科研機構掌握的高科技研究成果的國際差距,相對來說,要比高科技產業的國際差距小,科學研究沒有國界。只要能夠着力推進科學發現向新技術的轉化,最先應用新發明,就可以產生具有自主知識產權的創新成果,佔領世界科技和產業的制高點。

由跟隨創新轉向與發達國家進入同一創新起跑線,反映了我國經濟和自主創新能力的提升。所謂進入同一創新起跑線,首先是指創新的共同主攻方向。庫茲

❶ [美] 西蒙·庫茲涅茨:《現代經濟增長:速度、結構與擴展》,戴睿、易誠譯,北京經濟學院出版社 1989 年版,第 255 頁。

涅茨把現代經濟增長看作以劃時代的創造發明為基礎的一個過程：不管創新資源的來源如何，"任何單個國家的經濟增長都有其國外的基礎"。基本原因在於，科技和產業的"時代劃分是以許多國家所共有的重要創造發明為依據的。這是現代經濟增長的一條特殊真理"。❶ 具體地說，在現代具有劃時代意義的創造發明是清潔能源、新材料、生物技術、節能環保技術等，這些新科技成為我國科技創新的主攻方向，表明我國與發達國家進入同一創新起跑線。

自主創新不等於封閉創新。各個國家主攻相同方向的科技和產業，所產生的新知識、新科技可以在世界範圍內傳播。我國的自主創新不但不拒絕接受其傳播，而且還要積極吸收和引進。在主攻同一創新方向過程中吸收和引進新發明、新技術，不只是為了避免重複研究並節省研發費用，更為重要的是要保持自己在具有劃時代意義的創新領域的領先地位。這種學習和引進已經不是過去意義上的跟隨創新，而是佔領科技和產業創新世界制高點的必要途徑。如我國近年來發展起來的高鐵技術，其中的許多技術可能是引進的，引進的技術與自主創新的技術集成使我國的高鐵技術進入世界前列。

三、自立自強的科技戰略

由於發展中國家與發達國家的差距突出表現在科技現代化水平上，因此追趕發達國家的科技水平成為我國現代化建設的重點。由於技術產出的溢出效應及其在一定程度上所呈現的公共物品性質，技術信息在國家之間的交流有助於每個國家的經濟增長。知識資本的國際傳播越是頻繁，每個國家的研發創新成本就越低。目前，伴隨着逆全球化思潮的抬頭，經濟全球化進程受到阻礙，科技封鎖愈來愈常態化，原有的技術引進或者模仿創新途徑將遭遇瓶頸。以美國為首的西方國家對我國的戰略打擊已延伸至高科技領域，特別是高端芯片、5G、航空航天

---

❶ ［美］西蒙·庫茲涅茨：《現代經濟增長：速度、結構與擴展》，戴睿、易誠譯，北京經濟學院出版社1989年版，第250、251頁。

等領域成為競爭的主戰場。如果發達國家進一步強化科技遏制，對我國開展"科技冷戰"，則我國外部創新資源的利用將變得異常困難。在貿易壁壘日趨嚴重、國際貿易形勢充滿不確定的背景下，我們迫切需要更加注重科技的自立自強，以自主創新為主，儘可能利用外部創新資源，加快實現關鍵領域及相關"卡脖子"技術的突破性創新。

我國的科技創新已從以跟踪為主轉向跟踪和並跑、領跑並存的新階段。跟踪國際新技術的技術創新不能進入國際前沿。中國的現代化由追趕型轉向趕超型，技術創新也就不能再停留在跟隨創新的階段。我國不僅要同發達國家並跑，更要領跑。這就需要立足於自主創新，形成具有自主知識產權的關鍵技術和核心技術。關鍵在兩個方面：一是提高科技創新能力，尤其是知識創新能力；二是解決好知識創新和技術創新對接的載體和路徑。

目前我國同發達國家科技經濟實力的差距主要體現在創新能力上。由跟踪轉向並跑和領跑的科技創新關鍵是在創新的源頭上提高創新能力，包括科學新發現所產生的原創性創新成果、對引進的先進技術的再創新，從而形成擁有自主知識產權的關鍵技術和核心技術。着力點就是加大進入世界前沿的基礎研究的力度，提高知識創新能力。其路徑包括實施一批國家重大科技項目，在重大創新領域組建一批國家實驗室，中國的科學家提出並牽頭組織國際大科學計劃和大科學工程，等等。依託這些項目和載體，可以產生突破性重大知識創新成果。不僅如此，由於新技術的知識產權限制，新技術的國際流動性明顯弱於科學和知識的國際流動性。大學利用國際最新科學發現進行技術創新，可能實現技術的跨越；依託大學的知識創新，企業的技術創新就可能在許多領域得到當今世界最新科學技術的推動。

科技自立自強戰略的基礎是，既有一批高水平研究型大學，有能力跟踪世界高科技發展，又有一批成為創新主體的企業，有能力推進高科技產業化，形成支持科技創新的生態環境，包括人才環境、創新成果供給環境、創新文化環境和制度環境。

提升創新能力要求對研究開發活動有高強度的投入。根據國家統計局、科學技術部和財政部聯合發佈的《2020年全國科技經費投入統計公報》，2020年我國共投入 R ＆ D 經費 24,393.1 億元，比上年增長 10.2％，R ＆ D 經費投入強度（與 GDP 之比）為 2.4％。從創新投入來看，我國已經在追趕甚至超過某些發達國家水平，但是在某些領域（如高端芯片），我國仍迫切需要實現突破性創新，以更好地突破貿易壁壘背景下的各種技術封鎖與發展制約。對我國來說，追趕發達國家的科技水平，不只是在某個和某幾個領域取得突破，既要全面又要持續。因此需要實施科技自立自強戰略。

從提升創新能力考慮，孵化和研發新技術是創新投資的重點環節。在以科學新發現為源頭的創新路線圖中，孵化高新技術是科技創新的中游環節。從產學研合作角度分析，它是連接知識創新和技術創新的橋樑和紐帶。越來越多的新技術、新產品和新企業在這個階段產生，成為創新驅動經濟發展的重要表現。

在主要依靠物質資源推動發展階段，對人力資本的要求不是很高。而在依靠創新驅動經濟增長階段，人力資本成為主要的創新要素，人力資本投資將成為投資重點，這就要求提高人口素質，提升受過高等教育人口的比重。高端人才的引進和培養、勞動者素質的提高，越來越成為創新驅動所關注的重點，這些正是人的現代化的必要途徑。

第三節 國家創新體系和創新鏈

由於發展中國家與發達國家的差距突出表現在科技現代化水平上，因此追趕並趕超發達國家的科技水平成為我國現代化建設的重點。對我國來說，科技現代化不只是在科技領域取得突破，還要推進產業和技術創新。提高整個國家的自主創新能力，需要建立國家創新體系來保障。

一、國家創新體系

英國學者弗里曼在其 1987 出版的《技術政策與經濟績效：日本的經驗》一書中對國家創新體系的解釋是，國家創新體系是一種在公私領域內的機構網絡，其活動和互動行為啟發、引進、改造和擴散新技術。

OECD 提出的國家創新體系概念是，創新需要使不同行為者（包括企業、實驗室、科學機構與消費者）之間進行交流，並且在科學研究、工程實施、產品開發、生產製造和市場銷售之間進行反饋。因此，創新是不同參與者和結構共同體大量互動作用的結果，把這些看成是一個整體就稱作國家創新體系。

可見，國家創新體系不僅指出了從科學研究到新產品新技術研發再到其進入市場的路線圖，而且指出了在此路線圖中創新的不同參與者（包括企業、實驗室、科學機構與消費者）之間的互動和交流。在創新的實踐中，國家創新體系的內涵和外延都在擴大。我國的《國家中長期科學和技術發展規劃綱要（2006-2020 年）》中指出："國家科技創新體系是以政府為主導、充分發揮市場配置資源的基礎性作用、各類科技創新主體緊密聯繫和有效互動的社會系統。"目前，我國基本形成了政府、企業、科研院所及高校、技術創新支撐服務體系相互銜接的創新體系。[1]

國家創新體系涉及三大創新體系：一是知識創新體系，包括基礎研究、前沿技術研究、社會公益性技術研究。這些研究屬知識創新的範圍，在知識創新體系中，研究型大學及其科學家是創新主體。高水平研究型大學、高水平研究機構及與此相關的國家實驗室、國家重點實驗室、國家工程實驗室、國家工程技術研究中心、國家工程中心、國家企業技術中心、國家級高端研發平台等，不僅是國家基礎科學和戰略高技術研究的重要基地，也是科技人才培養高地。二是技術創新體系，即以企業為主體、市場為導向、產學研相結合的技術創新體系。企業不僅是採用新技術的主體，更是研發新技術的主體。三是現代產業體系。科技創新會落腳到產業創新上。現代產業體系有兩個重要特徵："群"與"鏈"。"群"，即產業集群；"鏈"，即產業鏈。

二、科技創新鏈

科學技術突破和高科技產業化已經成為科學技術現代化不可分割的兩個方面，形成創新鏈。在新科技革命的背景下，核心技術是國之重器，培育核心技術的技術創新的源頭在大學和科研機構的科學新發現，即知識創新。因此科技創新的全過程的起點是知識創新，其中包括新創意，接下來經過基礎研究成果孵化為新技術的環節、採用新技術的環節（包括科技創業環節），最終進入高新技術產業化階段。這樣，整個創新鏈如下圖：

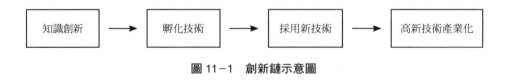

圖 11-1　創新鏈示意圖

---

❶　經濟合作與發展組織（OECD）：《以知識為基礎的經濟》，楊宏進、薛瀾譯，機械工業出版社 1997 年版，第 11 頁。

科技創新鏈的各個階段中，創新的內容是不一樣的。知識創新階段是基礎性科技創新；孵化階段是應用性科技創新，也就是通常說的發明階段；採用新技術階段直至高新技術產業化階段除了要對採用的新技術進行改良性創新外，還要進行商業模式創新和市場創新。

科技創新的關鍵在創新的源頭即高校和科研機構提供原創性創新成果。由於技術創新速度不斷加快，加上受到專利技術的限制，在現有技術軌道進行學習並形成競爭優勢的創新模式雖然仍被需要，但已經不完全適應時代潮流，漸進性創新的貢獻效果逐漸降低。現代化更需要突破性科研成果，突破性科研成果的基礎為一整套不同的科學技術。突破性創新在工藝、產品和服務領域創造出顛覆性的變革，這種變革或改變現有的市場和產業格局，或創造出全新的產業和市場。突破性科研成果的源頭正是高校和科研機構，它們搭建了嚴謹的學術體系，設立了完整的學科門類，有着某一專業領域的長期研究積澱，具有更大概率取得突破性科研成果。

基礎研究是創新的源頭，需要重視對基礎研究的激勵，特別關注基礎研究成果的轉化，也就是孵化和研發新技術階段。這個階段需要作為知識創新主體的大學及其科學家同作為技術創新主體的企業及其企業家的共同進入。

科技創新鏈涵蓋知識創新到產品市場化的整個產業鏈，也就是“科研成果—企業產品轉化—量產—市場覆蓋”的完整鏈條。科技創新鏈提供了觀察創新活動的獨特視角：高校提供原創科研成果，成果轉化為創業企業，企業經過研發做出可以實際應用的產品，再經過流水線上的大規模量產，以能夠被消費者接受的價格推向市場。對企業來說，科研成果轉化為產品後的量產反映創新的成敗。量產解決的是如何用新技術造出大規模、低成本、高質量產品的問題。只有實現量產，企業才有可能平攤創新的巨額成本，才有盈利的可能。然而，量產的投入包括建廠房、買設備、招工人等，這些成本很可能是一筆沉沒成本。量產還要解決很多具體生產和製造問題。到此，創新的鏈條仍未結束。只有將產品推向市場，讓用戶認可，創新的價值才能實現。在創新鏈條中，用戶不是被動的消費者，而是創新的參與者。他們參與創新、推動創新，不斷發現新的應用，使創新被越來越多的人接受，覆蓋到更大的市場。

三、產學研協同創新

自產生新經濟以來，科技創新的新趨勢是技術創新和知識創新在高新技術孵化階段相互交匯。一方面，技術創新的先導環節前移到科學向技術的轉化過程；另一方面，知識創新的環節延伸到了科學知識轉化為生產力的領域。高科技的孵化領域成為技術創新和知識創新的交匯點。也正是這種創新的交匯產生了知識經濟。

早期的技術創新，科學研究與產業實踐是脫節的，企業與高校之間沒有很好地對接，無法保證創新的持續性和系統性。這種脫節現象表現為科技與經濟"兩張皮"。我國目前研發投入、科學論文和專利的總量都已居世界前列，但是科技成果轉化率長期偏低，企業的技術創新能力不強，未形成創新驅動的發展模式。在許多技術革命頻發的基礎性行業中，產業的核心技術仍然嚴重依賴國外。這反映了科技創新鏈中知識創新與技術創新的脫節。產學研的協同創新提供了知識創新和技術創新有機銜接的機制和路徑。通過構建產學研協同創新體系促進科技成果的快速轉化，並推動科學研究面向產業創新需求，可以促使我國形成科技發展與產業發展共同進步的格局。

產學研協同創新平台主要建立在新技術孵化階段。大學的科學家進入產學研協同創新平台意味着知識創新延伸到了孵化階段，大學的知識創新不再限於創造知識，還涉及將科學研究成果推向應用。而對企業來說，企業的技術創新不能限於自身的研發力量，還需要得到大學和科研機構開發的新技術。企業獲取新技術固然可以通過技術交易的途徑，但購買技術還有成本效益的考慮，而且企業獲取新技術還有自身的特殊要求。因此，企業進入產學研協同創新平台就將技術創新環節延伸到了大學提供的科研成果的孵化階段。知識創新主體和技術創新主體在孵化階段交匯，形成企業家和科學家的互動合作。科學家帶着知識創新的成果進入高新技術孵化階段需要以市場為導向，實現創新成果的商業價值；企業家帶着市場需求進入高新技術孵化階段是以技術的先進性為導向，尋求的是學術價值。由此產生兩者的相互導向，解決了學術價值和商業價值的結合問題，從而使創新成果既有高的科技含量，又有好的市場前景。這樣，在產學研協同創新中，企業、大學、科研院所投入各自的優勢資源，在政府、科技服務中介機構、金融機構等相關主體的協同支持下，共同進行技術開發。

在產學研協同之前，創新是偶然、個體化的行為。技術創新體系與知識創新體系通過協同創新對接後，高校多年的科研積累釋放出來，進入創新鏈條，源源不斷地把實驗室裏的最新科技轉變為新技術和新產品。

四、科技金融

創新本身需要足夠的投入來驅動。金融是現代經濟的核心，創新離不開金融資本的支持。諾貝爾獎獲得者希克斯在經濟史理論中就開創性地提出"金融體系能夠為新技術的產生提供大量的資金支持"的觀點。以科學新發現為源頭的創新涉及產學研多個環節。從產生新思想到孵化出新技術再到應用於生產，最後產品進入市場，每個階段都需要投入。這意味着創新投入不是單個企業所能解決的，需要動員多個投入主體。特別是在科技創新的前期階段更需要金融進入，這就提出發展科技金融的要求。科技創新還存在明顯的不確定性。創新投入有兩個明顯的特點：一是投資回收期長。有些創新如生物醫藥的發明，從科學發現到臨床使用要經歷很長的時間，投資周期長，期間還需要不間斷地投入。二是投資效益的不確定性。一方面，新思想能否孵化為新技術有很大的不確定性；另一方面，孵化出的新技術、新產品能否被市場接受也有很大的不確定性。創新成果的不確定性產生了投資風險。

科技金融是科技創新活動與金融創新活動的深度融合，是由科技創新活動引發的一系列金融創新行為。例如，不同創新階段的功能不同，這就決定了科技金融進入各個階段需要採取不同的方式。一是在孵化新技術、新產品階段，依據科學發現產生的孵化新技術的新思想的項目多而分散，最終的成活率也低，但一旦成功效益非常明顯。通常的投入方式是天使投資之類的風險投資。二是在採用創新成果進行科技創業階段。新技術、新產品一旦被孵化出來就要飛出孵化器進入創業階段。這個階段或者是以新成果創新企業，或者是企業轉向採用新技術生產新產品。這時需要的是創業投資。三是基於創新成果的高新技術產業化階段，即新產品逐漸成長為新興產業階段。這時候市場信息較為完全，不僅是科技金融，一般的市場性金融也開始介入了。在創新技術產業化階段，風險投資可以考慮退出，與此同時銀行融資成為主體。

卡籮塔・佩蕾絲 2002 年在其出版的《技術革命與金融資本》一書中，描述了技術創新與金融資本的基本範式：新技術早期的崛起是一個爆炸性增長時期，會導致經濟出現極大的動盪和不確定性。風險資本家為獲取高額利潤，迅速投資於新技術領域，繼而產生金融資本與技術創新的高度耦合，從而出現技術創新的繁榮和金融資產的幾何級數增長。科技金融機制的要義在於，讓金融資本參與創新活動，分散科技創新的風險，分享科技創新收益；讓科技創新更快、更大地財富化，為金融資本帶來更為豐厚的回報。前者指科技資源藉助金融實現風險分散和價值發現，金融對科技資源進行開發；後者指科技進步推動生產效率的提高，為金融資本提供了高額回報。

科技金融對技術創新的促進機制主要體現在以下三個方面：科技金融為技術創新提供資金支持；科技金融通過審查機制實現對創新項目的篩選；科技金融為技術創新提供事後監督管理。發展科技金融要求現有的銀行性和非銀行性金融機構和金融資本都能進入科技創新領域。這就需要針對現有的金融機構和金融資本的特性，以必要的制度安排進行引導、激勵和培育。為此設定的制度安排需要兼顧兩方面目標：一方面是能夠使更多的科技項目得到金融支持；另一方面是要降低其風險，不影響資金的流動性。科技金融體系建設是科技金融發展的關鍵，要以創業投資為主導，在政府的引導下，發揮以銀行、證券、保險、信託、擔保為依託的多層次、多元化、高效率平台的作用。

要特別重視風險投資（創業投資）及相配套的科創板和創業板之類的資本市場的作用。科技創業企業運行的目標是在資本市場上獲得高的價值評價。科創板和創業板市場支持風險投資和科技創業。較主板市場寬鬆許多的上市條件使創新企業的首次公開發行上市變得容易，其功能不僅是為風險投資提供順暢的退出機制，使風險資本在孵化出高新技術和企業後及時退出並得到回報，保證風險投資的可持續，而且能對為創新作出貢獻的企業家、風險投資家和高技術人員起到激勵作用。

五、培育技術創新主體

創新系統有兩個主要功能：激勵創新競爭和發展社會整體創新能力。前者指的是對以企業為主的創新者進行激勵和成果保護，後者則主要體現為培育可以為創新者廣泛採用的公用知識。企業在創新過程中所運用的知識 80% 以上為公用知識。企業對只佔少數的專用知識的創造是創新競爭的核心，需要得到制度性保障和激勵，而專用知識正是企業吸收社會整體所儲存和生產的公用知識後發展起來的。

在國家創新體系中，企業技術創新在於對新知識，特別是源自大學與科研院所的新思想、新概念、新想法以及新工具的學習與運用，用以創造新的社會價值和經濟價值。故市場成功是其創新的判斷標準，也是其創新的根本動力。當代創新表現出日益強烈的多技術、動態性、以科學為基礎和以組織為載體的特徵。與大學等科研機構相比，企業更能夠適應當代創新的這些要求，企業開發的項目更容易與市場貼近，更容易與生產貼近。

企業不僅僅是技術創新成果的消化者、應用者和新技術產業化的實踐者，更是科技創新的投資者，從而是技術創新風險的承擔者。在產學研協同創新中，要克服知識創新和技術創新之間的斷層，就必須真正確立企業在孵化新技術階段的主體地位。其必要性體現在三個方面：一是技術創新的主要過程都是通過企業實現的；二是，也是更為重要一點，孵化出的新技術必須要具有商業價值和產業化價值，能夠確定其商業和產業化價值的只能是企業；三是孵化新技術需要足夠的投資，這些投資可能通過高科技產品進入市場從而得到回報。因此，孵化高科技的投資主體應該是企業。

企業作為創新主體關鍵在於培育科技企業家。科研成果成功地轉化為現實產品是創新鏈的關鍵環節，執行這項任務的主體是企業家。雖然國家大力提倡科研人員創業，但是，科研成果從被驗證到產品上市，中間需要 5−8 年的研發週期和大量的研發投入，科研人員需要從頭學習經商、建立融資人脈，成功轉型的可能性並不高。長期以來科研成果轉化不盡如人意，一方面是知識產權保護和商業信用環境的問題，另一方面是科技企業家缺乏的緣故。

建設激勵科技企業家成長的制度對培育創新主體最為重要。一個區域、一個企業能否轉向創新型經濟就看是否擁有科技企業家。科技企業家向哪裏集聚，哪裏就可能形成科技創新和科技創業的環境。科學家實踐化成為科技企業家，企業家知識化成為科技企業家，是推進產學研合作創新的主觀條件。科技企業家與一般的企業家不同，是既有深厚的學科知識，又有敏銳的商業化眼光的經營人才。企業家沒有相應的知識層次，沒有科技視野，就不知道科技創新的方向，也就不知道怎樣去開發知識產品、如何與科學家合作。如果微軟公司的創始人不是比爾·蓋茨、北大方正沒有王選，這兩家知識型公司很難如此快速地崛起。培育和集聚科技企業家的基本條件是要有科技企業家成長的土壤和制度生態。

六、大眾創新、萬眾創業

順應世界範圍內科技和產業創新的大潮流，服務於創新驅動現代化，需要形成大眾創新、萬眾創業的氛圍。所謂大眾創新、萬眾創業是指大眾各盡所能地參與到創新創業過程中。

創新創業過程與生產過程不完全相同。創新創業過程雖然也需要物質資源和勞動的消耗，但更為重要的是智慧和創意。創新所依賴的資源主要是人力資源，人力資源不是一般的知識和技能。就如諾貝爾經濟學獎得主費爾普斯所說，基本要素是想像力或創造力，即對可能開發和推廣但還沒有人想到過的事物的構想。這就是說，知識類人力資本是創新所依賴的資源，但更為重要的是想像力或創造力，是新的創意，也就是可以轉化為新技術的商業化的創意。創新和創業過程就是從創意開始的。費爾普斯描述的大眾創新、萬眾創業的景象就是，有創新思想的人士提出創意；不同投資主體的參與，如天使投資人、風險投資家、商業銀行、儲蓄銀行和風險投資基金等為創意提供風險投資；不同生產商的參加，如創業公司、大公司及其分支機構將創意進行創新創業的實踐；創新成果出來後又有各種市場推廣，包括制定市場策略和開展廣告宣傳等活動；終端客戶又會對創新成果進行評價和學習，在這裏消費者也介入並引導創新。現代經濟把各種類型的人都變成了"創意者"，金融家成為思考者，生產商成為市場推廣者，終端客戶成為"弄潮兒"。●

　　在由創意到創新再到創業的過程中需要孵化器。孵化新技術的孵化器是指一個能夠在企業創辦初期舉步維艱時，提供資金、管理等多種便利，旨在對高新技術成果、科技型企業和創業企業進行孵化，以推動合作和交流的集中的空間。孵化器具有共享性和公益性的特徵，主要功能是為高新技術成果轉化和科技企業創新提供優化的孵化環境和條件，包括提供研發、中試、科技和市場信息，通信、網絡與辦公等方面的共享設施和場所，系統的培訓和諮詢，政策、融資、法律和市場推廣等方面的服務和支持，等等。孵化器更加注重創業，着重建立"創業苗圃—孵化器—加速器"創新服務體系，為創業者提供幾乎成本為零的創業環境，還通過物理的空間和相對完備的孵化服務體系讓創新種子生根發芽，孵化出企業，並且推動上市。這是一個全產業鏈的過程與關係。

● 參見［美］埃德蒙·費爾普斯：《大繁榮》，余江譯，中信出版社 2018 年版。

第十二章

新發展格局中
推進現代化

習近平總書記在《把握新發展階段，貫徹新發展理念，構建新發展格局》一文中指出："構建新發展格局明確了我國經濟現代化的路徑選擇。"構建新發展格局實質上是解決現代化所需要的資源、市場和發展動力問題。新發展格局的提出，是對現代化發展規律的深刻把握和實踐運用。構建以國內大循環為主體、國內國際雙循環相互促進的新發展格局，形成需求牽引供給、供給創造需求的高水平動態平衡，有利於確保我國的現代化經濟體系成為一個既獨立又開放的內外聯動的動態系統，為高質量推進現代化打下堅實基礎。

第一節　以國內大循環為主體、
國內國際雙循環相互促進

　　發展格局涉及國民經濟的外循環和內循環，反映發展的外部環境和內部環境。加快構建以國內大循環為主體、國內國際雙循環相互促進的新發展格局，是綜合研判我國進入新發展階段、國際國內發展環境和條件變化後做出的戰略部署，是應對世界百年未有之大變局、重塑我國國際競爭新優勢的戰略抉擇，服務和統一於中華民族偉大復興的戰略全域，具有極為重要的現實意義。

一、世界百年未有之大變局

　　在開放型經濟背景下，考慮到經濟循環的國家邊界，國民經濟循環既可以在國內，又可能進入國外，由此形成內循環和外循環。內循環指的是從生產到消費各個環節都在國內；外循環除了生產和消費一頭在外一頭在內，即進口和出口外，還有產業鏈的部分環節在國外，形成產業鏈的外循環。

　　從我國發展格局的歷程來看，1949 年中華人民共和國成立至改革開放前，我國主要實行的是國民經濟的內循環。1978 年改革開放後，對外開放成為基本國策，從而啟動了國民經濟的外循環。尤其是 20 世紀 80 年代後期，沿海發展外向型經濟，啟動了出口導向的國際循環，利用我國勞動力充裕的資源優勢發展勞動密集型產業；吸引外商直接投資，大力發展 "三資企業"；實行 "兩頭在外"，大進大出。2001 年加入世界貿易組織（WTO）後，中國經濟快速融入全球化，在外商直接投資大規模進入的同時，我國的產業和企業也進入了全球產業鏈和價值鏈，參與了國際產業鏈的分工。我國在參與國際循環中享受到了經濟全球化的紅利，躍升為全球第一大出口國，成為世界製造業中心。

　　美國經濟學家薩繆爾森關於國際分工有個著名理論，即勞動分工和專業化能提升生產效率。簡單來說，美國擅長製造飛機，只造飛機可以比什麼都造更有效率；而中國擅長製造襯衫，就專注於造襯衫，這也比什麼都造更有效率。然後美國把飛機賣給中國，賺了錢再來中國買襯衫；這樣中國也有了錢，可以買美國的飛機，也可以買別國的其他東西。在維持原有分工不變的情況下，各自提高自己在專業領域的生產效率，對本國、他國都是好事。薩繆爾森肯定了國際分工的以上價值；然而，他同時又指出，如果以前造襯衫的中國，突然在飛機製造領域上無端出現了驚人的技術進步，那就可能"永久地損害了美國利益"。[1] 現在中國不僅在造飛機，華為、大疆等高科技公司在很多領域的技術水平還都超過了美國同行。中國的現代化不僅要追趕而且要努力趕超發達國家。這時，根據"美國優先"的理念，美國政府挑起中美貿易戰，力圖與中國在科技、產業等領域脫鈎，打壓、圍堵中國的科技和產業進步，試圖延緩中國的現代化。

2008 年世界金融危機以來，中國經濟發展面臨着機遇與挑戰並存的局面。發達經濟體經濟增速明顯放慢，世界經濟低迷、全球市場萎縮，經濟全球化遭遇逆流，保護主義抬頭，貿易摩擦常態化。外加肆虐全球的新冠病毒重挫世界經濟，2020 年除中國 GDP 實現 2.3% 的增長外，世界其他重要經濟體均為負增長。

在此背景下，傳統國際大循環格局面臨一系列的隱患。一是過於注重"兩頭在外"，大進大出，國際市場萎縮影響了大國經濟優勢的發揮。二是過度依賴外循環和比較優勢，當這些條件發生變化時（如政治干預、要素成本上升等），風險陡增，容易受制於人，遭遇"卡脖子"，影響產業鏈、供應鏈現代化水平的提升，不利於產業鏈、供應鏈的穩定和安全，使一系列全球產業鏈斷裂。在此背景下，中國不僅要扛起繼續推動經濟全球化的大旗，還要根據自身發展的需要，推動形成以國內大循環為主體、國內國際雙循環相互促進的新發展格局。2020 年 8 月 24 日，習近平總書記在經濟社會領域專家座談會上指出："這個新發展格局是根據我國發展階段、環境、條件變化提出來的，是重塑我國國際合作和競爭新優勢的戰略抉擇。近年來，隨着外部環境和我國發展所具有的要素稟賦的變化，市場和資源兩頭在外的國際大循環動能明顯減弱，而我國內需潛力不斷釋放，國內大循環活力日益強勁，客觀上有着此消彼長的態勢。"

---

❶　周其仁：《在台州讀薩繆爾森》，《經濟觀察報》2006 年 4 月 21 日。

二、國民經濟循環轉向以內循環為主體

　　根據馬克思的再生產理論，社會再生產包含生產、分配、流通、消費四個環節，這些經濟活動環節並不是孤立存在的，而是一個動態循環的過程，這四個環節的循環形成了國民經濟循環。為應對世界百年未有之大變局和全球疫情衝擊，我國由以外循環為主體轉向以內循環為主體，將有力應對國際市場風險並促進以滿足人民日益增長的美好生活需要為根本目的的社會主義現代化。

　　新發展格局的內涵主要包括三個方面：一是新發展格局是在新發展階段重塑我國國際合作和競爭新優勢的戰略抉擇，是長期戰略。二是在市場和資源兩頭在外的國際大循環動能明顯減弱的同時，我國內需潛力不斷釋放。依託規模處於世界前列的國內市場，抓住擴大內需這個戰略基點，使生產、分配、流通、消費更多依託國內市場，提升供給體系對國內需求的適配性，形成需求牽引供給、供給創造需求的更高水平的動態平衡。三是新發展格局是更高水平的對外開放，主要表現在參與國際循環的基礎由資源稟賦的比較優勢轉變為新的比較優勢，即競爭優勢；開放模式由出口導向轉向內需導向，引進國外資源更重視引進創新要素，引資引技引智並舉，以推動開放式創新。

　　國民經濟循環以外循環為主體轉向以內循環為主體，主要涉及兩個方面的轉變。

　　一是部分外向度高的地區經濟轉向以國內循環為主體。我國沿海地區推進的外向型經濟，資源和市場都在國外。雖然沿海地區在外向型經濟中得到了繁榮發展，但帶動西部地區發展效應較弱，地區差距進一步擴大。諾貝爾經濟學獎獲得者斯蒂格利茨前幾年針對沿海地區"兩頭在外"的外向型經濟模式告誡中國：隨着經濟增長和全球經濟環境的變化，這種主要依靠出口和國外直接投資來推動經濟增長的戰略的重要性將降低。同時，從國內環境來看，中國面臨着繼續改善生產力和資源配置方式的挑戰，應對這個挑戰的對策就是使國內經濟成為增長和平

等的發動機。[1] 由於外部環境和我國發展所具有的要素稟賦發生了重大變化，市場和資源兩頭在外的國際大循環動能明顯減弱，而我國內需潛力不斷釋放，外向度高的沿海地區轉向以國內循環為主，將資源和市場的取得放在國內也有滿足自身發展的要求。

二是產業鏈循環由外轉內，產業鏈的國外循環實質是利用國外技術和市場。國際環境的變化導致一系列全球產業鏈斷裂，我國產業尤其是在高科技環節受到打壓和斷供。在此背景下，不少產業鏈的外循環難以為繼，產業鏈循環的國外環節轉向國內不可避免。

三、暢通國民經濟循環

構建新發展格局需要充分了解我國所處的發展階段，深刻把握大國經濟特徵，充分發揮大國經濟的內部可循環優勢。我國已成為世界第二大經濟體、世界第一大出口國，是全球最大和最有潛力的消費市場。我國國內消費市場不僅規模大、範圍廣，而且需求層次多樣，我國家庭消費支出在 2008－2018 年間保持着 9.92% 的增速，分別高出全球、中等偏上收入國家、OECD 成員國 6.65、4.8 和 8.26 個百分點。同時，人民美好生活需要日益豐富，消費結構面臨優化升級，國內大循環活力強勁。上述發展的階段性特徵表明，打通國內大循環，能夠大大增強我國發展的自主性，有效提升我國經濟在各種可以預見和難以預見的複雜變局中的生存力、競爭力、發展力、持續力，為更好地同國際市場有機銜接構築堅實基礎，促進以滿足人民日益增長的美好生活需要為根本目的的社會主義現代化。

構建新發展格局必須疏通生產、分配、流通、消費各環節中的堵點和難點，推動經濟活動在國內各個環節、各個產業、各個部門和各個區域之間的循環暢通與高效配置。

產業鏈的內循環需要疏通產業上下游關係，最為重要的是保持產業鏈、供應

---

[1] ［美］約瑟夫·斯蒂格利茨：《中國第三代改革的構想》，應春子、劉曉勇、張蓓譯，《經濟導刊》1999年第 5 期。

鏈的穩定性和競爭力，提升供給體系對國內需求的適配性。我國生產環節存在低端產能過剩而先進製造業發展不足的突出問題，關鍵技術缺失、基礎材料技術水平偏低，存在“卡脖子”的技術難點和相應的供應鏈環節。疏通內循環中的堵點和難點，需要供給和需求兩側共同發力。

第一，以擴大內需為戰略基點，依託我國國內市場的超大規模性和消費市場的多層級性，建立起擴大內需的有效制度，加快培育完整的內需體系，在適應居民消費需求轉型升級的基礎上持續釋放內需潛力，使生產、分配、流通、消費各環節更多依託國內循環。這將有效提升我國產業鏈、供應鏈的韌性，為我國經濟現代化注入更加強勁、更可持續的發展動力。

第二，堅持供給側結構性改革這一戰略方向，為經濟現代化奠定堅實基礎。暢通國民經濟循環，有賴於提升供給體系對國內需求的適配性，形成需求牽引供給、供給創造需求的更高水平動態平衡。深化供給側結構性改革，強化質量和效率導向，全面優化升級產業結構，針對“卡脖子”技術集中力量攻關，不斷提升經濟創新力和競爭力，構建實體經濟、科技創新、現代金融、人力資源協同發展的現代化產業體系，穩固國內經濟體系的基本盤。

第三，處理好內部平衡和內外聯動問題，保持活力強勁的國內經濟循環，這為經濟現代化提供了平穩支撐。合理佈局國內產業體系，完善區域優勢互補、協同發展機制，加快建立國內統一大市場；與此同時，加強同國際市場的互聯互通，有助於統籌推進國內發展和對外開放，形成內部平衡發展、內外協調聯動的現代化經濟佈局。

第四，新發展格局是開放的國內國際雙循環，要求統籌開放和國家安全。我國改革開放的實踐證明：開放之門開得越大、改革之路走得越快，就越有利於形成推進經濟現代化的強大合力。新發展格局以國內大循環為主體並不意味着自我封閉，不能被經濟全球化的逆風和回頭浪所阻，要在發揮國內大循環主體作用的基礎上，發展開放型經濟。這既需要牢牢掌握經濟發展的主動權，又需要以一種積極、安全的方式融入世界經濟，確保我國的現代化經濟體系成為一個既獨立又開放的內外聯動的動態系統。

第二節　依託超大規模的國內市場

　　中國式現代化是基於超大規模國內市場的現代化。我國經濟的顯著特徵之一是經濟地理空間廣闊，存在梯度差異和產業互補，不僅回旋餘地大，而且內部可循環。推動新發展格局下的國民經濟良性循環，要求充分利用好我國經濟縱深廣闊的優勢，使規模效應和聚集效應充分發揮，最終能使我國經濟穩定健康發展，提高抵禦外部風險的能力。

一、超大規模國內市場

　　超大規模的內需是大國國民經濟順暢內循環的基礎。諾貝爾經濟學獎得主阿瑪蒂亞·森在"中國發展高層論壇2017年年會"的演講中，以亞當·斯密的經濟學貢獻說明內需對一國經濟繁榮的意義："斯密揭示了在通常情況下，放開對貿易的限制可如何通過生產專業化、分工和規模經濟，為一國創造經濟繁榮。"

　　我國國內市場的超大規模性和消費市場的多層級性特徵是建立國內大循環的重要條件。經濟超大規模性包括超大規模的經濟體量、超大規模的人口數量、超大規模的國土空間和超大規模的市場。這有利於實現範圍經濟、規模經濟，有利於空間集聚、區域間的創新溢出和學習效應外溢。多層級消費市場是由於中國不同區域或相同區域的要素稟賦或產品偏好不同，進而中國消費者收入水平和消費習慣存在差異，導致中國存在不同層次和不同類別的消費者，產生了多元化的消費結構。特別是中國形成了世界上人口最多的中等收入群體。中等收入群體的消費能力和消費慾望最為強烈。市場規模大、消費層次多又為中國生產提供了良好的市場基礎，有利於利用國內和國外兩個市場和兩種資源，實現內循環和外循環的相互促進。

　　超大規模市場能夠涵蓋生產和消費的每一個環節，並且能夠在每一個環節上都產生對新技術、新產品的新需求，從而迅速降低創業創新成本，❶形成全球創新創業新優勢，進而對全球創新資本、全球創新要素產生"虹吸效應"。具體而言，中國作為一個擁有 14 億多人口的大國，人均 GDP 已經突破 1 萬美元大關。2021 年，我國最終消費支出對經濟增長貢獻率為 65.4%，拉動 GDP 增長 5.3 個百分點。更重要的是，我國中等收入群體已超過 4 億人，超過任何一個發達國家總人口，消費潛力比其他收入群體更強。據預測，到 2035 年，我國中等收入群體將翻倍達到 8 億人，催生了巨大消費需求。

我國具有全球最完整、規模最大的工業供應體系，是全世界唯一擁有聯合國產業分類中的所有工業門類的國家，有 41 個工業大類、207 個工業中類、666 個工業小類及相應的完善的工業生產配套能力。外商直接投資紛紛湧入中國，就是看准中國有完整的供應鏈。這種完整的供應鏈能夠支撐中國轉向以國民經濟內循環為主體的新發展格局。此外，我國還擁有 1.3 億戶市場主體和 1.7 億多受過高等教育或擁有各種專業技能的人才，創新和製造能力優勢明顯，使得中國製造形成龐大的產業網絡和供應鏈，彼此互相配套，而這種配套關係不斷重組，富有彈性。供應鏈的規模大，存在範圍經濟效應、網絡經濟效應和集聚效應。

需要指出的是，國內市場大、內需潛力大只是潛在的發展要素，要轉化為現實的生產力還需要繼續擴大內需，培育完整的內需體系，完善擴大內需的支撐和保障體系。這就是習近平總書記在黨的十九屆五中全會上指出的："構建新發展格局，要堅持擴大內需這個戰略基點，使生產、分配、流通、消費更多依託國內市場，形成國民經濟良性循環。"❷

---

❶ 歐陽嶢、劉智勇：《發展中大國人力資本綜合優勢與經濟增長──基於異質性與適應性視角的研究》，《中國工業經濟》2010 年第 11 期。

❷ 習近平：《關於〈中共中央關於制定國民經濟和社會發展第十四個五年規劃和二〇三五年遠景目標的建議〉的說明》，《人民日報》2020 年 11 月 4 日。

二、突出消費環節的基礎性作用

內需包括國內的消費需求和投資需求，涉及國民生產總值中的投資率（積累率）和消費率。我國在相當長的時期裏在國民收入分配中實行高積累低消費的政策，經濟增長主要靠投資拉動，消費支出常年佔國民收入 30% 以下。改革開放以後消費率逐年提高，2011–2019 年我國消費率平均為 53.4%，2020 年最終消費支出佔 GDP 的比重為 54.3%，高於資本形成總額 11.2 個百分點，但是橫向比較仍較低，發達國家同期最終消費支出佔 GDP 的比重達到 70%–80%，全球最終消費支出佔 GDP 的比重平均達到 78%。這說明我國消費率還有較大的提高空間，尤其是轉向新發展格局後，消費支出對 GDP 的貢獻率明顯高於其他需求，消費率的進一步提高是必然的。

消費率的高低實際上反映了不同的經濟發展方式。我國在過去相當長時期內實行的高積累低消費的政策，是以高積累來謀求高速度。這種發展方式在經濟增長初期是有效的，適應的是短缺經濟背景下的發展格局。但其以低消費謀求高速度、為生產而生產、增長質量和效率不高的弊端隨着經濟的發展逐漸暴露出來。黨的十八大根據轉變經濟發展方式的要求，明確提出，要牢牢把握擴大內需這一戰略基點，加快建立擴大消費需求長效機制，釋放居民消費潛力，保持投資合理增長。黨的十九大則進一步指出，要完善促進消費的體制機制，增強消費對經濟發展的基礎性作用。由追求高積累到明確消費對經濟發展的基礎性作用，反映了我國發展理念及相應的發展方式的轉變。

根據馬克思的再生產理論，生產、消費既是起點，也是終點；相應地，國民經濟循環有正向循環和反向循環兩個鏈條。正向循環是以生產為起點、消費為終點，其間經過分配和流通環節的循環；反向循環則是以消費為起點、生產為終點，其間經過分配和流通環節的循環。正向循環和反向循環形成完整的、閉合的、正負反饋的循環鏈。正向循環中，生產決定消費，生產方式決定消費需求和消費方式。反向循環中，消費決定生產。對於快速增長型經濟體而言，以消費為起點的順暢的反向循環就特別重要。一方面，最終消費需求對供給有顯著的牽引作用。就如馬克思分析的，在再生產中，消費提供生產的目的和動機，沒有消費就沒有生產。居民消費能力的提升將直接帶動生產水平提升。另一方面，我國的生產能力達到高位水平，經濟增長的主要制約因素是市場需求。在已有的發展格局中有相當一部分的生產能力是靠國際市場需求消化的，現在這些國外需求中的一部分由擴大的國內消費需求來替代。

進入新時代以來，我國在消費、投資、出口三大需求中，最終消費支出對GDP增長的貢獻率顯著提高，明顯高於投資和出口需求的貢獻率。據《中國統計年鑑2021》數據，2013至2019年7年間消費貢獻率分別為50.2%、56.3%、69%、66%、55.9%、64%、58.6%。根據國家統計局數據，2021年，最終消費支出對GDP增長的貢獻率為65.4%。消費發揮了經濟穩定運行的壓艙石功能，消費需求成為中國經濟增長的第一動力源。

在推進現代化的進程中，基於消費在新發展格局中的基礎地位，需要從以下三個方面進一步拉動消費，從而拉動經濟增長。

一是提高社會消費力，即居民的消費能力。根據馬克思的相關理論，發展生產力與培育消費力同等重要。消費力本質上就是一種生產力。"消費的能力是消費的條件，因而是消費的首要手段，而這種能力是一種個人才能的發展，一種生產力的發展。"[1]對消費力同消費需求的關係可以用宏觀經濟學的宏觀均衡式分析，一般關注儲蓄與投資需求均衡的關係（即儲蓄＝投資）。現在研究消費，就要關注消費力和消費需求均衡的關係（即消費力＝消費需求）。等號左邊的是供給方面的消費力，等號右邊的是消費需求。這就是說，擴大消費需求的前提是在供給方面提高消費力，而且要解決消費的供給能否充足地轉化為消費需求的問題。

二是消費升級。據國家統計局數據，2015至2019年我國恩格爾係數從30.6%下降到28.2%，2021年回升為29.8%。總體上隨着收入的增長，居民對食品之類的基本生活消費品的需求在新增收入中的比重明顯下降。2021年全國居

---

[1] 《馬克思恩格斯全集》第46卷（下），人民出版社1980年版，第225頁。

民人均消費支出中，食品、煙酒消費支出佔 29.8%，居住消費支出佔 23.4%，交通通信、教育文化娛樂、醫療保健、生活用品及服務消費支出分別佔 13.1%、10.8%、8.8%、5.9%，其他用品及服務消費支出佔 2.4%。居民消費結構升級是現代化方向，體現了居民對滿足發展和享受需要的消費品和消費服務需求的增長。適應消費升級方向，以提升質量、打造品牌為重點，促進消費向健康、綠色、安全等領域轉型，形成消費新模式，培育消費新業態。消費升級可以促進更優質、更廣泛的消費品供給，為居民提供樣式更多、質量更高的消費品選擇。消費結構的這種轉型必然牽動供給結構轉型。轉向新發展格局需要對消費升級的方向給予支持和引導。

三是擴大公共消費。公共消費一般是由政府財政承擔，用於行政管理、科學、國防、文化、教育、環境保護、衛生保健、城鄉公用事業及各種生活服務方面的消費支出。我國公共消費的比重在計劃經濟時期比較高。市場化改革後，許多公共消費由私人消費替代，有些地方過度市場化，把公立醫院、學校、幼兒園也私有化，公共消費比重不斷下降。2019 年我國公共消費佔 GDP 的比重為 16.6%，該比重的世界平均水平為 17.1%，這說明我國的公共消費比重還有上升空間。現在我國已全面建成小康社會，黨的十九屆五中全會通過的《中共中央關於制定國民經濟和社會發展第十四個五年規劃和二○三五年遠景目標的建議》中明確提出適當增加公共消費。不僅如此，公共消費中用於國家行政管理方面的消費的比重會逐漸下降，而用於科學、文化教育、衛生保健、環境保護等方面消費的比重會逐漸增加。擴大公共消費需要明確教育、衛生、醫療的准公共產品屬性，私人資本進入這些領域只是作為補充而不能起替代作用。而且，擴大公共消費絕不僅僅是消費量的擴大，更為重要的是通過擴大公共消費來推進基本公共服務的均等化。轉向新發展格局，需要在公共消費領域提高社保、醫療、教育、就業等方面的公共支出，提升與民生直接相關的公共服務的範圍和質量，達到擴大居民消費需求的目標。

以上提高消費率的安排，同時也會拉動和引導投資需求。滿足居民的消費升級及公共消費的需要會牽引相應的投資需求。從這個意義上說，提高消費率並不擠出投資需求，而是給投資需求提供方向、創造新空間，加速推進居民儲蓄向投資轉變。

三、最終消費的形成依賴分配和流通環節的作用

強調以消費為起點的國民經濟的反向循環，突出消費的基礎性作用，絕不意味着只有最終消費影響國民經濟循環。最終消費從哪裏來，消費力是如何提高的？這些要靠再生產的其他環節的作用。

（一）分配環節的作用

在社會再生產中分配是生產與消費之間的重要媒介，擴大消費需求離不開分配的作用。根據馬克思的消費力理論，個人消費力是由其收入水平決定的，而社會消費力則決定於社會的分配關係。影響消費力的因素主要包括兩個方面，一是企業內的收入分配關係，即微觀分配關係，生產成果在不同生產要素所有者之間或在社會各個階層之間的分配決定着消費力；二是國民收入在積累和消費之間的分配比例，即宏觀分配關係。現階段暢通的國民經濟循環，轉向新發展格局需要通過分配關係的調整來提高居民消費力，從而擴大消費。其主要路徑包括以下方面：

第一，增加居民收入，特別是需要提高低收入者的收入。低收入群體的消費收入彈性是最高的；也就是說，低收入群體一旦收入提高，消費傾向會最為強烈。我國完成的脫貧攻堅任務消滅的是絕對貧困，相對貧困問題仍將長期存在。低收入人群中大部分是農民和城市中的失業者。提高這部分群體的收入是增強社會消費力的重要方面。其路徑，一是穩就業。就業是民生之本，需要進一步強化就業優先的政策，完善失業保險制度。二是堅持和完善以按勞分配為主體、多種分配方式並存的分配制度，提高居民收入在國民收入分配中的比重，建立健全促進工資合理、穩步增長的機制，解決"沒錢可花"問題。

第二，完善社會保障制度，形成良好的消費預期，解決"有錢敢花"問題。

社會保障體系對低收入者具有消除消費的後顧之憂作用，也是社會穩定器。當前社會保障體系的完善主要涉及三個方面：一是提高社會保障水平；二是堅持公平原則；三是實現城鄉、異地社會保障制度接軌，同時發揮好慈善、捐贈等第三次分配的作用，改善收入和財富分配格局，從而為消費者營造放心消費、敢於消費的制度環境。

第三，擴大中等收入群體。居民按收入層次分為高收入、中等收入和低收入三個群體，我國目前是低收入者佔多數的金字塔型結構。與新發展格局相適應的結構是，越來越多的低收入人員上升到中等收入群體，形成兩頭小、中間大的橄欖型分配結構。2035 年基本實現社會主義現代化的一個重要標準，是中等收入群體顯著擴大。對擴大消費需求來說，中等收入群體的消費意願和消費能力相對較強，是中高端消費的主力，是消費升級的領頭羊，是產業升級的推動者。我們所講的中國市場大，不只是指 14 億多人口的市場，更是指 4 億多中等收入者的市場。因此，擴大中等收入群體規模是構建新發展格局的重要政策目標。從實踐看，中等收入群體基本上是靠要素報酬獲取收入的，資本收入、技術收入、管理收入是中等收入群體的主要收入來源。

第四，完善再分配調節機制。現階段的再分配機制主要有社保、稅收、轉移支付等。這些再分配機制的運行以精準調節為目標，控制過高收入、提高低收入。

（二）流通環節的作用

馬克思指出，流通是商品佔有者的全部相互關係的總和，涉及市場關係。最終消費是在市場上實現的，自給自足的消費只局限在家庭範圍，無法形成國民經濟循環。

由於國民經濟的循環實質上是社會總產品的市場實現問題，社會再生產的實現涉及在市場上實現價值補償和物質替換，這需要完善的市場體系和規範的市場秩序。暢通國民經濟循環很大程度上是指暢通市場流通。我國流通環節的突出問題是，資本、土地、勞動力等要素的合理流動仍然存在不少障礙，地方保護主義導致市場分割等深層次問題仍有待解決。我國的物流成本偏高已是社會共識，全社會各種物流成本佔到了 GDP 的 15%，而美國只有 7%，歐洲、日本為 6%–7%，甚至東南亞發展中國家也只有 10% 左右。

消費只有同流通結合才能形成現實的消費需求。流通作為生產和消費的媒介，一頭連着生產，一頭連着消費。完善的市場機制能夠有效調節供求關係，市場價格自動調節供給與消費需求的適配性，也就是結清市場供求。這正是國民經濟順暢循環所需要的調節機制。對於居民的消費力來說，對其消費的支付能力起決定性作用的不僅有收入分配因素，還有流通領域的市場價格因素。

消費需求實際上指的是市場需求，市場到哪裏，哪裏的潛在消費需求就會成為現實的消費需求。由於市場的創新和擴大會創造和擴大消費需求，暢通國民經濟循環所需要的最終消費需求的增長離不開市場有效作用。基於流通與消費的關係，尤其是市場對擴大消費需求的作用，構建新發展格局需要着力進行市場建設。

首先，建設現代標準的市場體系，打通生產和消費的市場堵點，確保市場流通。其中包括建立適應多層次消費需求的新型市場，健全現代流通體系和物流體系，特別是要開拓城鄉消費市場，提高農民的消費力。其次，發展消費金融。根據馬克思的市場理論，貨幣作為流通媒介後，買和賣在時間和空間上不一致，這時候信用介入就可以暢通流通。推行消費信用，就能克服短期內消費能力的不足，進而達到擴大消費需求的作用。當然，還需要防範可能存在的債務風險，尤其要重視消費領域的信用體系建設。最後，發展流通新技術新業態新模式，其中包括利用電子商務發展線上流通，發展無接觸交易服務，促進線上和線下的融合發展，降低企業流通成本。

有兩個市場秩序問題對擴大消費影響最大：一是假冒偽劣、坑蒙拐騙等行為直接挫傷消費熱情；二是市場價格水準直接影響消費的支付能力。因此強化並優化市場監管機制，規範市場價格形成，建設法治化營商環境和消費環境，可以使人們在良好的消費預期中擴大消費需求。

以上分析表明，內需體系不只是消費環節，而是包括分配、流通、消費在內的系統。相應地，培育完整的內需體系是個系統工程，需要以最終消費為中心，分配和流通環節與之相協同並且相互暢通。

四、內循環的供給側支撐

生產大國同時要成為消費大國，從而擴大內需，不僅要解決消費力問題，還要解決對國內產品的需求問題，否則提高的消費力更多的是形成對進口產品的需求，而不是內需。在開放型經濟中，擴大對國內產品的消費需求不能靠政府保護，而是要靠自身的供給體系及其產品和服務對消費需求的吸引力，以產品的質量和品牌贏得消費者的信任。

暢通國民經濟循環要求深化供給側結構性改革，要提升供給體系對國內需求的適配性，形成需求牽引供給、供給創造需求的更高水平動態平衡。

第一，供給體系質量和水平的提升。根據內生技術變遷理論，新技術主要是在市場利益的驅動下產生的，其生產量是由新技術的市場需求所決定的。市場需求規模制約着技術創新的發生及其規模，這是需求引致技術創新的普遍機制。中國是超大規模的國家，數量眾多和規模龐大的企業可以形成巨大的技術市場和技術需求，這是大國創新的推動力量。同時，大國對技術創新還有特殊的國家需求，大國的強盛要求建立獨立完備的產業體系，這就需要有獨立完備的技術體系做技術支撐，不可能像小國那樣發展單一的重點產業和相應技術。而且，在世界經濟體系中的大國經濟和技術競爭特別突出，大國也不可能像某些小國那樣單純依靠引進國外技術來發展經濟，它必須有自主創新的技術體系來保障國家安全和經濟發展。

第二，發展服務經濟，許多產品消費需要以服務消費為媒介。服務經濟與消費經濟互動發展。新型消費業態的拓展也是由服務業引導的。哪裏的消費需求旺盛，服務業就到哪裏去。哪裏的服務業發達，哪裏的消費需求就旺盛。從消費結構看，2021 年上半年，我國服務消費比重已上升到 52.5%，但與發達國家普遍在 70% 以上的水平相比，我國服務消費發展空間仍然廣闊。

第三，攻克產業鏈上"卡脖子"環節技術難題。面對百年未有之大變局和全球疫情衝擊，要牢牢堅持供給側結構性改革這個戰略方向，打通產業鏈循環的堵點，把產業鏈國外循環受阻的環節轉向國內。產業鏈循環的暢通既涉及需求又涉及供給，產業鏈上的每一個環節都會存在前向和後向的需求問題，也都存在供給問題，尤其是技術供給問題。目前產業鏈中斷的國外環節並非都是國內不能配套，或者不具備相應的技術供給條件的環節。我國具有最完整、規模最大的工業供應體系，是全世界唯一擁有聯合國產業分類中所列全部工業門類的國家。這種完整的供應鏈能夠支撐中國轉向以國民經濟內循環為主體的新發展格局。

產業鏈轉向以內循環為主體的關鍵是在疏通產業鏈上下游關係中重組供應鏈和產業鏈：一方面要使中斷的國際產業鏈環節能夠在國內找到替代；另一方面失去國外訂單的供應商變成推銷商，在國內找到新的買家，在此基礎上保持供應鏈的穩定性和競爭力。要提升供給體系對國內需求體系的整體適配性，針對產業鏈上可能遭到封殺、斷供的環節，在可能"一劍封喉"的環節擁有自主知識產權和可控性。這是現階段產業鏈轉向內循環的着力點。

第三節　新發展格局中的開放發展

　　新時代的現代化需要站在國內國際兩個大局相互聯繫的高度，審視我國和世界的發展。開放發展涉及要素的全球配置，只有開放才能獲取現代化所需的國際資源尤其是創新要素。開放發展無論是在過去、現在還是將來都是中國發展的重要動力源。習近平總書記多次強調，中國開放的大門不會關閉，只會越開越大。發揮國內大循環的主導作用並不意味着自我封閉，而是要讓國內市場發揮資源配置和經濟增長中的基礎性作用，改變中國參與國際競爭的形式、方式和途徑，以國內國際雙循環代替"兩頭在外、大進大出"的單循環格局，同時要使國內市場與國際市場鏈接起來、互動起來，以宏大順暢的國內經濟循環，更好吸引、優化、重新配置全球資源與要素，滿足國內需求的同時全面提升我國產業技術水平，培育我國參與國際經濟競爭和合作的新優勢。

一、參與國際分工由比較優勢轉向競爭優勢

　　新時代經濟全球化的推進意味着原有資源稟賦的勞動和資源的比較優勢逐步終結。習近平總書記在 2015 年中央全面深化改革領導小組第十六次會議上明確提出，要加快形成有利於培育新的比較優勢和競爭優勢的制度安排。所謂新的比較優勢，也就是競爭優勢。它不是建立在原來的資源稟賦的比較優勢基礎上，而是在創新驅動基礎上培育核心技術的競爭優勢。這就是習近平總書記所講的："國際經濟競爭甚至綜合國力競爭，說到底就是創新能力的競爭。誰能在創新上下先手棋，誰就能掌握主動。"[1]競爭優勢理論就是把創新和技術進步列為思考的重點，這種新優勢的核心競爭力是技術、品牌、服務和質量。其中尤其要重視兩個方面的優勢，一個是核心技術的優勢，核心技術是國之重器；另一個是產業優

---

[1] 《習近平關於社會主義經濟建設論述摘編》，中央文獻出版社 2017 年版，第 125 頁。

勢，就如波特所說的競爭優勢理論的依據，即一國產業是否擁有可與世界級競爭對手較勁的競爭優勢。謀求競爭優勢的基本途徑是依靠科技和產業創新推動國內產業結構升級，特別是發展與其他發達國家相同水平的新興產業，形成能與世界級競爭對手較勁的具有競爭優勢的產業結構。這體現了增長的內生性和創新驅動性，也是參與外循環的支撐。

二、開放發展由出口導向轉向創新導向

出口導向的開放模式主要表現為"利用外資—發展生產—擴大出口—擴大利用外資"或"出口創匯—擴大進口—發展生產—擴大出口"的鏈條。這種模式忽略了培育國內市場大循環體系，未能發揮超大規模經濟體的優勢。新發展格局所需要的開放發展，突出的是圍繞自身發展需要參與利用國際市場，有效配置國際資源。目標在於增強自身的國際競爭力，在開放中提升質量和效益。在新發展格局中，創新導向的開放發展，是"以我為主"的國際分工，注重產業結構的升級，特別是發展戰略性新興產業，目標是佔領科技和產業發展的世界制高點。

創新導向的開放發展主要特徵是堅持"出"和"進"並重，利用超大規模的國內市場，以高質量的"進"促高水平的"出"，有效暢通國內國際雙循環。這涉及兩個方面：一是藉助進博會等平台擴大進口，尤其關注國內循環中遇到的技術供給堵點環節的產品和技術進口。二是優化升級外商直接投資。在有序放寬市場准入的同時，注重外資質量。與過去以"三來一補"等方式利用國內勞動力和環境資源的製造環節的外商投資不同，引進外資要以其科技水準進行選擇：外資進入的環節應該主要集中在產業鏈的中高端環節；外資進入的產業應該是國際領先的新興產業，在中國完成產業鏈的"補鏈""擴鏈""強鏈"。在此基礎上的"出"是出口替代，提高出口質量，包括以出口綠色產品替代資源密集型、高能耗高污染的產品，以科技密集型產品替代勞動和資源密集型產品。

服從於產業鏈現代化要求，創新導向的開放發展着力引進創新資源。一是突出高端人才的引進。過去着力引進資本要素，原因是其他國際資源包括技術和管

理要素往往是被資本帶入。創新導向則着力引進高端創新人才，原因是國際創新要素（包括高端科技和管理要素）是跟着人才走的。這些人才進入我國的大學、科研機構、研發平台和科技企業，可以引領科技創新和創業。二是依靠開放式創新強化自立自強的科技創新。創新導向的開放發展把主要從事基礎研究的大學和科研機構推向了開放發展的前台。自立自強不等於封閉創新，而是更需要開放式創新。科研部門可以通過開放性實驗室、開放式研究平台吸引和引進國際科學家參與高端核心技術的研發。不僅瞄準產業鏈上的"卡脖子"技術，而且瞄準國際前沿技術，以最新的原創性科技引領國內國際雙循環。

三、重組產業鏈國際佈局

新發展格局不排斥產業鏈的國際佈局，這是全球配置資源能力提升的重要方面。儘管某些發達國家針對我國產業鏈的一些環節進行斷供，但不可能完全堵塞外循環的通道。在產業鏈佈局多元化的背景下，我國以我為主的產業鏈可以找到新通道。第一條是"一帶一路"，我國可以同"一帶一路"沿線國家和地區開展多層次、多領域的務實合作，促進商品、資金、技術、人員更大範圍流通，開拓合作共贏新局面，共同推動世界經濟強勁、可持續、平衡、包容增長，讓經濟發展成果惠及不同國家、不同人群。第二條是以《區域全面經濟夥伴關係協定》（RCEP）生效實施為契機推動中日韓、東盟等"近鄰循環"，RCEP 一體化大市場的形成將釋放巨大的市場潛力，進一步促進區域內貿易和投資往來，有利於形成雙循環新發展格局。第三條是自貿區和中國特色自由貿易港。截至 2021 年底，我國已設立 21 個自貿試驗區及海南自貿港，它們的一個重要使命就是要在貿易自由、投資自由、資金流動自由、運輸自由、人員停居留和就業自由、數據流動自由等方面進行先行先試。產業鏈佈局以自貿區（港）為依託，培育與國際市場相通的產業實力和能力，打造具有國際影響力的先進製造業集群、戰略新興產業基地等。

產業鏈"走出去"佈局，並不僅僅是為了攫取稀缺的礦物資源，還要增強中國企業市場競爭優勢。具體來講,一是要推動我國品牌企業參與境外基礎設施建設和產能合作,推動我國高鐵、電力、通信、工程機械以及汽車、飛機、電子等以我為主的產業鏈走向世界,向極具市場潛力的新興市場滲透和延伸,以消化國內過剩生產能力和市場競爭的壓力。"一帶一路"產業鏈佈局將是國際產能合作的重要平台,相關國家也可以共享中國發展成果,與中國企業互利共贏。二是要依託於我國市場規模迅速成長的"母市場效應",除了提升出口結構的水平外,還可以在"走出去"中就地虹吸國外先進生產要素尤其是高級人才,以此服務於國內企業的研發設計能力提升。三是要利用我國巨額的外匯儲備,擴大在國外的投資,充分利用所在地稀缺資源,增強我國企業在全球價值鏈上的產業控制力,構建以我為主的全球產業鏈國際佈局。四是要有效利用產品、資本的紐帶,全面建立"國內與全球"之間的知識流動管道,構築國內創新創業的雙向流動機制,提升國內企業在全球創新網絡中的地位。

四、轉向制度型開放

制度型開放的實質是推動形成全面開放新格局。2018 年 4 月,習近平主席在博鰲亞洲論壇上提出:"堅持引進來和走出去並重,推動形成陸海內外聯動、東西雙向互濟的開放格局,實行高水平的貿易和投資自由化便利化政策,探索建設中國特色自由貿易港。"[1] 這個對外開放新格局體現高質量的開放發展,具體表現在四個方面,一是在提升向東開放的同時,推進與"一帶一路"沿線國家合作,加快向西開放步伐,推動內陸沿邊地區成為開放前沿。二是進口與出口並重。2018 年在上海舉辦第一屆中國國際進口博覽會,2020 年在北京舉辦中國國際服務貿易交易會。三是擴大引進外資的領域和深度。不僅以負面清單保障外資進入中國的領域,而且進一步放開對外資進入的限制,尤其是金融領域的進一步開放。四是建立對外開放的新載體。為推動資源和商品更為便利地國際流動,實

---

❶ 《習近平談治國理政》第 3 卷,外文出版社 2020 年版,第 193–194 頁。

行高水平的貿易和投資自由化便利化政策，設立自由貿易試驗區、自由貿易港。

　　中國現有的開放型經濟體制特徵可簡單概括為，在各級地方政府主導下，以簡單融入國際分工體系和全球製造業體系為目標，以優惠政策和差別待遇為基礎，以大量利用外資和大規模出口為主導，以開發區為載體，從而形成龐大的生產製造能力以及大進大出的循環格局。顯然，這種開放體制已經不能適應現代化經濟的治理規則。在以要素流動性日益增強為主要內容的當今經濟全球化發展中，一國或區域內貨物、服務、信息、資本、技術、管理、人才等自由流動，以及提供更為完善的產權保護，對全球優質要素的集聚具有極為關鍵的意義。

　　由商品和要素流動型開放轉向制度型開放，要求全面對接國際高標準市場規則體系，吸收借鑑國際成熟市場經濟制度經驗和人類文明有益成果，對競爭、規制、國民待遇、人才流動、營商環境等制度安排進行優化。我國可以依託自貿區（港）的"改革試驗田"功能，圍繞建設開放新高地，擴大制度型開放。通過國內國際雙循環，推動我國由商品和要素流動型開放向規則等制度型開放轉變。實施自貿區擴容和提升戰略，充分發揮自貿區與自貿港的引領作用，賦予其更大改革自主權，通過加強協同與集成式制度創新，不斷放寬市場准入限制，有序擴大服務業開放水平，在數字經濟、互聯網等領域持續擴大開放，進一步完善外商投資准入負面清單管理制度、涉外法律體系、知識產權保護制度、海外企業管理與保護制度等，優化我國公平競爭環境，深入開展貿易和投資自由化便利化改革創新，以推動形成更高水平開放型經濟新體制。

　　制度型開放還要注意統籌發展與安全的關係，防範和化解影響我國現代化進程的各種風險，構築與更高水平開放相匹配的監管和風險防控體系，不斷增強我國現代化經濟體系的自身競爭能力、開放監管能力、風險防控能力。

第十三章

國家治理體系和
治理能力現代化

現代化進程，不僅是科技和產業進步的過程，也是制度現代化的過程。一個國家能否走上現代化道路，現代化發展進程是快是慢、是優是劣，歸根到底要由其制度變遷和創新來決定。中國式現代化的制度現代化有三大基石：一是基本經濟制度，二是市場制度，三是國家治理體系。

第一節　推動現代化的制度創新

　　實現現代化需要制度創新先行。對經濟現代化來說，制度現代化是基礎。在羅斯托看來，經濟起飛的三個特徵之一便是“存在或迅速出現一個政治、社會和制度體系，這個體系能夠發掘現代部門擴張的動力，以使起飛帶來潛在的外部經濟效果，並使增長具有連續性”❶。

一、制度變遷理論

　　經濟的現代化，先要有制度的現代化。諾貝爾經濟學獎獲得者諾思通過研究發達國家的經濟史提出，產業革命不是由人們常說的技術上的突變開啟的，而是一系列的制度上的變化為技術革命鋪平了道路。在技術沒有發生變化的情況下，通過制度創新和變遷也能實現經濟增長。推動產業革命的技術不是出現在制度變遷之前，而是在之後。根據諾思的研究，19 世紀下半葉之所以產生產業革命，原因是在此之前出現了一系列的制度變遷，在三個方面最為突出，一是建立了一套產權制度，尤其是專利制度，提高了發明和創新的私人收益率；二是市場規模的擴大，減少了交易費用，並且符合規模經濟；三是組織的變遷，從家庭和手工生產的縱向一體化走向專業協作化，分工和專業化推動技術進步。顯然，是制度的變遷推動了技術進步，從而引發了第一次產業革命。因此得出的結論是制度變遷推動了先行國家走上現代化之路。❷

　　諾思的研究還發現，與技術變遷相類似，在制度變遷中，同樣存在着報酬遞增和自我強化的機制。這種機制使制度變遷一旦走上某一路徑，它的既定方向會

---

❶　[美] W. W. 羅斯托：《從起飛進入持續增長的經濟學》，賀力平等譯，四川人民出版社 1988 年版，第 30 頁。

❷　參見 [美] 道格拉斯·C. 諾思：《經濟史中的結構與變遷》，陳郁、羅華平等譯，上海三聯書店、上海人民出版社 1994 年版。

在以後的發展中得到強化。這就是路徑依賴。沿着既定的路線，制度變遷可能進入良性循環的軌道，迅速優化；也可能順着錯誤的路徑走下去，甚至被鎖定在某種無效率的狀態中。一旦進入鎖定狀態，就很難走出這種境地。這就是說，一個國家只有選擇了一條正確的路徑，有一套制度的保證，才能走上持久增長之路。

制度變遷可以理解為一種收益更高的制度對另一種收益較低的制度的替代過程。現代化的動力不僅靠技術革新，也靠制度創新。如果沒有制度創新，並通過一系列制度（包括產權制度、法律制度等）構建把技術創新的成果鞏固下來，那麼人類社會長期經濟增長和社會發展是不可設想的。

制度是一系列被制定出來的規則、守法程序和行為的道德倫理規範。制度可以看成是社會的遊戲規則，是人類在生產和交易中創造出來用以規範人們相互交流和交易的行為規範。制度包括正式的制度安排，如政治制度、法律、組織等；也包括非正式的制度安排，如社會的習俗、慣例等。正式制度和非正式規則相互作用，構成制度的完整變遷過程，進而決定了社會變遷的軌跡。

實踐證明，進入現代化的國家無一不是實行市場經濟體制的國家。我國的發展實踐證明了制度變遷的重要性。從 20 世紀 70 年代末開始到現在所進行的改革就是制度變遷的過程。改革選擇了市場化的方向，逐步明確建立社會主義市場經濟體制和社會主義初級階段的基本經濟制度。由於選擇的制度變遷方向正確，取得了報酬遞增和自我強化的效應，市場的作用也由對資源配置的基礎性作用演化到決定性作用。由制度變遷推動，技術變遷也進入創新驅動階段。

二、國家治理體系改革和完善的現代化方向

黨的十八屆三中全會通過《中共中央關於全面深化改革若干重大問題的決定》，提出把“完善和發展中國特色社會主義制度，推進國家治理體系和治理能力現代化”作為全面深化改革的總目標。其基本要求是在重要領域和關鍵環節改革上取得決定性成果，形成系統完備、科學規範、運行有效的制度體系，使各方面制度更加成熟更加定型。這也是實現社會主義現代化的制度保障。黨的十八屆

三中全會制定的改革路線圖與"五位一體"總體佈局相適應，全面規劃了國家治理在經濟、政治、文化、社會、生態文明、黨建這六個領域的制度設計框架。

所謂國家治理體系，是治理國家的制度體系，包括經濟、政治、文化、社會、生態文明和黨建等各領域體制機制、法律法規安排，也就是一整套緊密相連、相互協調的國家制度。所謂國家治理能力是運用國家制度治理社會各方面事務的能力。國家治理體系現代化，是指適應時代變化，既改革不適應實踐發展要求的體制機制、法律法規，又不斷構建新的體制機制、法律法規，使各方面制度更加科學、更加完善，實現黨、國家、社會各項事務治理制度化、規範化、程序化。

國家治理體系和治理能力的現代化有方向和道路問題。道路關乎國家前途、民族命運、人民幸福。國家治理體系和治理能力的現代化，實際上規定着中國現代化的方向和道路。我國建立適合國情的治理體系，就是堅持中國共產黨的領導，"既不走封閉僵化的老路，也不走改旗易幟的邪路"，只能走中國特色社會主義道路；也就是在中國特色社會主義制度體系的框架內尋求現代化的國家治理體系。

第一，現代化需要在轉變經濟發展方式中實現，轉變經濟發展方式的基礎是制度創新。現有的物質資源投入型經濟發展方式是由激勵投入的制度支持的。要想轉向創新驅動型經濟發展方式需要建立激勵創新的制度。已有的發展主要依靠物質資本的投入，相應的制度安排基本上是建立在物質資本產權基礎上的。而在現代增長中，知識資本和人力資本越來越成為決定性的資本，知識創新體系和技術創新體系的銜接和協同也成為制度創新的關鍵。相應的制度安排很大程度上成為新的產權制度安排的基礎。

第二，現代化不僅需要依靠完善的市場機制增強微觀活力和動力、提高效率，還需要宏觀平衡，防止經濟的大起大落，以免宏觀失衡打斷現代化的進程。在中國這樣的發展中大國，協調問題不僅涉及區域、城鄉協調，還涉及產業協調。所有這些都涉及企業、市場和政府的制度安排。

第三，現代化需要協調好多方利益。現代化雖然會增進所有人的利益，但每個人的利益增進程度是不一樣的。社會制度安排的本質是社會對不同利益要求的制度性響應。現代化是在進入中等收入國家發展階段後提出的。進入這個階段，人民群眾的關注點由物質需要進一步轉向精神需要，關注健康和教育，關注社會公平。特別是在文化水平提高以後，人民群眾的維權意識也會大大增強。與此相應，社會矛盾也會比過去突出，居民的維權訴求更可能轉化為維權行動。在此新的社會背景下，政府不僅要努力使廣大工人、農民、知識分子和其他群眾共同享受經濟社會發展的成果，使他們不斷得到看得見的物質文化利益，從而使現代化得到人民的支持，而且要藉助國家的公共權利，通過制度安排來協調多方利益，使社會資源分配更加公平和公正。國家需要建立多元化的利益表達機制和訴求機制，需要適應人民群眾不斷增強的權利意識，推進基層群眾自治，完善信息公開機制，為公民有序參與政治開闢新渠道。

顯然，以上現代化進程中出現的新問題和新矛盾、提出的新課題都涉及國家治理層面，需要通過改革解決國家治理體系和治理能力的現代化問題。這個問題不解決好，我國難以真正走上現代化之路。

第二節 社會主義基本經濟制度的完善

一定社會的基本經濟制度是該社會的生產關係的總和。中國的經濟體制改革是圍繞改革和完善基本經濟制度推進的。黨對社會主義基本經濟制度的認識是逐步深化的。在已經明確公有制為主體、多種所有制經濟共同發展是我國社會主義初級階段的一項基本經濟制度的基礎上，2019 年黨的十九屆四中全會明確把公有制為主體、多種所有制經濟共同發展，按勞分配為主體、多種分配方式並存和社會主義市場經濟體制這三個方面的制度一起稱為社會主義基本經濟制度。這是從生產、分配和交換三個維度勾畫出社會主義基本經濟制度。

需要指出的是，基本經濟制度的每一個方面都涉及過去政治經濟學理論中所認為的兩種相對立的經濟形態，如公有制與多種非公有制經濟、按勞分配與要素報酬、社會主義和市場經濟，但現在均包容在基本經濟制度中。這種包容性正是各自在發展社會生產力方面和體現社會主義制度優越性方面的制度優勢的結合。公有制為主體、多種所有制經濟共同發展，按勞分配為主體、多種分配方式並存和社會主義市場經濟體制組成的社會主義基本經濟制度是中國獨特的創造，是中國式現代化的制度保證。

一、公有制為主體、多種所有制經濟共同發展的制度優勢

我國原來是公有制的天下。我國的經濟改革從農村實行家庭聯產承包責任制、城市發展個體私營經濟開始，到引進外資，國有經濟有進有退的戰略性調整，直至明確混合所有制經濟是基本經濟制度的重要實現形式，形成了公有制為主體、多種所有制經濟共同發展的所有制結構。實踐證明，包括公有制和非公有制在內的多種所有制經濟共同發展的所有制結構對發展社會生產力有五大制度優勢。

第一，以適合社會主義初級階段的所有制形式動員了一切發展生產力的資源

和活力。改革開放 40 多年來，我國經濟發展能夠創造中國奇跡，公有制經濟和非公有制經濟都作出了重大貢獻，特別是發展民營經濟充分動員了民間資本。現在民營經濟貢獻了 50% 以上的稅收，60% 以上的 GDP，70% 以上的技術創新成果，80% 以上的城鎮勞動就業，90% 以上的企業數量。

第二，多種所有制經濟的存在促進了不同所有制之間的競爭，尤其是促使公有制經濟在競爭中改革自身的體制，完善了公有制的實現形式，國有企業普遍虧損的現象得到了逆轉。公有制經濟的競爭力、創新力、控制力和抗風險能力得到大大增強。

第三，公有制經濟和非公有制經濟在競爭中合作。公有制和非公有制的存在都有其目標導向，分別在各自見長的領域發揮自己的制度優勢。公有制經濟主要在公益性和自然壟斷性領域，追求公益性和公平性方面的目標；非公有制經濟主要在競爭性領域，追求利潤目標。雖然兩種所有制經濟所追求的目標不完全協同，但彼此間的競爭過程又是相互學習的過程。公有制經濟學習非公有制經濟的效率，非公有制經濟學習公有制經濟的社會責任感。不同所有制企業在提高效率、促進公平方面實現合作。

第四，混合所有制經濟成為基本經濟制度的重要實現形式，國有制企業可以在產權交易中吸引非國有資本進入，做大做強做優。非公有資本可以參股控股國有企業。這就為各類企業增強活力提供了資本動力。在公有制控股的混合所有制企業中，公有制為主體，多種所有制經濟在同一個企業內共同發展。

第五，在多種所有制經濟共同發展的基礎上推進現代產權制度建設。黨的十九大把完善產權制度作為經濟體制改革的兩大重點之一，目標是完善產權的有效激勵。主要涉及三個方面：一是建立現代產權結構，如明確出資者產權、法人財產權和農村土地中的所有權、承包權、經營權的三權分置等；二是允許並規範產權交易，促使資產向高效率企業集中；三是實行有效的破產制度。這種產權制度對發展生產力具有明顯的制度優勢。理論和實踐都證明，財產權利的激勵是相當重要的激勵。產權激勵是市場經濟最強大的動力源。對企業來說，最致命的風險是產權喪失，最重要的收益是財產增值。產權的界定、配置和流轉具有更強更有效的激勵作用。把人們從事經濟活動的努力和財產權利緊密地聯繫在一起，是穩定持久的激勵措施。

在多種所有制經濟共同發展的基礎上，公有制為主體的制度優勢體現在實現社會主義制度的優越性。面對共同發展的多種所有制經濟，公有制經濟不是依靠其數量而是依靠其質量和地位發揮明顯的主體地位作用。公有制經濟依靠其在社會總資產中佔優勢、控制國民經濟命脈的主體地位對現代化的方向起導向作用，尤其是在共同富裕方面起推動作用。因此，習近平總書記指出：“公有制主體地位不能動搖，國有經濟主導作用不能動搖。這是保證我國各族人民共享發展成果的制度性保證，也是鞏固黨的執政地位、堅持我國社會主義制度的重要保證。”❶

二、按勞分配為主體、多種分配方式並存的制度優勢

針對原有的平均主義大鍋飯式的收入分配體制，我國的分配體制改革先是明確堅持按勞分配，後又明確各種生產要素按貢獻參與收入分配，從而形成按勞分配為主體、多種分配方式並存的分配制度。推進現代化，在分配體制上既要堅持按勞分配為主體，又要完善按要素分配的體制機制，促進收入分配更合理、更有序。其發展生產力的制度優勢主要體現在四個方面：

第一，完善要素報酬機制。在各種生產要素屬不同的所有者的條件下，要素報酬具有激勵要素投入的功能。生產要素參與收入分配可充分動員和激勵屬不同要素所有者的要素投入，讓一切創造社會財富的源泉充分湧流。完善要素報酬機制需要提高全要素生產率，這與要素報酬的原則相關。黨的十八屆三中全會提出，健全資本、知識、技術、管理等由要素市場決定的報酬機制。黨的十九屆四中全會進一步提出，健全勞動、資本、土地、知識、技術、管理、數據等生產要素由市場評價貢獻、按貢獻決定報酬的機制。要素報酬不只取決於各種要素的投入，還取決於要素的貢獻，以及各種要素市場的供求。這種分配機制既促進了企

---

❶ 《習近平關於社會主義經濟建設論述摘編》，中央文獻出版社 2017 年版，第 63–64 頁。

業對要素的有效組合，提高了全要素生產率，又促進了貢獻大的優質要素的供給，尤其是明確知識、技術和數據的貢獻及相應的報酬推動了創新及創新成果的應用。基於這種分配制度，一切創造財富的勞動、資本、土地、知識、技術、管理、數據等生產要素的活力競相迸發，充分釋放了發展經濟的潛力。

第二，在多種分配方式並存中堅持按勞分配為主體，不僅能提高勞動效率，還能促進勤勞致富。參與收入分配的要素包括勞動、資本、土地、知識、技術、管理和數據等。參與收入分配的勞動不只是指生產一線的勞動者的直接勞動，知識、技術、管理和數據等要素在馬克思的理論中均屬總體的生產勞動，而且這類勞動是複雜勞動。就如馬克思對生產勞動的定義："為了從事生產勞動，現在不一定要親自動手；只要成為總體工人的一個器官，完成他所屬的某一個職能就夠了。"❶ 按此定義，按勞分配為主體帶來的收入就不能只是指直接勞動的收入，還應該包括知識、技術、管理和數據等要素參與的勞動的收入。只要複雜勞動的收入得到實現，勤勞就能致富。複雜勞動收入連同直接勞動收入一起，就可能實現按勞分配為主體。進一步說，直接勞動者通過教育和培訓，提高勞動的複雜程度，掌握知識和技能，可能獲取複雜勞動報酬，是勤勞致富的體現。相反，勞動者如果不能掌握知識和技能，勤勞也不一定能致富。這就是習近平總書記所說的："幸福生活都是奮鬥出來的，共同富裕要靠勤勞智慧來創造。"❷

第三，在要素報酬的分配結構中增加一線勞動者勞動收入，逐步實現共同富裕。各種生產要素參與收入分配，一線勞動者收入佔比下降是不可避免的。社會主義公平正義的實現要求增加一線勞動者的勞動報酬，鼓勵勤勞致富，逐步實現共同富裕。其路徑不是要否認生產要素參與收入分配，而是要靠按勞分配為主體的制度安排。根據馬克思的表述，在社會主義社會實行按勞分配的一個重要原因是，在這個階段，勞動還是謀生的手段。作為謀生手段，勞動報酬的增長就不僅限於勞動者的勞動貢獻，還應該包含體現謀生要求的內容。謀生的範圍就是必要

---

❶ [德] 馬克思：《資本論》第 1 卷，人民出版社 2004 年版，第 582 頁。
❷ 習近平：《扎實推動共同富裕》，《求是》2021 年第 20 期。

勞動的範圍。隨着社會的進步、文化的發展，勞動者的必要勞動範圍也應擴大，相應地勞動報酬有增長的趨勢。為此需要着力提高一線勞動者的收入，逐步提高最低工資標準。其制度安排是，在初次分配階段就要處理好公平和效率的關係，提高勞動報酬在初次分配中的比重。為此需要建立企業職工工資正常增長機制和支付保障機制，實現勞動報酬和勞動生產率同步提高。針對一線勞動者在各種生產要素參與收入分配中的弱勢地位，需要通過人力資本投資（公平教育）和增加居民財產性收入等途徑增加直接勞動者的非直接勞動要素供給，使直接勞動者的收入隨着其擁有更多的非直接勞動的生產要素（知識、技術和管理等）而提高。

第四，對非公有制經濟也有按勞分配的要求。按勞分配適用範圍越廣，共同富裕程度越高。在現階段的收入分配中，勞資收入差距擴大主要存在於非公有制企業。按勞分配本來屬公有制企業分配原則。混合所有制經濟成為基本經濟制度的重要實現形式後，原有的非公有制經濟與公有制經濟融合在一起，按勞分配的分配原則也廣泛適用於混合所有制經濟，按勞分配也就成為混合所有制企業的主體分配方式。而對民營企業來說，由於其處於社會主義社會的環境之中，其包括分配規則在內的經濟運行不可避免地要受社會主義制度環境的制約，因此其分配不可能完全自行其是，也需要在一定程度上反映按勞分配要求。雖然民營企業不可能像國有企業那樣按國家規定安排收入分配比例，但也需要完善企業工資集體協商制度，着重保護勞動所得，在制度上保證職工的基本權益。

三、社會主義市場經濟體制的制度優勢

我國在推進市場化改革進程中曾經明確社會主義市場經濟是指市場在國家的宏觀調控下對資源配置起基礎性作用。黨的十八屆三中全會對社會主義市場經濟的表述是市場在資源配置中起決定性作用和更好發揮政府作用。

習近平總書記在關於現代化經濟體系的講話中重點談到統一開放、競爭有序的市場體系和充分發揮市場作用、更好發揮政府作用的經濟體制。習近平總書記認為有效市場和有為政府的結合是需要在實踐中破解的“經濟學上的世界性難

題"。● 聯繫中國實際，破解這個難題成為中國式現代化制度創新的特色。在現代化的進程中，毫無疑問需要市場充分發揮作用，也就是需要強市場。但強市場不一定是弱政府，現代化仍然需要政府的強力推動，也就是需要強政府。最為典型的是韓國和新加坡，如果沒有政府的強力推動，兩國絕不可能在較短的時間內實現現代化。在現代化進程中，強政府與強市場相互協同、並行不悖，市場着力從效率方面推動現代化，政府則是從協調和共享方面實現現代化的社會主義目標。關鍵在兩個方面，一是分清政府與市場作用的邊界，兩者不是作用於同一資源配置領域；二是政府行為需遵守一定的規範。實現這一目標，既需要市場現代化，也需要政府現代化。

● 習近平：《不斷開拓當代中國馬克思主義政治經濟學新境界》，《求是》2020 年第 16 期。

第三節　有效市場和有為政府的合力

在社會主義市場經濟體制中推動現代化需要形成市場和政府的合力。無論是市場還是政府都要有現代化的要求和過程。

一、建設現代市場

從效益和效率方面推進現代化的制度基礎是市場經濟。諾貝爾經濟學獎得主斯蒂格利茨在談及發展中國家現代化時指出："在發展中國家沒有可靠的市場價格體系，企業家的供應有限，需要進行大的結構變革。"[1] 在中國，這個大變革就是推進社會主義市場經濟的改革。正如習近平總書記所說："理論和實踐都證明，市場配置資源是最有效率的形式。市場決定資源配置是市場經濟的一般規律，市場經濟本質上就是市場決定資源配置的經濟。"[2]

（一）市場的效率功能

市場經濟體制的基本特徵是市場決定資源配置。其基本含義是依據市場規則、市場價格、市場競爭配置資源，實現效益最大化和效率最優化。現實表現是市場決定生產什麼、如何生產、為誰生產。

所謂市場決定生產什麼，是指生產什麼東西取決於消費者的貨幣選票。市場要起到決定作用，不僅要求生產者即企業自主經營和決策，還要求消費者自由選擇。生產者只有按消費者需求、按市場需要決定生產什麼，才能真正提供社會所需要的產品。與此相應，就要取消各種政府對企業生產的審批。

所謂市場決定如何生產，是指企業自主決定自己的經營方式，自主決定自己

---

[1] ［美］傑拉爾德·邁耶、［美］約瑟夫·斯蒂格利茨：《發展經濟學前沿：未來展望》，本書翻譯組譯，中國財政經濟出版社 2003 年版，第 10 頁。

[2] 《習近平關於社會主義經濟建設論述摘編》，中央文獻出版社 2017 年版，第 52 頁。

的技術改進和技術選擇。在充分競爭的市場環境中，生產者會選擇最先進的技術、最科學的經營方式、最便宜的生產方法。競爭越是充分，資源配置效率越高。與此相應的體制安排是打破各種保護和壟斷，優勝劣汰，生產者真正承擔經營風險。

所謂市場決定為誰生產，是指生產成果在要素所有者之間的分配，取決於生產要素市場上的供求關係。市場配置的資源涉及勞動、資本、技術、管理和自然資源。各種資源都有供求關係和相應的價格，它們之間既能相互替代又能相互補充。由此提出資源配置效率的一個重要方面：最稀缺的資源得到最節約的使用並且能增加有效供給，最豐裕的資源得到最充分的使用。這種調節目標是由各個要素市場的供求關係所形成的要素價格實現的。要素使用者依據由市場決定的生產要素價格對投入要素進行成本和收益的比較，以最低的成本使用生產要素；要素供給者則依據要素市場價格來調整自己的供給。與此相應的體制安排是各種要素都進入市場，各種要素的價格都在市場上形成，準確地反映各種生產要素的稀缺性，調節要素的供求。

市場決定資源配置突出的是市場的自主性。這種自主性不僅表現為市場自主地決定資源配置的方向，還表現為市場調節信號即市場價格也是自主地在市場上形成，凡是能由市場形成價格的都交給市場，政府不進行不當干預。這樣，市場價格信號就更為準確，市場調節範圍就更為廣泛。而且，市場價格形成不只是指商品價格，還涉及各種生產要素的價格體系。作為市場調節信號的價格、利率和匯率都應該在市場上形成，反映市場對各種要素的供求關係。

（二）按現代化要求完善市場

對現代化起明顯推動作用的市場是現代市場。市場經濟在發達國家已經有着上百年的發展歷史，無論是市場體系還是市場組織都趨於完善。而在我國，市場經濟發展的歷史還比較短，市場結構和功能都有待完善，市場秩序也需要進一步規範。雖然我國市場經濟起步晚，但標準高，需要採取有效的措施加以培育和規範，加快推進市場現代化。

在經過接近 40 年市場化改革的基礎上，黨的十九大明確加快完善社會主義市場經濟體制的兩個改革重點：一是建立歸屬清晰、權責明確、保護嚴格、流轉順暢的現代產權制度；二是完善要素的市場化配置。黨的十九屆四中全會又進一步提出，要完善公平競爭制度，強化競爭政策基礎地位。這些可以說是促進市場現代化的重要制度安排，目標是構建更加系統完備、更加成熟定型的高水平社會主義市場經濟體制。推動現代化要求調節資源配置的市場實現現代化，着力在有效市場建設上。

第一，市場經濟的基礎是現代產權制度。現代產權制度涉及產權的界定、配置和流轉，把人們經濟活動的努力和財產權利緊密地聯繫在一起，明晰企業產權的歸屬、控制、產權收益和風險，把經濟活動的風險和財產收益聯繫在一起。這是穩定持久的激勵。相應的產權制度建設涉及產權歸屬、產權保護、產權流轉、產權安全。

第二，自由規範的要素市場化配置。相比增量要素，存量要素規模巨大。市場配置存量要素，可以在優化資產質量中提高要素配置效率。以產權流轉方式進行的要素市場化配置，可以使被束縛在低效率的產能過剩部門和企業的資源由死變活。在淘汰過剩產能、污染產能、落後產能基礎上騰出發展的空間和資源發展新產業、新業態，並且使資產向高效率企業集中。

第三，高標準的市場體系。建設高標準市場體系是築牢社會主義市場經濟有效運行的基礎。市場體系是要素市場配置的載體和平台。市場體系建設需要按高標準要求補齊市場短板，包括完善並規範金融市場，建設和規範土地市場，發展技術市場，充分開放勞動力市場尤其是人才市場和大數據的市場分享，等等。

第四，強化競爭政策的基礎地位。公平而充分的競爭是市場經濟的本質特徵。競爭政策則是政府為保護、促進和規範市場競爭而實施的經濟政策，是國家宏觀調控經濟的重要方面。所要強化的競爭政策主要表現在四個方面：一是市場配置資源以競爭為導向。二是市場主體的培育以競爭為基礎，特別強調公有制的主體地位要靠其競爭能力獲得。三是產業組織政策以競爭為基礎，強調優勝劣汰。四是市場秩序建設以規範競爭秩序為基礎，特別是需要建立和完善針對新經濟業態的競爭秩序。例如，互聯網平台經濟行業的競爭秩序建設，既要反壟斷，又要反不正當競爭。

二、建設有為政府

在現代化進程中，市場不可能解決所有的發展問題，還需要政府的介入。針對發展中國家經濟增長的研究發現，"大多數經濟增長的成功事例都涉及高度的政府干預"[1]。因而，政府同市場並不完全是對立的，二者互為補充，都是構成經濟體制的必要因素。"在處理市場失靈（如不完全信息、不完全市場、動蕩的外部性、規模收益遞增、多重均衡和路徑依賴性），提供公共物品，滿足教育、健康、減少貧困和改善收入分配等優化要求，提供物質和社會基礎設施，以及保護自然環境等方面，政府仍然具有廣泛的功能。"[2]根據發展中國家的經驗，進入現代經濟增長，都需要政府推動發展。

（一）政府推動現代化的功能

中國的舉國體制制度優勢決定了中國具有集中力量辦大事的能力，這是中國式現代化的重要制度表徵。全社會的資源除了進入市場的市場資源外，還有公共資源。公共資源是未明確私人所有權的資源，涉及自然資源、政府的法律和政策資源、公共財政提供的公共性投資和消費性支出等。中國政府掌握着較為豐富的公共資源，這是政府推動中國式現代化的基礎。

既然已經明確了市場決定資源配置的格局，那麼政府決定的資源配置也要作相應的調整，要大幅度減少政府對資源的直接配置，但市場對資源配置的決定性作用不能擴大到公共資源的配置。公共資源的配置不能由市場決定，原因是市場

---

[1] ［美］傑拉爾德·邁耶、［美］約瑟夫·斯蒂格利茨：《發展經濟學前沿：未來展望》，本書翻譯組譯，中國財政經濟出版社 2003 年版，第 296 頁。

[2] ［美］傑拉爾德·邁耶、［美］約瑟夫·斯蒂格利茨：《發展經濟學前沿：未來展望》，本書翻譯組譯，中國財政經濟出版社 2003 年版，第 24 頁。

配置資源遵循效率原則，而公共資源的配置則要遵循公平原則。政府承擔推動發展和克服市場失靈的任務，這都需要通過公共資源的配置來實現。政府在推動現代化方面的作為除了培育市場和推動開放外，更突出表現在以下三個方面，這三點也是實現中國式現代化所特有的。

第一，推動經濟結構轉型升級。在我國，制約經濟長期發展的主要是經濟結構問題，尤其是產業、城鄉和區域結構。結構性問題不僅在於失衡，而且突出表現在處於低水準。針對經濟結構問題，需要充分發揮市場優勝劣汰和自由選擇機制的作用。只是對發展中的大國而言，經濟結構調整顯然不能完全靠市場自發調節。面對產業結構轉型升級的需求，政府需要前瞻性培育戰略性新興產業、有重點地扶持主導產業和高新技術產業，這都需要國家的產業和科技政策來引導。城鄉和區域結構的失衡也需要政府來協調。如此才足以促使發展要素由先發展地區流向後發展地區，打破市場經濟環境下後發展地區發展要素稀薄的魔咒。

第二，推動創新。一般說來，市場競爭能夠提供創新動力，技術創新也需要市場導向。但是對科技創新而言，只靠市場是不夠的，原因在於"任何情況下，市場都不可能對創新提供最優的激勵"，因此政府發揮更大作用的方面"是作為創新的推進器"。❶原因有兩個：一是創新的知識和技術具有外溢性，社會可以從中得益，具有公共性，其收益並不會只是集中到個人。二是標準的市場經濟理論只是解決市場對已有資源的配置，而創新不只是配置已有資源，還要創造新資源。重大科學創新計劃、集成技術創新與知識創新、引導孵化新技術、為集聚創新要素而進行知識資本和人力資本投資、建設創新的新基建等基礎設施等，都需要政府有為。

第三，促進共同富裕。中國式現代化絕不能出現貧富兩極分化現象。政府主導的再分配環節起着關鍵性作用，其主要路徑有四個：一是完善累進的所得稅制度和累進的財富稅制度，以縮小收入和財富差距。二是促進優質公共服務資源如

❶ ［美］傑拉爾德·邁耶、［美］約瑟夫·斯蒂格利茨：《發展經濟學前沿：未來展望》，本書翻譯組譯，中國財政經濟出版社 2003 年版，第 337 頁。

優質教育資源和醫療資源在城鄉、區域配置均等化。三是完善針對相對貧困群體的社會保障制度。不僅要進一步提升義務教育、基本醫療、住房安全三方面的保障水平，還要進一步擴大社會保障的範圍，特別是擴大基本養老保險的內容。四是加大轉移支付力度，促進不同區域、城鄉在發展中實現共同富裕。按此要求，需要建立和完善政府保障基本、社會多元參與、全民共建共享的公共服務體系。公共服務要覆蓋到幼有所育、學有所教、勞有所得、病有所醫、老有所養、住有所居、弱有所扶和擁軍優屬等各個領域，體現社會主義制度的優越性。

（二）政府現代化

政府現代化主要涉及五個方面。

第一，處理好政府和市場的關係。

社會主義市場經濟的運行既有效率目標又有公平目標，政府有責任促進社會公平正義，以體現社會主義的要求。政府配置公共資源的行為本身也要遵守市場秩序。在市場對資源配置起決定性作用後，政府不再是市場資源配置的主體，而是從市場資源的分配者變為監管者。政府作用機制要同市場機制銜接，政府配置公共資源要同市場配置市場資源結合進行。政府貫徹公平目標的作用主要不是進入資源配置領域，而是進入收入分配領域，依法規範企業初次分配行為，更多地通過再分配和主導社會保障解決公平問題。即使要協調區域發展，政府也是在不改變資源在市場決定流向的前提下利用自己掌握的財政資源和公共資源按公平原則進行轉移支付，或者進行重大基礎設施建設，為吸引發達地區企業進入不發達地區創造外部條件。改革開放以來，由於我國市場經濟體制快速建立，政府對市場的監管不到位，市場上經常會出現假冒偽劣產品和市場交易失信欺詐現象，從而嚴重扭曲了市場與社會的關係，政府也因此承擔了監管的責任。因此，建立市場與社會的協調互動關係，作為市場主體的企業要自覺承擔必要的社會責任，為社會和消費者提供可信賴的產品和服務。

為此，政府要着力推進三個方面改革：一是對市場作用及其機制充分放開。其中包括，凡是市場機制能有效調節的經濟活動，一律取消政府審批；資本、土地、勞動力、技術等生產要素都要進入市場，而不再留在政府調節系統。包括市場價格和利率在內的市場調節信號也要充分放開。需要國家定價的只能限制在公益性公共性的範圍。二是政府要主動建立市場體系和市場秩序。市場配置資源是否有效，前提是市場機制是否完善。市場秩序不是自發形成的，需要自覺建立起競爭秩序，從而形成有秩序的競爭。政府需要建立有效的契約制度和產權制度，建立公平交易、公平競爭的市場規則，建設法治化的營商環境。政府需要改革市場監管體系，解決政府干預過多和監管不到位問題。三是政府推動全國統一開放市場建設。我國是從自然經濟直接進入計劃經濟，又從計劃經濟向市場經濟轉型的。因此，統一市場一直沒有形成。為了保證市場對資源配置的決定性作用，政府要着力推動全國統一市場建設：打破地方保護；打破市場的行政性壟斷和地區封鎖，實現商品和各種生產要素在全國範圍內自由流動；打破城鄉市場分割，建設統一的城鄉市場。

第二，科學的宏觀調控。

習近平總書記在十八屆中央政治局第十五次集體學習時的講話中指出："科學的宏觀調控，有效的政府治理，是發揮社會主義市場經濟體制優勢的內在要求。"[1] 宏觀調控是政府的基本職能之一。正如黨的十九大報告指出的："創新和完善宏觀調控，發揮國家發展規劃的戰略導向作用，健全財政、貨幣、產業、區域等經濟政策協調機制。" 首先是促增長調結構調控機制創新。促增長的關鍵是保障市場對資源配置起決定性作用，更好發揮政府作用，實現消費、投資、出口三駕馬車協同拉動經濟增長。明確宏觀經濟運行的合理區間，將其作為政府宏觀調控的目標取向和運用依據，根據實際情況靈活、差別化地定向調控。其次是經濟調控手段創新。"供給側和需求側是管理和調控宏觀經濟的兩個基本手段。"[2]供給側調控重在解決結構問題，注重長期；需求側管理重在解決總量問題，注重短期，二者都是實現高質量推進現代化的有效方式。最後是經濟安全保障機制創

---

[1] 《習近平關於社會主義經濟建設論述摘編》，中央文獻出版社 2017 年版，第 60–61 頁。
[2] 《習近平關於社會主義經濟建設論述摘編》，中央文獻出版社 2017 年版，第 99 頁。

新。現代化的進程不能被發生經濟危機的風險所打斷，統籌發展與安全是政府調控的着力點，要強化經濟安全風險預警、防控能力建設，提升糧食、能源、金融等領域安全發展能力。

第三，防止政府失敗。

在理論上，政府代替市場是因為市場失靈，而在實踐中政府也會失靈或者說政府失敗。政府失敗理論，不是以政府能力缺陷為基礎，而是以制度性缺陷為基礎。政府效率所面臨的不是經濟方面的挑戰，而是制度方面的挑戰，政府失敗的制度性表現在三個方面：一是政府管制。政府管制排斥市場作用。政府對自然壟斷行業如自來水、電力、煤氣等行業的管制，主要採取國家定價或限價的方式，結果往往是產出下降，供不應求；政府對非自然壟斷行業的管制主要採取保護或優惠某個或某些行業的方式，其結果往往是缺乏有效競爭而導致成本和價格的提高。二是尋租。尋租即利用權力尋求"租金"，尋租活動總是同政府權力相聯繫，或者是政府官員直接利用權力，或者是企業藉助政府權力。問題的本質在於政府運用自身的權力製造出某種壟斷權益，導致腐敗。三是官僚主義。官僚主義導致政府擴張。政府機構存在自增長機制，社會中官員越多，"官員斂取物"就越有可能增加。既然政府失敗是由其制度性原因造成的，建設現代政府的途徑就是制定政府行為規則，規範政府行為，包括對尋租行為的約束、對管制行為的約束、對官僚主義行為的約束。這幾個方面也就是現代化進程中政府改革的重點。

以上政府失敗的制度性缺陷歸結起來就是政府權力過大、政府作用範圍過大。國家治理的現代化方向就是建設有限有效政府。只有權力有限、規模有限的政府才可能是有效的政府。為了最大限度地克服政府失敗，需要通過有效的制度安排對政府權力及政府增長進行約束。一是使政府干預範圍有限，二是使政府干預手段有限，三是使政府規模有限。規範政府行為不僅靠財政和稅收的約束，還要靠法治。政府權力應受到憲法的限制。政府的賦稅權力要滿足一致性、普遍性和非歧視性要求。

推進國家治理體系和治理能力現代化，勢必要求對國家的行政制度、決策制度、司法制度、預算制度、監督制度等進行系統性的改革。約束公權力的核心是推進民主制度，讓公民的選票真正起到約束官員、約束政府的作用，才算是治理能力現代化。各種權力之間應有相互制衡機制。保障公民政治權利與約束政治權力是需要同時進行的。這就需要不斷完善法治，建立"法治中國"。

第四，建設服務型政府。

國家治理能力現代化的基本目標是建立高效的服務型政府。政府的基本職能是實現社會福利目標。社會福利函數是社會所有個人效用水平的函數。社會保障、國家安全、公共衛生和教育等屬社會福利函數的內容，這些屬社會福利的內容不可能靠市場調節下的個人在追求個人效用函數中實現，只能靠政府的調節來實現。這就涉及政府績效的科學評價。政府績效評價就是根據管理的效率、能力、服務質量、公共責任和社會公眾滿意程度等方面的判斷，對公共部門管理過程中投入、效率、中期成果和最終成果所反映的績效進行評定，以加強、改善公共責任機制，使政府在管理公共事務、傳遞公共服務和改善生活質量等方面具有競爭力。政府績效評價的基本要求是提高政府治理水平。世界銀行專家設計了6個評價政府治理能力的評價指標：政府效能、監管質量、法治、腐敗控制、政治穩定、民眾參與。

政府績效評價與政府的政績觀一致。在原有的單純追求經濟增長的發展觀中，GDP 指標成了一級政府的主要政績所在。現在明確了新發展理念，就要有相應的科學的政績觀給予支持。用科學的政績觀評價政府績效，不僅要考核 GDP 指標，更要考核無法用 GDP 反映的指標，其中包括居民收入和富裕程度的指標、環境保護指標、資源消耗水平指標等。如果要考慮以人為本的發展觀，政府政績標準還要涉及人的全面發展的要求。富民不僅要使民在物質上富有，還要使民在精神上富有，其中包括享受政治上的民主和受到現代文化和教育方面的熏陶。顯然，全面小康所要求的 GDP 指標可以提前達到，生活質量的指標、環境質量的指標、精神文明的指標、政治文明的指標、法制完備的指標等不可能像 GDP 指標那樣那麼快實現。這些都會成為現代化進程中需要動態考核的政府績效評價。

第五，政府善治和治理能力現代化。

世界銀行在 1997 年出版的世界發展報告《變革世界中的政府》提出，"善治（good governance）"或"有效治理"是一個國家，尤其是發展中國家實現發展的關鍵。善治需要治理能力現代化。善治不能只是靠國家治理，還需要輔之以社會治理，依靠社會組織進行社會管理。

推進現代化必然帶來經濟和社會的轉型，不完全的市場、不完全的信息必然會給社會、企業和個人帶來更多的不確定性。例如，生產要素的市場價格、消費品的市場價格、企業的並購重組、水電的供應、房地產市場行情等都會經常發生不確定的變化，包括福利制度的改革，都會產生社會矛盾甚至一定程度上的社會衝突。農民問題、失業問題、貧富差距問題都會不時地阻礙現代化的進程。因此政府需要建立保障社會公平和社會穩定的社會機制。這主要涉及建立包括養老、醫療、失業在內的社會保障制度，建立以減輕社會摩擦為目標的地方各利益群體的利益協調機制，建立以公平為目標的收入分配社會調節機制，建立政府官員與企業家相互溝通和監督的制度。政府要確保為社會各階層（包括弱勢群體）提供一個安全、平等和民主的制度環境，要從社會長遠發展出發，提供穩定的就業、義務教育和社會保障，調節貧富差距，打擊違法犯罪，確保社會健康發展。

針對社會發展滯後於經濟發展的狀況，政府要特別注重社會發展，將社會發展與社會管理有機結合起來。要通過高效的回應機制，積極回應公眾的需求，主動、靈活、低成本地對外界情況的變化和不同利益的需求做出富有成效的反饋。政府的工作績效要時刻接受公眾的考察和評判，對政府部門實施績效管理，既可以作為檢驗行政效能與政府服務品質的誘因機制，又可以激發公務員的責任感和榮譽感。

政府的治理能力還體現在各級政府對本地區現代化的推進和引導上。一些地區在推進全面小康時有個成功的經驗，就是指標引導。將小康目標分解為若干個分項指標，然後考核各個地區小康和現代化建設的進度，效果非常明顯。進入新時代，指標導引的缺陷暴露出來：指標數字難以進行定性分析，統一指標不能反映各個地方的現代化特色。例如，有的地方工業比重大，有的地方農業比重大；有的地方是發展功能區，有的地方是生態功能區。統一的現代化指標體系面對不同區域容易導致同構化，也不切合實際。為了體現現代化進程中的治理能力現代化要求，政府對現代化進程的引導和考核需要由指標導引轉向法治和標準引導。一是加強現代化的法治規範建設。深圳推進現代化的經驗就是法治化和市場化。法治化的重要方面是為現代化營造法治化營商環境，市場化的重要方面是為現代化培育和建設現代市場。二是制定現代化的標準，以現代化標準引導現代化進程。標準就是黨所提出的 2035 年基本實現社會主義現代化遠景目標：我國經濟實力、科技實力、綜合國力將大幅躍升，經濟總量和城鄉居民人均收入將再邁上新的大台階，關鍵核心技術實現重大突破，進入創新型國家前列；基本實現新型工業化、信息化、城鎮化、農業現代化，建成現代化經濟體系；基本實現國家治理體系和治理能力現代化，人民平等參與、平等發展權利得到充分保障，基本建成法治國家、法治政府、法治社會；建成文化強國、教育強國、人才強國、體育強國、健康中國，國民素質和社會文明程度達到新高度，國家文化軟實力顯著增強；廣泛形成綠色生產生活方式，碳排放達峰後穩中有降，生態環境根本好轉，美麗中國建設目標基本實現；形成對外開放新格局，參與國際經濟合作和競爭新優勢明顯增強；人均國內生產總值達到中等發達國家水平，中等收入群體顯著擴大，基本公共服務實現均等化，城鄉區域發展差距和居民生活水平差距顯著縮小；平安中國建設達到更高水平，基本實現國防和軍隊現代化；人民生活更加美好，人的全面發展、全體人民共同富裕取得更為明顯的實質性進展。在此標準下，允許各個地區在現代化標準下有特色有創造。

　　總的來說，實現國家治理體系與治理能力現代化的政府，是一個內部權限分工合理、職責範圍有限、高效運轉、與市場和社會良性互動的政府體系。實現國家治理體系和治理能力現代化，需要理順各治理主體的功能與定位，正確處理好政府、市場、企業及社會關係。

參考文獻

1. 《馬克思恩格斯全集》第 9 卷，人民出版社 1961 年版。

2. 《馬克思恩格斯全集》第 46 卷上，人民出版社 1979 年版。

3. 《馬克思恩格斯全集》第 46 卷下，人民出版社 1980 年版。

4. 《馬克思恩格斯文集》第 2 卷，人民出版社 2009 年版。

5. ［德］馬克思：《資本論》第 1-3 卷，人民出版社 2004 年版。

6. 《列寧專題文集·論社會主義》，人民出版社 2009 年版。

7. 《毛澤東選集》第 1-4 卷，人民出版社 1991 年版。

8. 《毛澤東文集》第 6 卷，人民出版社 1999 年版。

9. 《毛澤東文集》第 7 卷，人民出版社 1999 年版。

10. 《鄧小平文選》第 2 卷，人民出版社 1994 年版。

11. 《鄧小平文選》第 3 卷，人民出版社 1993 年版。

12. 《習近平談治國理政》第 1 卷，外文出版社 2018 年版。

13. 《習近平談治國理政》第 2 卷，外文出版社 2017 年版。

14. 《習近平談治國理政》第 3 卷，外文出版社 2020 年版。

15. 習近平：《之江新語》，浙江人民出版社 2007 年版。

16. 《習近平關於社會主義經濟建設論述摘編》，中央文獻出版社 2017 年版。

17. 習近平：《在經濟社會領域專家座談會上的講話》，人民出版社 2020 年版。

18. 習近平：《不斷開拓當代中國馬克思主義政治經濟學新境界》，《求是》2020 年第 16 期。

19. 習近平：《國家中長期經濟社會發展戰略若干重大問題》，《求是》2020 年第 21 期。

20. 習近平：《在慶祝中國共產黨成立 100 週年大會上的講話》，《求是》2021 年第 14 期。

21. 習近平：《扎實推動共同富裕》，《求是》2021 年第 20 期。

22. 習近平：《不斷做強做優做大我國數字經濟》，《求是》2022 年第 2 期。

23. 中共中央文獻研究室：《毛澤東思想年編（1921-1975）》，中央文獻出版社 2011 年版。

24. 中共中央文獻研究室：《鄧小平思想年編（1975-1997）》，中央文獻出版社 2011 年版。

25. 中共中央文獻研究室：《改革開放三十年重要文獻選編》上，中央文獻出版社 2008 年版。

26. ［澳］海因茨·沃爾夫岡·阿恩特：《經濟發展思想史》，唐宇華、吳良健譯，商務印書館 1999 年版。

27. ［法］托馬斯・皮凱蒂：《21 世紀資本論》，巴曙松等譯，中信出版社 2014 年版。

28. ［美］H. 錢納里等：《工業化和經濟增長的比較研究》，吳奇等譯，上海三聯書店 1989 年版。

29. ［美］阿歷克斯・英格爾斯：《人的現代化》，殷陸君編譯，四川人民出版社 1985 年版。

30. ［美］埃德蒙・費爾普斯：《大繁榮》，余江譯，中信出版社 2018 年版。

31. ［美］傑拉爾德・邁耶、［美］約瑟夫・斯蒂格利茨：《發展經濟學前沿：未來展望》，本書翻譯組譯，中國財政經濟出版社 2003 年版。

32. ［美］傑里米・里夫金：《第三次工業革命：新經濟模式如何改變世界》，張體偉、孫豫寧譯，中信出版社 2012 年版。

33. ［美］W. W. 羅斯托：《從起飛進入持續增長的經濟學》，賀力平等譯，四川人民出版社 1988 年版。

34. ［美］邁克爾・波特：《國家競爭優勢》，李明軒、丘如美譯，華夏出版社 2002 年版。

35. ［美］威廉・阿瑟・劉易斯：《二元經濟論》，施煒等譯，北京經濟學院出版社 1989 年版。

36. ［美］西奧多・W. 舒爾茨：《改造傳統農業》，梁小民譯，商務印書館 1987 年版。

37. ［美］西里爾・E. 布萊克：《比較現代化》，楊豫、陳祖洲譯，上海譯文出版社 1996 年版。

38. ［美］西蒙・庫茲涅茨：《現代經濟增長：速度、結構與擴展》，戴睿、易誠譯，北京經濟學院出版社 1989 年版。

39. ［美］約瑟夫・E. 斯蒂格利茨：《社會主義向何處去：經濟體制轉型的理論與證據》，周立群、韓亮、余文波譯，吉林人民出版社 1998 年版。

40. ［日］速水佑次郎、［美］弗農・拉坦：《農業發展的國際分析》，郭熙保、張進銘等譯，中國社會科學出版社 2000 年版。

41. ［瑞典］岡納・繆爾達爾：《亞洲的戲劇：對一些國家貧困問題的研究》，譚力文、張衛東譯，北京經濟學院出版社 1992 年版。

42. 經濟合作與發展組織（OECD）：《以知識為基礎的經濟》，楊宏進、薛瀾譯，機械工業出版社 1997 年版。

43. 聯合國糧農組織（FAO）：《2019 年全球糧食危機報告》，全球應對糧食危機網絡（Global Network Against Food Crises, GNAFC），2020 年 4 月。

44. 美洲開發銀行：《拉美改革的得與失：美洲開發銀行論拉丁美洲的經濟改革》，江時學等譯，社會科學文獻出版社 1999 年版。

45. 世界銀行：《2009 年世界發展報告：重塑世界經濟地理》，清華大學出版社 2009 年版。

46. 陳迎、巢清塵等：《碳達峰、碳中和 100 問》，人民日報出版社 2021 年版。

47. 何傳啟：《中國現代化報告 2011：現代化科學概論》，北京大學出版社 2011 年版。

48. 洪銀興、任保平：《新時代發展經濟學》，高等教育出版社 2019 年版。

49. 李培林等：《當代中國城市化及其影響》，社會科學文獻出版社 2013 年版。

後　記

　　2014 年我寫了一本關於現代化的小冊子，書名為《社會主義現代化讀本》，作為教育部哲學社會科學研究普及讀物項目成果在江蘇人民出版社出版。由於是普及讀本，字數控制在 10 萬字以內，許多關於中國現代化的思想只能點到為止。本書是更為系統、更為全面的關於中國現代化的著作。

　　中國式現代化概念最早由鄧小平在改革開放初期提出。習近平總書記在慶祝中國共產黨成立 100 週年大會上的重要講話中指出，我們"創造了中國式現代化新道路，創造了人類文明新形態"。基於這些指導思想，本書定名為《中國式現代化論綱》。

　　我是長期研究發展經濟學的。現代化無疑是中國發展經濟學的重要方面，也是我長期研究的一個方向。新世紀伊始，我就開始發表關於現代化的論文，涉及"三農"現代化、區域現代化、"四化同步"等方面。我先後赴經濟發達的蘇南地區和經濟欠發達的蘇北地區就現代化做過專題調研。2020 年 12 月 4 日，我為江蘇省委理論中心組作了題為"高質量開啟現代化新征程"的報告。2021 年 10 月，我在中國人民大學政治經濟學大講堂作了題為"中國式現代化研究"的講座。以此為基礎撰寫的論文《論中國式現代化的經濟學維度》發表在 2022 年第 4 期《管理世界》。這些又都成了我撰寫本書的基礎。當本書開始寫作時，正好我主持編寫的《中國發展經濟學》入選首批中國經濟學教材編寫計劃。本書的寫作正好是編寫這本國家級教材的預熱。

　　中國式現代化可以說是從全面建設小康社會起步的。中國共產黨成立 100 週年時我國已全面建成小康社會，並且開啟現代化建設新征程。本書所闡述的現代化理論包括對全面小康社會建設經驗的總結，重點闡述的是正在開啟的社會主義現代化新征程所涉及的現代化戰略和發展道路問題，尤為關注習近平經濟思想對中國式現代化的貢獻。

現代化涉及經濟、政治、社會、文化等各個方面。經濟現代化是整個現代化的基礎。本書重點研究的是經濟學維度的現代化。

本書的結構在邏輯上分三大板塊。第一板塊即第一章，為緒論，涉及現代化的一般理論和國際借鑑。第二到第八章為第二板塊，涉及中國式現代化內容。第九到十三章為第三板塊，涉及中國式現代化新道路。

任保平博士、楊玉珍博士、夏明博士、劉啟仁博士、卜茂亮博士和趙華博士參加了本書的寫作，他們分別根據我的研究思路提供初稿，最後由我定稿。他們提供了以下各章的初稿：任保平：第一、二章；夏明：第四、十章；楊玉珍：第五、八章；趙華：第六章；卜茂亮：第七章；劉啟仁：第十一、十二章。其餘各章都由我獨立完成。卞元超博士協助做了全書的編輯工作。

本書在 2022 年初完稿，在即將付印之際正逢黨的二十大勝利召開，為此，根據黨的二十大精神增加了導論。

洪銀興

2022 年 10 月於南京大學